国家自然科学基金面上项目（项目编号：72074023）
国家自然科学基金重点国际（地区）合作研究项目（项目编号：71810107004）
中原工学院学术著作出版基金资助

Measurement of
Emerging Technology Innovation Development
Based on the Whole Innovation Chain

基于全创新链的新兴技术创新发展测度

王小黎 ◎著

中国财经出版传媒集团
经济科学出版社
Economic Science Press
·北京·

前言

PREFACE

本书构建了基于全创新链的新兴技术创新发展测度方法体系，主要包括三个方面的研究内容：其一，基于全创新链和科学计量的新兴技术创新发展路径测度研究。通过改进三元组社会网络分析方法和颠覆度量化方法，提出了基于三元组及颠覆度计算的方法模型；基于数据集合的视角，提出了引文网络的收缩方法；基于引文网络主路径搜索计算模型，实现了技术颠覆度测度和引文网络主路径的提取分析。其二，基于全创新链的新兴技术领域科学技术与产业关联发展状态测度研究。提出了科学技术与产业关联发展状态测度的三个分析维度；构建了以科学技术热度指数和影响力指数为核心的科学技术发展评价指标体系；构建了新兴技术领域科学技术与产业关联发展状态测度方法及模型。其三，基于全创新链的新兴产业创新效率测度研究。提出了新兴产业创新发展模式的界定标准及识别方法；构建了新兴产业全创新链创新效率评价指标体系，并充分运用了科学关联度和技术关联度计算方法构建了部分关键性指标；基于构建的各阶段指标体系，设计了三阶段共享投入关联DEA模型。本书的研究成果为企业、投资者和政府把握新兴技术前沿方向，遴选新兴技术研发投资项目，促进新兴技术科技成果转化与产业化等提供了创新性和有效的方法和技术支持。

本书适合政府部门、企业、高校、科研机构等相关专业人员阅读，也可作为高等院校、科研院所相关专业研究人员和研究生的研究与教学参考书。

本书获中原工学院学术著作出版基金的资助，是国家自然科学基金重点国际（地区）合作研究项目（71810107004），也是国家自然科学基金面上项目（72074023）的研究成果之一。本书在撰写过程中，得到了刘云教授的指导，在此致以衷心的感谢！

目录
CONTENTS

第1章 绪论

1.1 研究背景和意义

1.1.1 研究背景

当今世界正经历百年未有之大变局，基于前沿科学技术和颠覆性技术的新兴技术与未来产业的培育成为全球科技、经济竞争的焦点。2020年党的十九届五中全会通过的《中华人民共和国国民经济和社会发展第十四个五年规划和2035年远景目标纲要》（以下简称“十四五”规划）提出，继续大力发展战略性新兴产业并将其作为先导性和支柱产业，加快建设科技强国。这对培育和发展新兴技术和产业提出了更高的要求。

新科技革命和产业变革的大背景下，战略新兴技术领域的科技创新模式和特征也发生着深刻变革，创新活动日渐融入全球创新网络。一方面，科学技术创新发展融入创新链和产业链的每一个环节，日益显现交叉融合趋势；原创性科学研究日益突破原有的创新范式，颠覆性技术不断涌现，催生新经济、新产业、新业态、新模式。另一方面，新兴技术与新兴产业创新发展的关注视角前移到科学前沿和基础研究，产业技术研发及风险资本均试图从高校和科研机构中探寻成长性高的科技成果，尽管部分科技成果还处在实验室阶段或仅是科学原理和方法。

“十四五”规划把新兴技术的发展摆在核心位置，是国家或企业在进行科技、经济决策时的一个重要环节。如何发展？众多专家学者提出，通过对新兴技术进行预测及评价，挖掘和发现其创新发展路径与成长特征，结合专家对新兴技术产业发展阶段的判断，促进企业选择正确合适的新兴技术、准确把握新兴技术产业发展阶段，进而占领产业创新发展的制高点，驱动产业创新。准确把握新兴技术和新兴产业创新发展呈现的科学与技术融合、跨界交叉融合、创新链与产业链融合等新特点，是创新管理学术界的前沿性问题，也是政府部门、风险投资机构、创新型企业在培育与发展新兴技术和新兴产业的决策过程中亟须解决的政策及实践性问题。

习近平总书记在深圳经济特区建立40周年庆祝大会上的重要讲话中提出："要围绕产业链部署创新链、围绕创新链布局产业链，前瞻布局战略性新兴产业。"① 推进产业链与创新链融合发展，能够深化供给侧结构性改革、积蓄长远发展动力、推动经济高质量发展。在此背景下，基于微观视角和全创新链视角提出有效测度方法、新兴技术创新发展路径、新兴技术领域的科学技术与产业关联发展关系、创新效率发展状态，以及产业创新发展要素的投入产出，进而揭示新兴技术领域的关键研发内容、发展路径及未来的潜力发展方向，已是当务之急。

1.1.2 研究意义

(1) 理论意义

本书以新兴技术领域科学、技术和产业为主要研究对象，构建了基于全创新链的新兴技术创新发展测度理论与方法体系。其理论意义主要表现在以下三个方面。

① 理论分析框架方面。提出了包括共性问题调研分析及总结方法、测度方案设计及评价、测度维度及测度过程设计等一整套新兴技术创新发展测度体系，为基于全创新链的新兴技术创新发展测度提供了内涵界定、问题凝练、解决方案设计及评价、测度过程设计等环节的思路框架。

② 测度方法模型方面。包括三个方面：一是改进了新兴技术领域引文网络识别方法及颠覆度测度方法模型，提出了基于全创新链科学技术计量

---

① 在深圳经济特区建立40周年庆祝大会上发表重要讲话［EB/OL］.（2020－10－14）［2021－03－18］. https://www.gov.cn/xinwen/2020－10/14/content_5551299.htm.

分析的新兴技术创新发展路径的提取方法；二是构建了基于全创新链的新兴技术领域科学技术与产业关联发展状态测度方法模型；三是构建了新兴产业创新发展模式识别方法，提出了基于全创新链的新兴产业创新效率测度方法模型。该三类测度方法模型可为产业链和创新链有效融合及新兴技术创新发展测度研究提供理论和方法支撑。

③ 评价指标体系方面。本书构建的新兴技术领域科学技术热度（影响力）发展指数、科学关联度和技术关联度指标等，有助于新兴技术领域科学、技术和产业发展关键特征的发现研究，对产业链和创新链中关键环节的信息获取及处理，也提供了理论与方法支持。

（2）实践意义

本书形成的新兴技术创新发展路径,科学技术和新兴产业关联发展状态，新兴产业创新效率状态测度的数据、方法及结论，对于新兴技术的创新发展有着十分重要的应用价值。主要表现在三个方面：其一，产业实践方面。基于该测度数据、方法及结论，产业链主体可及时调整研发方向、投资机会，加强创新链协同创新等。其二，政府管理实践方面。基于该测度数据、方法及结论，政府管理主体可及时制定和调整国家或地方层面双链融合的发展规划和政策制度，建设相应的创新支撑环境或平台。其三，科学技术研发方面。基于该测度数据、方法及结论，基础科研主体可以找准新兴技术领域研发新需求，及时与创新链其他主体实现紧密协同，培养和输送专业研发人才。

1.2 研究内容及技术路线

本书的结构如下：第 1 章是绪论，第 2 章是理论基础及相关研究进展，第 3 章是理论分析框架，第 4 章至第 6 章是本书的主体研究内容，第 7 章对本书的研究内容进行总结和提出展望。全书主要内容如下。

（1）基于全创新链的新兴技术创新发展测度体系构建

通过总结前人的研究成果，开展对全创新链和新兴技术创新发展内涵的诠释，奠定本书的指导方向。首先，基于文献调研、咨询和访谈等形式，收集和总结创新链主体关于新兴技术和新兴产业创新发展的共性问题，并提出对应的测度解决方案。其次，评价与整合解决方案，形成最终的测度方案，进而开展新兴技术创新发展的测度过程设计。最后，形成包括内涵界定、问题凝练、解决方案设计及评价、测度过程设计等环节的基于全创新链的新兴技术创新发展测度体系。

(2) 基于全创新链和科学计量的新兴技术发展路径测度研究

通过改进三元组社会网络理论方法和颠覆度量化方法，提出基于三元组及颠覆度计算的方法模型。基于数据集合的视角，提出引文网络的收缩方法。基于引文网络主路径搜索计算模型，实现技术颠覆度测度和引文网络主路径的提取分析。以烧结技术为实证对象，开展引文网络特征和技术发展路径分析，并以主题词分析视角开展关键技术发展轨迹分析。

(3) 基于全创新链的新兴技术领域科学技术与产业关联发展状态测度研究

基于科学技术与产业关联的视角，确定了科学技术与产业关联发展状态测度的三个分析维度：科学发展与产业发展关联、技术发展与产业发展关联和科学技术发展聚类与产业发展关联。借鉴“研究前沿热度指数”贡献度和影响度指标的研究思想，构建了以科学技术热度指数和影响力指数为核心的科学技术发展评价指标体系。基于分析维度和国家（地区）范围的确定、新兴产业发展阶段界定及专家判断过程的设计，构建了新兴技术领域科学技术与产业关联发展状态测度方法及模型。以烧结技术为实证对象，开展科学技术发展指数与产业发展阶段关联发展状态测度及分析。

(4) 基于全创新链的新兴产业创新效率测度研究

基于全创新链视角，构建了新兴产业创新发展模式的界定标准及识别方法。将新兴产业创新发展过程划分为三个阶段：基础研究、技术研发和科技成果转化。构建新兴产业全创新链创新效率评价指标体系，并充分运用了科学关联度和技术关联度计算方法。基于构建的评价指标体系，设计了三阶段共享投入关联 DEA 模型。以电子器件制造产业下辖三个小类产业为实证研究对象，开展了全创新链创新效率测度及分析。

(5) 基于全创新链的新兴技术创新发展测度研究总结及展望

总结基于全创新链的新兴技术创新发展测度研究的主要内容、基本思路和方法，提出相关的政策建议，分析本书的研究局限性并提出未来的研究工作展望。

本书的研究技术路线如图 1.1 所示。

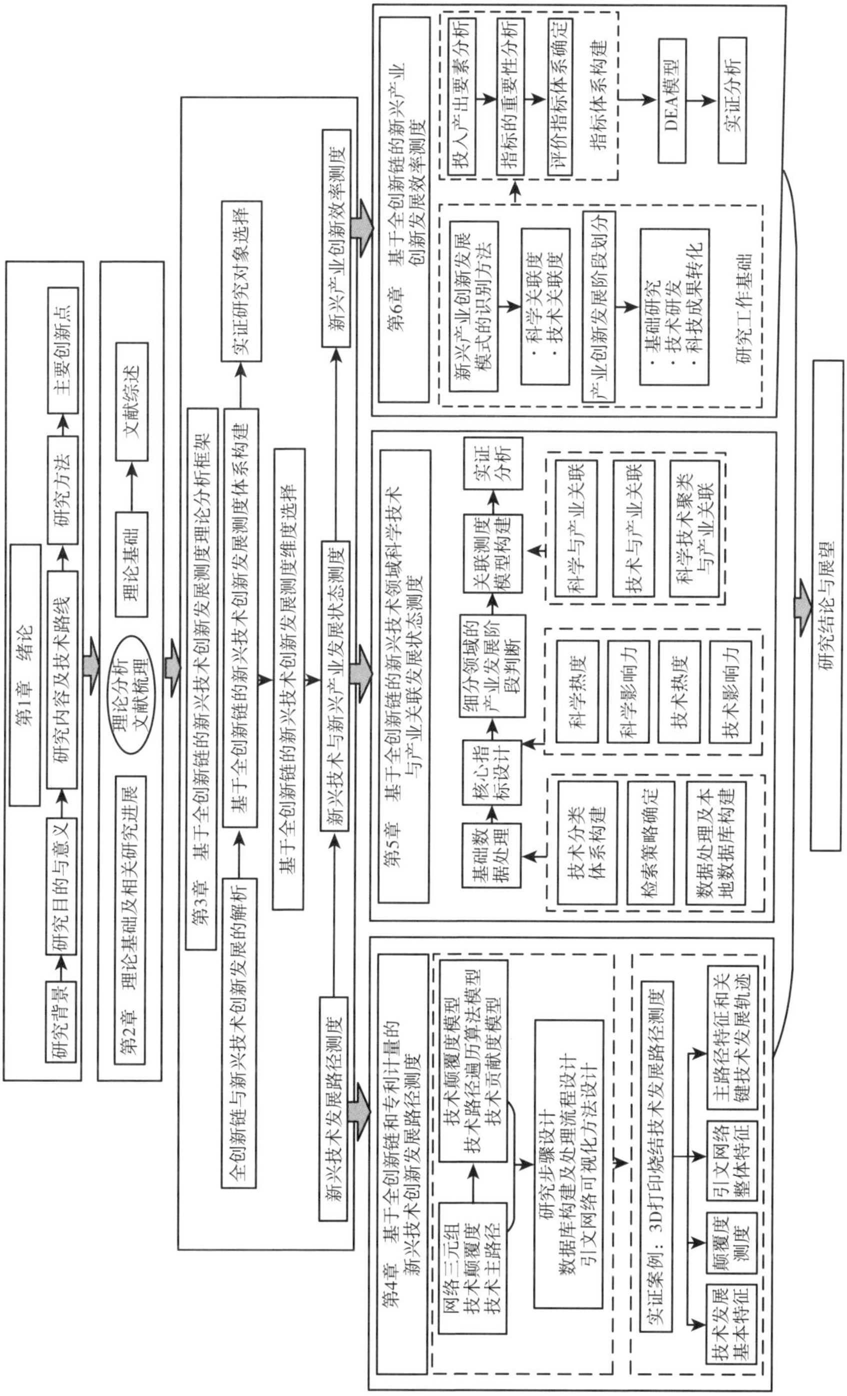

图1.1　本书研究技术路线

1.3 研究方法

(1) 科学计量法

科学计量法（scientometrics）的主要特征是利用各种数学或统计学方法对科研活动成果、科研过程（科研投入、科技实施过程、科研产出）及其管理中相关问题进行定量研究，以揭示相关科研活动的规律，制定相应应对策略。科学计量法根据分析对象的不同又分为文献计量法和专利计量法，分别分析科学论文和专利数据。

本书应用科学计量法及相关工具软件，并基于 Web of Science（WOS）数据库的科学论文数据和智慧芽专利数据库的专利数据，对新兴技术领域科学技术的发展情况进行深度挖掘，以反映新兴技术领域科学技术的发展趋势、关键技术节点及发展路径。

(2) 社会网络分析方法

社会网络分析方法（social network analysis method）是根据数学方法和图论等发展起来的、定量分析研究对象网络关系的研究方法。在本书中，基于社会网络三元组分析方法，利用文献引用关系构建有向网络，形成开展新兴技术创新发展路径测度的研究基础；运用巴塔盖尔吉和马尔夫（Batagelj and Mrvar）共同编写的 Pajek 软件及开源软件 Gephi，开展引文网络主路径分析和关键技术发展轨迹分析。

(3) Delphi 专家调查法

Delphi 专家调查法也称为德尔菲法（delphi method），即通过提供结构化问卷以获取专家支持的信息[1]，在信息收集过程中通过独立专家的主观判断，获得对调查主题的判断和认识。调查组一般通过匿名方式对选定专家组进行多轮意见征询。

本书运用德尔菲法开展指标体系的构建及重要性分析、论文和专利检索策略的制定，以及新兴技术发展阶段的判断；充分利用专家对专业领域和知识的深刻把握，为研究内容、观点及路线分析等提供有益的帮助。

(4) 熵权法

熵权法（entropy weight method，EWM）利用熵值来判断评价指标的离散程度，其中，信息熵与评价指标的离散程度呈负相关的关系：信息熵越大离散程度越小，则赋予该指标的权重就越小。本书在开展科学技术与产业发展关联测度研究时，利用信息熵这个工具，计算出科学技术热度（影响力）相关的四大类指标体系指标的权重，为最终的多指标综合评价提供依据。

(5) 数据包络分析法

数据包络分析（data envelopment analysis，DEA）基于运筹学和研究经济活动的边界理论而构建线性规划模型，核心在于计算产出对投入的比率。该方法一般通过对多个决策单元开展比较分析而得出差异性结论，有利于决策者调整决策行为、促进决策单元的效率最大化。本书在开展新兴产业创新效率测度时，基于 DEA 模型基本原理方法构建三阶段共享投入关联 DEA 模型，进而开展创新效率的评价。

(6) 文本挖掘方法

文本挖掘（text mining）是通过对非结构化文本内容进行处理，将内部信息以可视化、数量化、具体化的手段展现出来。本书在构建评价指标体系的过程中，通过机器学习等方式从论文和专利特征信息的文本中，获取关键词、作者（发明人）、研究机构（申请人）等信息，以挖掘文本中蕴含的新兴技术发展特征。在开展新兴技术发展路径的测度过程中，通过运用 Citespace 等文本分析工具，刻画技术发展主题词的变化，从中发现新兴技术发展轨迹的特征及演变。

1.4 主要创新点

(1) 提出了基于全创新链的新兴技术创新发展测度体系

现有研究缺乏基于全创新链视角开展的新兴技术创新发展测度；同时，局限于新兴技术创新发展的局部问题，缺乏对包括问题聚焦、方案设计等在内的完整测度体系构建的思考。

本书通过系统梳理前人对创新链和科技创新发展的相关研究，提出了创新链和新兴技术创新发展含义的新解析。基于文献调研、咨询和访谈等形式，收集与总结创新链主体关于新兴技术和新兴产业创新发展的现实需求，最终形成了创新链主体普遍关注的共性问题，进而提出对应的解决方案。依据对解决方案的评价分析，开展了新兴技术创新发展的测度过程设计。最终，形成了包含内涵界定、问题凝练、解决方案设计及评价、测度过程设计等在内的基于全创新链的新兴技术创新发展测度体系。

（2）改进了引文网络的三元组分类方法及技术颠覆度计算模型

现有研究对三元组社会网络分类方法与引文网络内部结构的对应关系缺乏清晰界定，对引文网络中的中心文献、后引文献和前引文献之间的数据集合关系也缺乏明晰的界定，因而导致应用技术颠覆度模型时出现偏差。

本书重新界定了中心文献的前引文献的时间界限，从而避免了对引文网络数据进行量化分析时出现偏差。基于社会网络分析的三元组方法，选出适合开展文献计量的四类引用网络类型，并进行了改进：制定了网络节点的层级规则、对两类网络进行重新设计并明确网络中节点的引用方向。基于上述两方面的改进思想，厘清了引文网络的中心文献、后引文献和前引文献之间的结构关系，进而提出了基于三元组引文网络的颠覆度量化测度的改进模型。基于数据集合和数据库处理的视角，提出了基于颠覆度量化的引文网络子网的提取思路。

（3）构建了基于全创新链的新兴技术领域科学技术与产业关联发展状态测度方法模型

现有研究开展科学、技术与产业三者之间关联关系的测度，往往局限于三者中的一个或两两关系，对三者进行整体性关联的研究较少，基于全创新链视角的三者的关联性研究则更加稀少。

本书基于全创新链视角，以新兴技术领域为研究对象，确定了科学技术与产业关联维度（科学发展与产业发展关联、技术发展与产业发展关联、科学技术发展聚类与产业关联）及分析视角（技术领域内所有国家和单个国家（地区））；提出了以科学技术发展热度指数和影响力指数为核心的评价指标；基于确定的分析维度及评价指标，构建了科学技术与产业关联发展状态测度方法及模型。

（4）提出了基于全创新链的新兴产业创新效率测度方法

现有研究开展产业创新效率的测度，往往局限于产业（企业）内部，缺乏从全创新链视角考虑高校和科研机构的科技成果产出及人才培养对提升产业创新效率的作用与贡献的系统性研究。

本书界定了新兴产业创新发展的三类模式：基于科学的产业、基于技术的产业和科学技术综合驱动的产业。设计了新兴产业创新发展模式识别方法及模型，提出了新的科学关联度和技术关联度计算模型；提出了识别新兴产业创新发展模式的方法，以及运用科学关联度和技术关联度模型计算专利（论文）贡献度的方法；提出了新兴产业全创新链创新效率评价指标；基于产业全创新链发展的视角，重视基础研究阶段产生的科技成果及培养的人才，在两阶段共享投入 DEA 模型基础上将基础研究阶段纳入进来，构建了三阶段产业创新效率测度模型，并明确提出每个阶段效率在整个决策单元效率中的权重计算方法。

第2章

理论基础及相关研究进展

2.1 基本概念及理论基础

2.1.1 基本概念

（1）科学与技术

科学是指运用范畴、定理、定律等思维形式反映现实世界各种现象的本质的规律的知识体系[2]。科学家在科学探索过程中总结的研究成果一般以学术论文的形式出现。在本书中，以 WOS 数据库的科学论文来表征科学研究成果。

技术是指人类制造某种产品、应用某种工艺或提供某种产品、应用某种工艺或提供某种服务的系统知识[3]。本书主要讨论以专利为代表的受法律保护的技术，即以专利来表征技术研发成果（暂不包含商标）。

（2）新兴技术与新兴产业

李仕明等（2005）认为，新兴技术是建立在信息、生物等学科基础上，具有潜在产业前景和高度不确定性，可能导致产业管理思维和经营模式等产生巨大变革的技术[4]。

新兴产业是新兴技术产业化形成的产业，是依赖于新科研成果和新兴技术而产生的新的经济部门或行业。新兴产业的标准、业务流程还有待开发，先驱企业具备先发优势[5]。战略性新兴产业是以新兴技术发展为基础[6]，具有全局性、战略性、导向性等特性的产业。这一名称具有中国特色，其他国家没有此类称呼[7]。

在我国，高技术产业是指新兴技术领域（主要指信息技术、生物工程和新材料等领域）生产高技术产品的产业集群。

(3) 创新链与全创新链

创新链是指围绕某一个创新的核心主体，以满足市场需求为导向，通过知识创新活动将相关的创新参与主体连接起来，以实现知识的经济化过程与创新系统优化目标的功能链节结构模式[8-9]。在强调创新链各环节的整体性时，创新链被称为全创新链。创新链的网络结构模式包括基础研究、应用与开发研究、生产制造及销售等环节，是知识流动的单向、逐次渐进过程[10]。

(4) 产业链

产业链是指某类产品或服务从形成到消费全过程中该行业自身的运行链条，其逻辑关系突出表现为各个环节按照生产流程依次连接[11]。大多数物质产品的产业链一般表现为“产品研发—产品制作—产品销售”顺序衔接、环环相扣的结构[12-13]。

(5) 科技创新发展

美国经济学家罗斯托（Rostow，1953）把“技术创新”提高到“创新”的主导地位[14]。随着科学技术的发展，技术创新的概念不足以诠释科学研究的创新及其对社会进步的推动作用，因而产生了科技创新的说法。钱学森将科技创新分为三类：知识创新（科学研究创新）、技术创新和管理创新，一般称之为广义的科技创新；狭义的科技创新包括知识创新和技术创新，这也是本书的研究立足点。眭纪纲（2020）提出，创新发展时代需要构建创新发展理论体系[15]。由此可看出两点：一是科技创新是创新的主导力量；二是创新发展理论还处在发展之中，现实中多以理念的形式加以引用。

基于全创新链的视角，本书给出知识创新发展和技术创新发展的理解：知识创新发展就是创造了新知识、原理和方法，有效应用将会推动新技术和新产品的研发；技术创新发展就是创造和应用了新技术与新工艺，有效转化将推动企业（产业）获取高额商业利益。因此，可以推断出一个观点：知识创新发展和技术创新发展，在于推动创新链中后端主体的进步而产生效益。进一步理解，基于全创新链的视角，科技创新发展除科技自身创新发展外，主要在于推动产业发展，这也与《国家创新驱动发展战略纲要》（2016）提出的“创新驱动”含义相吻合。

2.1.2 理论基础

（1）协同创新理论与“三螺旋”创新理论

协同创新是以知识增值为核心，企业、政府、知识生产机构（大学、研究机构）、中介机构和用户等为了实现科技创新而开展的大跨度整合的创新组织模式[16-17]。协同创新促进企业、大学、研究机构发挥各自的能力优势、整合互补性资源，实现各方的优势互补，加速技术推广应用和产业化，协作开展产业技术创新和科技成果产业化活动，是当今科技创新的新范式[18-19]。

“三螺旋”（triple helix）创新理论由美国社会学家埃茨科威兹和里德斯道夫（Etzkowitz & Leydesdorff，1995）提出，在该理论中，政府、大学、产业三者协同创新，形成三方交叉螺旋动力相互促进模型，适用于三方主体交互作用式创新[20]。科学革命、技术革命与产业革命之间除了“正向”作用之外，还存在着“反向”作用，从本质上反映出科学、技术与产业之间存在着复杂互动关系[21]。董坤（2018）认为在一个成熟的创新体系中，科学、技术与产业三者在时间轴上交织推进、融合与反馈，呈现出三螺旋状的创新演化形式（见图 2. 1）[22]。

“三螺旋”理论涵盖了创新链不同层次、不同创新主体间发生的复杂的互动与交互影响，强调在创新过程中科学、技术和产业三个主体通过相互之间的交叉及相互作用，构成了创新的协同模式；三条螺线互动交叉螺旋上升，成为推动创新过程螺旋式前进的动力；不仅强调产学研的互动，还指出产学研之间的边界是流动的，从而在横向上促成“三螺旋”之间人

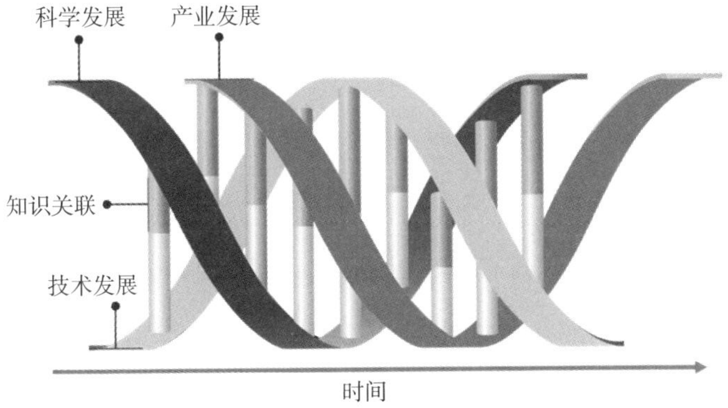

图 2.1　科学—技术—产业螺旋互馈关系模式

员、信息和产品等要素的无障碍流动[23]。

本书在开展新兴技术创新发展测度研究时，不仅仅关注企业创新过程中高校及科研机构的协同参与，更关注创新链的前端即高校和科研机构开展的基础研究成果及对企业人才的培养输送，使得协同创新过程全方位覆盖。

（2）产业生命周期理论

迈克尔·波特（Michael E. Porter，1997）从战略的角度研究产业生命周期的阶段性变化对企业战略决策的影响，并将产业发展划分为四个阶段：幼稚、成长、成熟和衰退①。本书试图对传统产业生命周期理论涉及的发展阶段进行重新思考：首先，从全创新链的视角将产业生命周期前移到研发阶段；其次，将传统产业生命周期理论的成长阶段重新界定为（新）成长阶段和扩张阶段；最后，针对新兴产业，本书没有考虑衰退阶段。本书将在第 5 章进一步详细阐述该理论的具体运用与分析。

（3）技术范式相关理论

"技术范式"（technological paradigms）首先由技术创新经济学家多伊斯（Dois，1982）提出，是描述事物间因果联系的、以知识集合形式表现出来的逻辑体系[24]，该逻辑体系定义了技术的主要问题，并给出了解决这

---

① 迈克尔·波特（Michael E. Porter）. 竞争战略/波特竞争三部曲［M］. 陈丽芳，译. 北京：华夏出版社，2005.

些问题的科学原理和方法[25]。现有的技术范式由于市场竞争而产生冲突和破坏，加大了市场的不确定性，进而打破现有的技术范式，促进了不连续的颠覆式创新和技术范式的革命的出现[26]。技术范式不可能为所有问题提供完美的解决方案，并解决所有的潜在问题，范式内持续创新是一个技术积累过程[27]。技术范式是一个诸多因素的聚合体，具有多变量、多阶次的非线性信息反馈特征，其与核心技术和外围服务环境产生交互作用，推动颠覆性技术的出现并进一步演化为技术标杆，促进相关产业创新发展[28]。

本书在后续开展基于引文网络和颠覆度量化方法的新兴技术发展路径测度研究，就是在技术范式理论框架下，试图探寻新兴技术从渐进式创新到颠覆性创新过程的变迁过程和轨迹，进而研究其技术范式内的逻辑体系。

产业技术范式表现为技术、制度、知识、组织等要素相互作用而形成的一种技术与产业结构关系的表征模式，是产业化生产方式的实现途径以及各种资源组合方式的综合，旨在为产业技术问题提供解决方法和决策支持[29]。产业技术范式起源于产业技术的创新，经过萌芽期、发展期可到成熟期[30]。本书在后续开展新兴技术领域科学—技术—产业发展关联测度及基于全创新链视角的创新效率测度研究时，就是在产业技术范式的理论框架下，探寻新兴产业涉及创新主体间的组织形式、协同模式及创新绩效的表现形式，研究新兴产业技术范式内的发展特征和量化评价方式。

2.2 相关研究进展

针对“基于全创新链的新兴技术创新发展测度研究”这一主题，需要厘清以下问题：一是全创新链与创新发展是新兴技术创新发展测度的创新环境，现有研究对它们之间的关系有没有比较完整的界定？二是目前开展新兴技术创新发展测度的主要内容包括哪些方面？使用哪些测度方法进行分析研究？针对上述问题，本书首先开展全创新链与创新发展相关研究的文献分析；其次，就新兴技术创新发展的主流测度内容及方法进行分析，遴选出三个方面进行文献分析，即新兴技术创新发展路径测度、新兴技术领域科学技术与产业关联测度、新兴技术领域产业创新效率测度。下面就此展开文献分析与述评。

2.2.1　全创新链与创新发展相关研究

2.2.1.1　全创新链相关研究

“要围绕产业链部署创新链、围绕创新链布局产业链”是现阶段创新链发展的主要工作任务，国内外许多学者在理论和方法上开展了许多有益的研究。

（1）创新链和产业链融合模式方面的研究

有两种分析视角：其一，产业链和创新链的组织形式。大部分研究仅关注产业链和创新链融合（以下简称双链融合），是最主要的模式之一。有学者提出，在强调双链融合链条的两个主体外，应增加“教育链”[3]或“人才链”[32-33]，这也与《国家产教融合建设试点实施方案》（2019）提出的“深化产教融合，促进教育链与产业链、创新链有机衔接”的战略性举措相吻合[34]。也有学者提出在双链的基础上应考虑“资金链”[35-36]，认为资金链是双链或多链融合的核心要素，缺少资金链的融合则其他链的融合就缺乏动力。还有学者提出应增加“政策链”[37]，认为市场调节资源配置固然重要，但涉及薄弱发展环节和重点发展领域等，则需要政策链持续和全覆盖地进行引导。李上等（2020）提出完整的科技创新组织体系应该由“创新链、资金链、服务链”三链融合构成，多主体共享共赢[38]。其二，产业链和创新链的主导作用。韩江波（2017）指出，双链融合可以分为两种模式：创新链推动产业链、产业链拉动创新链[39]。基于创新链中也涉及多链中的各环节，本书将研究视角的重点放在创新链上。

（2）创新链的评价研究

创新链量化研究视角一般分为两个方面。其一，构建评价指标体系，基于官方统计数据开展过程评价测度研究。陈雄辉等（2021）基于主成分分析法，测算出广东省各地级市创新链、产业链、金融链、政策链融合指数[40]。王玉冬等（2019）利用复合系统协同度模型测度了我国高新技术产业创新链与资金链的协同度，发现两者的协同度不高[41]。郭红兵等（2019）[42]、梁文良和黄瑞玲（2022）[43]构建了创新链、产业链和资金链协同度评价指标体系，利用复合系统协同度模型测算“三链”协同度，指出被测度地区的“三链”协同度不理想。刘丽（2021）构建高技术产业高质量发展测度体系对中国高技术产业的发展水平进行测度，结果显示，创新链、价值链和供应链对中国高技术产业的影响力小于空间链的影响力[44]。其二，开展案例研究。王大庆（2022）以北大荒集团为例开展“四链”融合研究[45]；杨明等（2021）以粤港澳大湾区国际科技创新中心为例，研究构建以国际科技创新中心为动力来源、协调创新要素与创新环境的“四链”融合发展框架[46]。

（3）创新链发展的影响因素研究

孔祥年（2019）提出创新链发展的四个影响因素，包括管理机制、项目遴选机制、技术共享机制和利益分配机制[47]。刘家树等（2022）研究指出，创新链与资金链融合程度对产业链高质量发展有显著影响效应[48]。高洪玮（2022）提出双链融合的影响因素包括科技创新投入、科技创新平台、科技创新主体、重大科技项目和科技成果转化机制五个方面[49]。

（4）创新链的发展路径研究

胡乐明（2020）提出，应尽快完成创新链与产业链的整体构建、巩固提升产业链创新链双向融合发展的市场根基、坚持多链协同形成助推合力[50]。匡茂华（2021）提出要提升自主创新能力、推动科技成果产业化、加强政策规划引领、推动公共服务平台建设，促进资源要素融合、构建一体化发展机制[51]。高洪玮（2022）提出要继续加大基础研究投入，健全科技成果转化机制，促进创新链和产业链不同环节融合，推动多链协同发展，探索区域性双链融合发展[49]。

2.2.1.2　创新发展相关研究

（1）创新与发展的概念

熊彼特（Joseph Alois Schumpeter，1912）首次提出“创新”的概念，并指出“技术、市场和组织为了实现经济目的可单独完成创新”。在汉语字典中，发展是指事物从出生开始的一个进步变化的过程，是事物的不断更新[52]。“发展”的含义很广泛，基于研究需要，本书将其限定在科学技术和产业发展相关领域进行概括；同时也抛开负向发展的范畴，仅讨论正向发展。因此，本书将“发展”解释为一种向前（上）推进的活动，科学技术和产业的发展则是其产生进步的表现。

（2）技术创新与科技创新

霍国庆等（2017）认为，技术创新是指技术从构想阶段经过研发、中试、孵化等到获得实际应用的过程，其目的是使技术成果商业化，产生经济社会效益[53]。钱学森认为，科技创新是原创性科学研究（知识创新）和技术创新的总称，指创造和应用新知识、新技术与新工艺，通过研发、中试、孵化等科技成果转化过程，最终生产出新产品和提供新的服务的过程[54-55]。许中科（2018）指出，科技创新在实施创新驱动发展战略、加快新旧动能转换中发挥重大作用。把创新放在发展全局的核心位置，就能紧扣世界科技进步脉搏，顺应全球发展大势，赶上世界创新发展脚步，从后发到先发、从跟跑而领跑，在全球科技变革大潮中挺立潮头[56]。

（3）创新发展

杨启国（2010）提出，面向全社会的创新发展是指在人类实践过程中以创新为主要内容，以创新为主导形式，以创新为主要价值取向的社会历史发展阶段及其过程[57]。华尔特·罗斯托把“技术创新”提高到“创新”的主导地位[14]。眭纪纲（2020）提出，创新发展理论的着眼点应该重点关注技术竞争和创新、制度变迁和经济发展等动态行为[15]。

在国民经济社会发展的过程中，存在科学技术创新发展对产业创新发展的正向推动作用不显著（如创新成果未能有效转化）的情况，即科技创新与经济发展存在“两张皮”问题。国家规划及发展战略等文件中多次提到“创新发展”“创新驱动发展”等，如“十四五”规划和《国家创新驱动发展战略纲要》（2016）等。

2.2.2 新兴技术发展路径测度相关研究

2.2.2.1 技术发展路径测度方法研究

加菲尔德（Garfield）在1955年首次提出科学引文索引的概念，以科学的主路径来刻画一系列重要发现事件的时序排列组合形成科学的历史脉络。朱莫等（Junmo et al.，2018）提出了一种扩展的技术轨迹方法，不仅确定了单一的主要路径，而且还确定了主要路径上的技术接合点产生的衍生路径[58]。刘向等（2015）指出，从科技文献引文网络中得到科学的脉络和路径不是一件容易的事情[59]。巴塔盖尔吉（Batagelj，2020）指出搜索路径链接数、节点对投影数和搜索路径节点对数三种计数方法在主路径识别效果上无差异[60]。刘显仲和卢煜炀[61]、刘向等（2012）[62]建立了关键路径搜索方法，对主路径搜索方法中遗漏的关键路线进行了补充。格瓦克等（Gwak et al.，2018）[63]、雷鸣等（2018）[64]对主路径分析方法进行了改进，该方法是目前提取技术路径的最主要方法[65]。渡边和高木（Watanabe & Takagi，2021）提出了一种扩展的技术轨迹方法，不仅确定了单一主要路径，而且还确定了主要路径上技术接合点产生的衍生路径[66]，古玛等（Kumar et al.，2020）开发了一种使用新的非参数主题模型绘制技术演化路径的方法，以实现更好的科学文献主题监测和跟踪[67]。刘云等（2020）以3D打印技术为例研究了颠覆性技术的主路径[68]。然而，主路径方法依赖直接引用关系，可能在主路径之外存在没有引用关系的核心文献，主路径之中也可能存在非核心文献[69]，这是主路径方法的一个局限。

本书试图基于引文网络分类识别、技术颠覆度量化及数据集过滤，开展主路径搜索，缩小引文网络的搜索范围，提高主路径提取的精确性。

2.2.2.2 技术颠覆度测度研究

目前，学界关于技术的颠覆性测度研究逐渐增多，从历史研究来看，颠覆性技术识别与测度、颠覆性技术预测是两类重点研究的测度方向。

(1) 颠覆性技术界定

颠覆性技术（也称破坏性技术）由克里斯滕森（Christensen，2014）首次提出，被定义为以不可预见的方式取代现有主流技术的技术[70]。荆象新等（2015）指出颠覆性技术是指能够“改变已有规则”的技术，其在性能或功能上有重大创新和颠覆性，将逐步取代已有技术[71]。科恰（Coccia，2020）指出，颠覆性技术本身有一系列重大和次要的技术进步，为在市场上占据其他成熟技术的主导地位铺平了道路[72]。有部分学者依据技术定义法从实际需求出发，直接将相关技术定义为颠覆性技术，如克里斯滕森将硬盘驱动技术定义为颠覆性技术；潘雄峰等（2020）将区块链技术列为对人工智能领域具有挑战的颠覆性技术[73]。

(2) 颠覆性技术识别与测度

基于文献分析，苏敬勤等（2016）运用专利数量和专利引用率等指标构建了基于“专利影响因子”的早期颠覆性技术识别方法[74]。瓦斯卡等（Vaska et al.，2016）使用专利发展路径和主题建模方法识别与监控可能的颠覆性技术[75]。毕马威在其2017年发布的研究报告中，依据调查问卷获取颠覆性技术的相关理解[76-78]。王安等（2017）将颠覆性技术的识别方法分为：文献分析、技术定义、问卷调查、场景模拟和技术路线图[79]。

钱德拉和董安迪（Chandra & Dong，2018）使用综合专利价值和多代引文网络分析作为判断专利技术颠覆性的指标[80]。吕一博等（2020）研究指出，开放式创新的开放广度、开放深度、网络位置的连通性和产业技术特征正向影响突破性创新绩效，网络位置的中心性对突破性创新绩效具有负向影响[81]。吴凌飞等（2019）在《自然》（*Nature*）发表文章，在科学论文、专利技术和开源软件等引文网络结构分析的基础上，构建了一套颠覆度的量化方法[82]。桂秉修等（2019）利用专利代际引用关系分析了高铁转向架技术的颠覆性发展过程，并依此分析了技术在轨率和技术地理扩散[83]。

（3）颠覆性技术预测

白胜（2021）指出反常问题导向是克里斯滕森开创并发展颠覆性创新理论的基本路径[84]。白光祖等（2017）提出颠覆性技术预测方法与识别方法类似，包括问卷调查、技术路径分析、模型预测和文献分析等[85]。张晓林（2018）基于分析美国国家研究委员会构建的“理想的持续性预测系统”及颠覆性技术预测的关键问题，提出了理想的颠覆性技术持续预测系统模型框架[86]。

多特西卡和沃特金斯（Dotsika & Watkins，2017）提出了一种文献驱动的预测潜在颠覆性技术趋势的方法，有助于对颠覆性领域内的新兴技术进行事前预测[87]。莫梅尼和罗斯特（Momeni & Rost，2016）提出了一种基于专利开发路径、k-core 分析和技术发展趋势的主题建模方法，用于识别可能出现的颠覆性技术[88]。程宇等（2017）提出了一个基于专利数据的颠覆性技术应用领域预测过程框架，通过测量技术扩散系统中所有实体的转移速度，以预测短期内产业和技术出现颠覆性的可能性[89]。

2.2.3 科学技术与产业关联测度相关研究

2.2.3.1 新兴产业发展阶段研究

（1）新兴产业整体发展阶段

清华大学互联网产业研究院（2018）将人工智能整体产业的发展划分为三个阶段：20 世纪 50 ~ 70 年代（“逻辑推理”）、20 世纪 70 ~ 90 年代（“知识工程”）和 2000 年至今（“数据挖掘”）[90]。中国人工智能学会等（2018）认为人工智能技术及产业发展阶段经历了三次大的浪潮，第一次是 20 世纪 50 ~ 60 年代注重逻辑推理的机器翻译时代；第二次是 20 世纪 70 ~ 80 年代依托知识积累构建模型的专家系统时代；第三次是 2006 年开始的重视数据、自主学习的认知智能时代[91-92]。李炎炎和高山行（2016）基于我国生物医药产业1995～2015年的数据，将生物医药产业分为起步（2005年之前）、加速发展（2005～2010年）和跨越式发展（2011年至今）三个阶段并分析比较了各阶段的特征[93]。

（2）单项新兴技术的产业发展阶段

杨曦等（2018）将石墨烯制备技术的发展划分为四个阶段：起步（2006年之前）、追踪（2007～2012年）、爆发（2013～2016年）和成型（2017年至今）[94]。李召卿和曹杨（2017）将语音识别技术发展划分为以下四个阶段：萌芽阶段（1985～1993年）、快速发展阶段（1993～2001年）、成熟阶段（2001～2007年）和商业化应用阶段（2007年至今）[95]。周晟颐（2018）将机器学习的发展阶段划分为浅层学习阶段（1943～2006年）、快速发展阶段（2006～2011年）和爆发阶段（2012年至今）[96]。

（3）新兴技术集合的产业发展阶段

高德纳咨询公司依据媒体曝光度的数据统计分析，将各种新兴技术的成熟演变速度及达到成熟所需的时间分为以下五个阶段：科技诞生的促动期（technology trigger）、过高期望的峰值（peak of inflated expectations）、泡沫化的低谷期（trough of disillusionment）、稳步爬升的光明期（slope of enlightenment）和实质生产的高峰期（plateau of productivity）[97]。该方法对新兴技术与新兴产业发展阶段的划分引起很多学者的关注，但其将发展阶段固定起来的做法忽视了新兴技术和新兴产业的多样性。

2.2.3.2　科学技术与产业关联关系研究

（1）科学与技术关联关系研究

现有研究表明，科学与技术有内在的同源衍生关系、递归性的互动关系和共生演化关系，科学—技术在时间维度上具有明显的关联性[98]。科学与技术关联主要采用非专利引文、反向引用和双向引用三类指标进行测度。其一，非专利引文。对非专利参考文献（non-patent-literature，NPL）的引用平均水平可用来量化技术领域与科学领域的关系[99]。叶梦竹（2017）基于非专利引文数据，提出了科学—技术关联周期的概念[100]。宁子晨和魏来（2020）的研究表明，学术型发明人在监测领域技术创新中的作用越来越重要[101]。其二，反向引用。构建“反向引用”网络可以分析技术领域到科学领域的知识流动情况[102]。刘嘉龙和丁晟春（2021）构建包括科学关联度等指标在内的前沿专利技术识别指标体系，运用归一化处理、灰色关联分析法、熵权法，识别产业领域前沿专利技术[103]。池佩珊和格兰策尔（Chi & Glänzel，2017）基于SCI论文引用USPTO专利的统计分析，研究了学科领域与技术之间的联系[104]。其三，双向引用。自然出版集团基于Lens指标（lens metric）计算专利和论文的互引情况，研究科学与技术的关联关系[105]。基于专利与论文共被引分析，黄慕萱等（2015）发现科学与技术的相互作用对后来科学技术的进步有积极影响，科学与技术存在汇聚与融合态势[106]。

（2）科学与产业关联研究

卡普尔等（Kapoor et al.，2016）运用非专利参考文献评价指标计算出非专利参考文献关联度，进而衡量一个产业与科学的关联程度[107]。经过完善和优化，雷家骕等（2019）进一步提出了“产业科学关联度指数”[108]。李扬等（2017）认为，产业科学关联度反映了产业来自科学原理与发现的原动力，有助于识别与基础研究关联度高的新兴技术与新兴产业，进而判断产业发展对科学研究的依赖程度高低、评价产学研合作的效率及质量、探测影响力比较大的创新环境因素[109]。

（3）技术与产业关联研究

技术从应用研究中心转移到研发和生产部门，这与科技成果转换的概念相对应[110]。姜南和李济宇（2019）通过专利引用网络测度了中国可再生能源产业持续创新与产业技术影响力之间的关系，研究表明该产业技术影响力与企业持续创新有正相关关系[111]。李剑敏（2015）从产业技术链的关联性属性的角度，提出关键技术初始清单的双链识别方法，分析了产业关键技术与产业发展模式之间的关联关系[112]。武川等（2021）突破以合作及IPC共现关系来研究技术创新网络的常规研究方法，通过建立LDA-GS模型提取文本主题，研究战略性新兴产业技术创新网络的演化特征[113]。

(4) 科学技术与产业关联研究

王倩和李天柱(2018)以“市场需求—产业目标—共性技术—研发基础”作为研究路径,设计了产业共性技术路线图的研究流程[114]。戚芸榛(2019)认为,高新技术产业化过程是一个从科学研究、试验发展、产品开发、生产制造、市场营销、成果扩散直至大规模生产各环节组成的系统[115]。王超等(2018)根据创新链中不同创新活动的目标,将创新链条分为基础研究、应用研究、转移转化、商品化和产业化五个环节的创新活动[116]。雷家骕等(2019)提出了基于科学的产业的一般发展模式,论述了产业发展过程中科学技术与产业关联及其他相关产业在时间和关键节点上的关系以及科学在其中的核心作用[108]。董坤(2018)提出了深入文本内容的科学—技术—产业知识关联分析方法,实现了领域科学、技术及产业互动关系的定量探测[22]。贾建林等(2019)研究发现,政府机构对基础性共性技术创新的重视程度,将影响产业创新发展模式的转变——要么是向基于科学的产业转化,要么是向基于技术的产业发展[117]。

2.2.3.3 科学技术与产业关联测度方法研究

(1) 技术成熟度曲线

高德纳咨询公司提出的技术成熟度曲线(the hype cycle)又称为技术循环曲线,是指新技术、新概念在媒体上曝光度随时间的变化曲线[118],其有效地拟合了生命周期曲线和S形曲线,利用媒体曝光度指标,在表征新兴技术领域科学技术发展与产业发展关系方面,得到了国内外学者和专家的广泛认可。《Gartner:2021新兴技术成熟度曲线》报告描绘了建立信任、加速增长和塑造变革三大新兴技术趋势主题,以及包括人工智能工程化、生成式人工智能、数据编织、云原生平台等十二大新兴技术。技术成熟度曲线也有不足之处,如无法分析单一技术的历史发展特征等。

(2) 技术预测与技术预见

① 技术预测及方法。技术预测是指在充分把握技术创新发展影响因素的情况下,分析和评估新兴技术未来可能出现的属性特征,对新兴技术未来出现的概率进行描述,为研发方向及资金投入等决策提供有效的支撑信

息[119]。技术预测方法主要分为三类：探索性技术预测方法、规范性技术预测方法以及二者相结合的方法[120]。探索性技术预测方法包括趋势外推法、增长曲线、文献计量等。规范性技术预测方法包括形态分析法、关联树法、层次分析法和回溯预测法等。探索性/规范性综合预测方法包括德尔菲法、专家群体调查法、趋势影响分析和技术路线图等。

② 技术预见及方法。技术预见一般是指对科学、技术和经济的长远前景进行系统性调查[121]。技术预见方法主要包括定性方法、定量方法及半定量方法三类。定性方法侧重从主观层面对事件进行解读，通过深入的讨论、多元观点的分享强化对不同视角和观点的理解[122-123]，其中较为常用的包括头脑风暴法、会议/研讨会法、论文/情景写作、文献回顾法、形态分析法、关联树/逻辑图法等。定量方法一般是指基于可靠、有效的数据（如社会经济指数）进行变量的测量和统计分析，如标杆分析法、模型分析法、趋势外推法/影响分析法等[123]。半定量方法一般是指应用数学原则对主观性内容、理性判断和专家及评论员的观点进行量化分析所采用的方法，如德尔菲法、关键因素分析法、多准则分析法、投票选举法、技术路线法等[122-123]。

③ 技术预测与技术预见的区别。技术预测侧重技术的维度，强调在未来某段时间内对技术发展的方向、速度等特征进行预测，基本很少涉及战略和政策层面的考虑。技术预见一般也称国家或区域预见，通过对未来的展望，实现对不同可信度、完整性及科技合理性的信息的理解和欣赏的过程[123-124]。汪雪锋等（2019）认为，从整体时间上考量，技术预测一般是3～5年，而技术预见更多是强调5～30年；技术预见多采用德尔菲法，而技术预测目前主要是基于文本分析和科学计量的方法[125]。

（3）引文分析法

① 非专利引文。刘怡汝和孙会军（2019）提出了基于论文与专利共被引方法而开展科学技术关联研究的新方法[126]。有研究指出，通过对非专利参考文献的引用平均水平可洞察知识从科学到技术的转移，也可将其用来量化技术领域与科学领域的关系[99]。利用非专利引文研究“科学与技术”的关联关系已经成为一种重要的方法和手段[127]。郜梦蕊（2019）利

用德温特手工代码识别专利数据库中的人工智能领域专利，探测人工智能领域科学与技术的关联关系[128]。针对科学技术关联测度，现有研究已形成了较成熟的测度指标，包括非专利参考文献平均引用量、引用率、科学关联度、科学集中度、科学强度等；同时有学者对这些指标开展了评价分析，结果表明其在科学技术关联关系的测度中完全合理有效[99,129]。

② 反向引用。田丽娜和杨祖国（2017）利用“反向引用”的频数、技术关联度和引用时间差等指标，构建了“反向引用”网络，探讨技术领域到科学领域的知识流动情况，结果证明，中国专利技术对世界科学研究的影响力越来越大[102]。董坤（2018）[22]、池和格兰策尔（2017）[104]开展了 SCI 论文引用美国专利商标局专利的统计分析，建立了学科领域与技术之间的关联联系。

③ 双向引用。专利引用论文和论文引用专利，都只是科学与技术之间的单向流动或影响，难以进一步刻画科学与技术间的交互影响，而混合引用方法则可以承担这一分析工作。高继平等（2014）[130]、郜梦蕊（2019）[128]提出双向的引文揭示方法，研究专利对论文的引用及论文对专利的引用在时间、空间和种类等方面的分布。自然出版集团每年发布的自然指数（nature index）通过运用专利和论文的互引情况反映科学与技术的关联关系，进而衡量某个研究机构发表的文章对专利产生的影响，从一定程度上展现了科研技术转化的实力[105]。

④ 引文影响力。目前常用的学科规范化的引文影响力主要有两种——领域加权引文影响力（Field-Weighted Citation Impact，FWCI）和分类规范化引文影响力（Category Normalized Citation Impact，CNCI）[131]。FWCI 是爱思唯尔（Elsevier）的 SciVal 平台中考察机构、国家、个人等的论文影响力的指标，其排除了出版年、学科领域与文献类型作用的无偏影响力指标，可以用作不同规模、不同学科论文集的比较[131]。CNCI 是科睿唯安（Clarivate）的Incites 平台中考察机构、国家、学者等的论文影响力的指标，计算学者论文的被引用次数和相同学科、相同年份、相同类型论文平均被引次数的比值，同样，该指标也排除了出版年、学科领域与文献类型的影响[131]。

⑤ 引用动机分析法。引用动机分析法对不同角色的施引主体，尤其是

对科学论文的引用动机进行调查研究，从施引原因和目的角度探索科学与技术之间的关联现象。引用科学期刊论文的动机通常包括知识背景介绍、科学规律铺垫和基础理论追溯等。该方法基于发明者施引的主观缘由和目的来判断分析科学与技术的相互关联情况[129,132]。

（4）作者—发明者共现法

作者—发明者共现法，即以专利发明人发明者身份与论文作者双重身份，或专利发明人和科研学者共同合作关系为切入点，构建作者—发明者网络，探索科学技术关联现象[129,133]，分析科学技术知识空间的相互作用[129]。陈钰芬和王科平（2021）指出作者—发明者共现法研究样本量不大，对科学技术关联分析的支撑性不强[134]。在国内外的研究中，作者—发明者共现法用于识别和测度专利发明人的科学研究活动，以及大学和企业的合作情况[135]。

（5）学科主题—技术主题映射法

学科主题—技术主题映射法将论文的参考文献所属学科主题或类目与专利文献所属国际专利类目进行映射，形成学科主题—技术主题或学科类目—技术类目映射关系，研究学科领域下科学与技术主题的关联发展趋势[129,136]。何贤敏等（2021）提出了基于 BERT 预训练上下文语言模型的孪生网络，建立 IPC 类目和 CLC 类目之间的映射关系[137]。马晓萌等（2020）使用深度学习中 Doc2vec 文本向量化的方法进行专利与行业间类目相似度的计算，建立了一套国际专利分类号与国民经济行业分类号之间类目映射关系的方法[138]。

2.2.4 产业创新效率测度相关研究

2.2.4.1 创新效率研究视角

国内外有关学者在产业创新效率测度方面进行了很多尝试，主要分为三类。一是关注于产业创新过程的划分。王黎萤等（2017）将创新过程划分为科技产出、物化产出和价值产出三个阶段，进而构建了三阶段创新效率评价模型[139]；也有学者将其划分为技术阶段和经济阶段，构建了基于两阶段的DEA分析模型，分析经济效率、技术效率和整体创新效率[140]。二是基于高技术产业数据。将研究视角划分为三个维度：国家[141]、省域[142]或经济区[143]，通过实证分析产业区域发展均衡状态[144]。三是关注于单个产业的创新效率研究。王小黎等（2021）通过重新界定专利密集型产业的含义，构建创新评价指标体系，定量研究中国专利密集型产业的创新能力[145]。本书关注新兴产业创新过程的阶段划分，并且关注产业时间序列的变化趋势，对其创新效率进行研究和评价。

2.2.4.2 产业创新测度阶段划分

众多研究中产业创新测度过程阶段的划分主要分为两类：两阶段和三阶段。

（1）两阶段。大多数学者将这一过程分为技术阶段和经济阶段，并构建了两阶段DEA分析模型来评估产业创新效率[146]。崔等（Choi et al.，2016）认为在技术研发阶段，产出的科技成果主要是专利，专利作为经济阶段的技术投入，主要反映新兴产业的技术效率[147]。法赫米·阿卜杜拉等（Fahmy-Abdullah et al.，2019）认为，专利技术产出应作为技术研发阶段的产出，产业致力于新产品开发，并在经济阶段形成经济利益[148]。

（2）三阶段。一些学者将产业创新过程分为科技成果产出、物化产出和价值产出三个阶段[139,149]。也有学者认为创新过程应包括知识创新、研发设计创新和产品创新，对于知识创新和研发设计创新，主要创新类型包括基础研究、应用研究和实验开发[150]；对于产品创新，主要创新类型是指知识和专利的产品转化[151]。李培哲和菅利荣（2021）提出将高技术产业创新过程划分为知识生产、技术研发和成果转化三个阶段，其中知识生产阶段的主要产出为科学论文[152]。

2.2.4.3 创新效率评价指标体系

国内外开展产业创新效率评价的研究很多，所选择的创新效率评价指标体系也不尽相同，本书归集了部分典型研究所选择的指标进行比较分析，如表 2.1 所示。

表 2.1　　常用的创新效率评价投入产出要素

指标		来源
• R&D 内部经费 • R&D 人员全时当量 • 专利申请量 • 拥有发明专利数 • 主营业务收入	• 技术获取费 • 技术改造经费 • 新产品销售收入 • 新产品开发经费 • 新产品 R&D 项目数	尹洁等（2018）[153]、范德成和谷晓梅（2022）[155]、毕重人等（2019）[154]、李培哲和营利荣（2021）[152]，等
• 科研人员数量 • 科研经费数量 • 科研单位数量 • 论文发表数量	• 企业数量 • 劳动生产率 • 技术市场规模 • 产业增加值	毕重人等（2019）[154]，等
• 高校及科研机构 R&D 经费来自政府的资金 • 高校及科研机构 R&D 经费来自企业的资金 • 高校及科研机构发表科技论文数 • 技术市场合同成交额 • 新产品出口额		李培哲和营利荣（2021）[152]，等
• 有研发活动的企业数 • 新产品出口额		王小黎等（2021）[145]，等
• 知识产权管理经费投入		李宏宽等（2020）[150]，等

除了构建表 2.1 中基本的投入产出指标体系外，也有专家建立关键影响因素指标，综合评价产业的创新效率，如范德成和谷晓梅（2022）从技术创新主体、技术创新参与主体、区域内部创新环境和外部国际环境四大类 22 个潜在影响因素中选出 8 个关键影响因素[155]；李柏洲等（2019）将国有控股企业经济总产值占行业总产值的比重等 4 个环境变量作为对决策单元效率值的影响变量[156]。

2.2.4.4　创新效率评价模型

目前关于创新效率评价模型，国内外研究主要分为两类。

（1）运用 DEA 模型

朴哲范等（2017）分别从静态和动态的角度衡量韩国新兴产业研发（R&D）效率，发现韩国的大部分区域 R&D 效率处于下降趋势[157]。张弘石等（2016）基于累积 DEA-Malmquist 指数，比较分析了全球主要研发企业的创新效率[158]。周小刚等（2022）基于系统思维建立评价指标体系，引入三阶段 DEA 与超效率 DEA 模型评价中国高等教育效率[159]。吴传清等（2017）运用 DEA-Malmquist 指数和面板 Tobit 模型，开展长江经济带创新效率比较分析[160]。龚日朝等（2020）提出将 DEMATEL 法和数据包络分析法有机结合的思想，运用基于 DEMATEL 法获得的指标之间内在的权重大小信息，构建了权重约束型模型和超效率模型[161]。杨敏等（2022）提出资源共享与子系统交互的两阶段 DEA 评价方法，运用 Stackelberg 博弈方法构建模型求解出唯一的子系统（阶段）效率并验证了该方法的有效性[162]。

（2）运用 SFA（Stochastic Frontier Analysis）模型

杰拉迪（Jradi，2019）探讨了 SFA 模型类型、可能的前沿转移、无效项的分布、不同的产出变量和估计量选择的影响，针对欧盟建筑行业的研究表明，估计量的选择可能会强烈影响特定模型的效率估计[163]。坚吉兹等（Cengiz et al.，2018）提出了使用贝叶斯网络（BN）方法分析经济合作与发展组织（OECD）国家的能源绩效，识别变量和效率之间的潜在关系[164]。阮文光等（Nguyen et al.，2021）基于澳大利亚渔业的数据，检验技术和规模效率估计对随机前沿分析中投入产出组合、函数形式、分布假设和估计方法选择的敏感性，结果表明，技术效率和规模效率的估计对分配假设和时间效应的选择最为敏感[165]。张春勤等（2018）采用中国 2008～2013 年 32 家公交企业的面板数据，基于随机前沿生产函数模型进行了实证检验，研究结果发现，所有权结构为混合型公交企业的运营效率优于国有型企业和私有型企业的运营效率[166]。岳意定等（2014）采用随机前沿模型，估算了中国研发创新效率，分析提出了研发创新效率的关键影响因素[167]。

2.2.5 研究评述

（1）开展新兴技术创新发展测度的创新链视角及测度方法框架体系有待完善

以往的研究较少将创新链和科技创新发展结合起来，指导新兴技术创新发展测度的方向和路径，因而缺乏系统性。基于全创新链视角的新兴技术创新发展测度研究，需要厘清以下几个方面的问题：关注新兴技术和新兴产业创新发展的创新链主体是谁？其聚焦哪些问题？如何组织分析和评价而形成核心问题？核心问题之间的关系是什么？对此，首先，需要重新梳理对创新链和新兴技术创新发展的认识，以综合把握创新链的参与主体、整合的资源及与产业链的关系，以及新兴技术创新发展的内涵和要求。其次，需要基于对创新链和新兴技术创新发展的认识，构建包括内涵界定、问题凝练、解决方案设计及评价、测度过程设计等环节的基于全创新链的新兴技术创新发展测度框架体系。

（2）基于引文网络分析的新兴技术发展路径测度研究还需要开辟新的视角

目前，基于颠覆度量化方法的专利引文网络分析视角，对科学技术发展路径及规律开展的研究比较少见。相较于科学论文，专利引文网络对于揭示技术间的发展脉络关系和发展路径的特征更加准确。颠覆性技术的识别与量化测度方法还有待于提高，尤其是将颠覆度量化方法运用于技术发展主路径的提取过程之中，其适用性也还需要进一步讨论和改进。由于很少有研究对引文网络进行分类识别，传统的技术路径测度方法的分析对象就显得笼统而不清晰，此方面也需要进一步完善。因此，基于以上分析，本书提出需要进一步解决的三个问题：如何对复杂引文网络进行分类？如何对颠覆度量化方法进行再思考、改进和模型设计？如何基于改进后的颠覆度量化方法及引文网络开展技术发展路径的挖掘分析？上述问题需要基于重新思考与再设计后的颠覆度量化方法和专利引文网络的新研究视角，进行进一步分析和研究。

（3）现有的科学技术与产业关联关系测度研究的视角及方法有待完善

现有研究以非专利引文和反向引用来揭示科学技术与产业的关联关系，略有不足。其一，这两方面的数据量太小，不具有代表性和说服力；其二，过于简单地将产业生命周期方法运用于新兴产业发展阶段的划分，没有考虑新兴技术和新兴产业的特点；其三，分别进行科学与产业、技术与产业两类关联关系的研究比较多，但是也仅基于专利和论文的简单数量和引用关系，说服力不强；其四，综合基于科学技术与产业关联研究的文献并不多。基于上述不足之处，本书提出重新界定新兴产业发展阶段及设计判断方法，构建新的科学技术发展评价指标体系及科学技术与产业关联发展状态测度方法模型，以更有效地揭示新兴技术领域科学技术与产业关联发展状态并探索其发展规律。

（4）现有产业创新效率测度研究需要从全创新链视角加以完善

以往的产业创新效率的测度研究存在的问题包括以下几个方面。第一，多是基于产业内部的投入产出要素（产业链）进行创新效率测度，而基于创新链视角开展产业创新效率的测度研究还比较少见。第二，仅考虑产业内部研发人员的投入，而没有考虑产业外部人才的培养，也即高校和科研机构中的人才产出及对技术研发创新的投入。因而，也需要在基于全创新链的视角下，将人才的培养及对产业的人才输送作为投入产出要素加以考虑和进行创新效率测度的再设计。第三，以往的产业创新效率测度研究没有区分产业对科学和技术的依赖程度，即没有辨别其是基于科学的产业还是基于技术的产业，或是其他创新发展模式。产业创新发展模式不同，其对创新过程中投入产出要素的需求程度也不同，这些因素会影响最终创新效率的测度结果。第四，在面对小类行业创新链前端的科技成果（论文和专利）而无官方统计数据支撑时，无法有效开展完整的创新链评价，需要就此提出解决办法。针对上述问题，本书在基于创新链的视角开展新兴产业创新效率的测度研究时，将充分考虑高校和科研机构对研发人才的培养输送，并厘清不同的融合模式、知识流动的作用及国民经济行业中小类行业创新链前端的科技成果分析和统计。

综上所述，开展新兴技术创新发展测度的研究需要从以下几方面进行进一步拓展。一是需要基于全创新链视角，并结合科技创新发展的客观需要，构建完整的新兴技术创新发展测度框架体系；二是需要运用合理的方法对复杂引文网络进行分类，并对颠覆度量化方法进行再思考、改进和模型设计，在此基础上开展基于专利引文网络的新兴技术发展路径的挖掘分析；三是需要构建科学的分析指标，建立客观的应用场景和技术分类体系，综合判断新兴技术细分领域的产业发展阶段，进而构建科学技术与产业关联发展测度方法模型；四是需要基于全创新链视角，在开展产业创新发展模式识别的基础上，识别高校和科研机构的基础研究成果的投入产出要素，及产业内部投入产出要素，构建合理的测度方法模型，开展产业创新效率测度研究，以揭示新兴产业全创新链创新发展的特征。

2.3 本章小结

本章首先对相关的基本概念进行了解释，包括科学与技术、新兴技术与新兴产业、创新链、产业链、科技创新发展等，统一了本书的术语表述方式。其次，对相关的理论基础进行了阐述和分析，包括协同创新理论与三螺旋创新理论、产业生命周期理论、技术范式相关理论等，为本书后续的研究打下坚实的理论基础。最后，针对绪论提出的亟须解决的前沿问题、政策和实践性问题，开展文献调研分析，包括全创新链与创新发展相关研究、新兴技术发展路径测度相关研究、科学技术与产业关联测度相关研究和产业创新效率测度相关研究四个方面，从中总结了前人研究的不足之处，进一步厘清了本书后续研究的内容及方向。

第3章

基于全创新链的新兴技术创新发展测度理论分析框架

新兴技术创新发展测度的研究工作，必须要解决三个问题：一是新兴技术创新发展测度过程中，创新环境是否要纳入进来综合考虑？二是如何确定新兴技术创新发展测度的实际需求？如何综合这些实际需求，将其转化为可实施的解决方案？三是如何开展解决方案的评价分析，确定测度方案之间的关系，进而设计相对完整的测度流程？本章就上述问题开展分析并提出测度的理论分析框架。

基于前述文献分析可知，国家层面提出的“双链融合”和“创新驱动发展”科技创新战略，无疑就是当前新兴技术创新发展测度研究所面临的创新环境，因而，首先必须对全创新链及新兴技术创新发展内涵进行诠释，形成理论基础支撑。其次，基于理论基础的支撑，开展对新兴技术和新兴产业创新发展现实需求的收集和总结并进行实际问题分析与评价，形成可行的测度研究方案。最后，按照创新链中科学技术→产业的主脉络关系，组织和设计新兴技术创新发展测度核心内容的递进关系，进而开展测度的过程设计。因此，围绕基于全创新链的新兴技术创新发展测度理论体系的构建问题，本章提出如图3.1所示的研究框架。

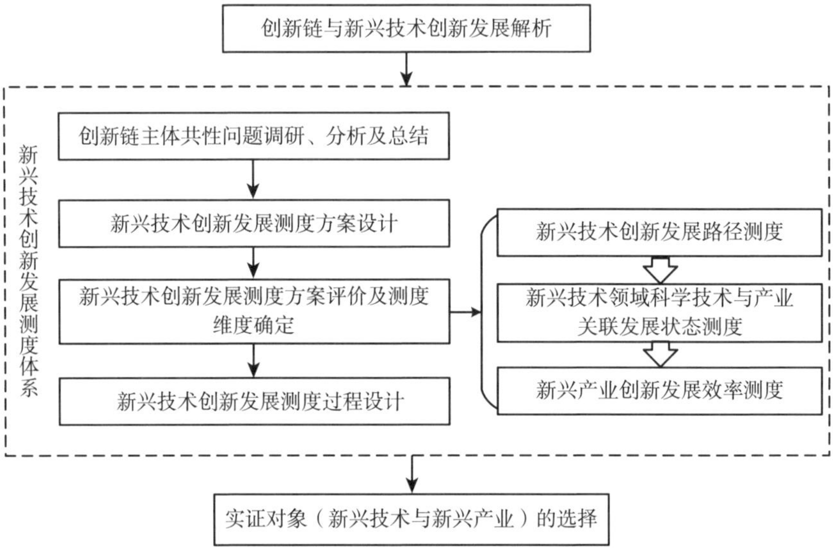

图 3.1　基于全创新链的新兴技术创新发展测度理论分析框架

3.1　创新链与新兴技术创新发展解析

本书在第 2 章对全创新链和创新发展相关概念及研究做了分析，为服务于本书开展的对新兴技术创新发展测度的研究，还需要综合提炼前述文献关于全创新链和新兴技术创新发展的研究论述，对创新链形成新的认识，梳理全创新链新内涵下新兴技术创新发展的特点，进而为新兴技术创新发展测度体系的构建理清思路。以下分别对全创新链及新兴技术创新发展的分析与研究进行总结。

3.1.1　全创新链的解析

基于协同创新理论和三螺旋创新理论，本书认为必须从产业链和创新链融合发展的视角出发，以投入产出要素为纽带，以创新环境作支撑，才能比较完整地认识全创新链。因此，本书从以下四个方面进行初步分析。

（1）创新链的参与主体。产业链的核心主体无疑是企业，创新链的核心主体可以是企业也可以是主导重大科技攻关的政府部门。产业链的参与主体包括上下游企业，创新链的参与主体广泛，并围绕核心主体形成整体链条，本书认为双链融合与创新链的参与主体应该一致。据此，创新链的参与主体有以下三类。一是企业、金融机构、中介组织等，其运营目标是获取商业利润，在此统称为产业链主体；二是提供科学技术支持的科研院所、高校等，在此统称为基础科研主体（区别于企业科研主体）；三是提供政策支撑的政府管理部门（也包括主导重大科技攻关的政府部门）等，在此统称为政府管理主体。从创新链的参与主体及市场经济角度看，企业无疑在双链融合中处于主体地位。科技创新能力弱的企业担任创新链核心主体时，政府管理部门在全创新链中起支撑和助力作用；科技创新能力强的企业担任创新链核心主体时，政府管理部门在全创新链中起疏导作用。

与新兴技术创新发展关系最密切的是产业链主体，尤其是产业链内部开展研发及成果转化的科技研发人员。

（2）全创新链整合的资源。在评价创新链时一般均强调资源的整合能力。按来源划分，全创新链整合的资源一般分为五类：第一类，企业外部科技资源，主要是高校和科研机构提供的科学原理方法与技术支持，以及人才培养；第二类，企业资源，包括企业在创新链主攻方向上的所有投入资源；第三类，中介服务资源，一般指科技中介服务资源，也包括人力资源服务和其他商业服务资源等；第四类，资金资源，包括风险投资、政府投资等；第五类，创新环境资源，包括各类主体创建的研发中心、创新平台、产业集聚区，以及政府部门出台的产业政策和科技创新政策等。

（3）双链融合的方向。关于双链融合的原文是“要围绕产业链部署创新链、围绕创新链布局产业链，前瞻布局战略性新兴产业”[168]，延伸开来可以从三个方面理解。其一，“围绕产业链部署创新链”就是要推动各类优势资源向目标产业聚集，提升目标产业科技创新能力。一方面，依靠市场吸引各类优势资源；另一方面，依靠科技政策的导向作用，因为高校及科研机构属于国家财政性资金支持单位，受国家政策的影响比较大。其二，“围绕创新链布局产业链”就是要加速科技成果产业化，快速形成“新增长极”。企业可以将产业链布局在高校和科研机构周边，或有优势的科学技术领域，方便快速获取基础科学技术的支撑。其三，双链融合的目标是前瞻性布局战略性新兴产业，本书认为可以延伸为新兴产业及高技术产业。前瞻性布局意味着，首先基于科学分析确定在未来具备巨大发展潜力、综合效益好的战略性新兴产业，然后组织双链融合的各类主体，再一体化布局基础科学技术的研究与开发，及至产业化。

（4）创新链在双链融合中的作用。国家战略中强调双链融合，原因在于以下两点。其一，将科技创新置于国家发展的中心位置，使“科学技术是第一生产力”更加明确化。其二，高校和科研机构的基础研究投入产出均不足，为企业提供的基础科学方法和技术的转化渠道和方式亦不足，双链融合一方面是要加强高校和科研机构的基础科学方法与技术的供给，另一方面也是为了给高校和科研机构提供市场导向性的科学研究动力。

基于上述分析，不难得出全创新链的进一步解释：核心企业联合产业链企业，以国家或地方产业和科技创新政策为导向，从创新链前端开始，沿着基础研究—应用开发—成果转移转化—产业化的路线整合各类创新资源，努力打造具有高创新性、高附加值和高安全性产业链，提升整体科技能力，为产业及科技创新提供持续动力。

创新链前端的高校和科研机构承担两个方面的作用：一是参与产学研合作和开展基础研究，为产业链和创新链提供科学原理方法及基础技术的支撑，实现科技成果转化，创造直接经济效益；二是为产业链和创新链培养及输送专业研发人才。

3.1.2 新兴技术创新发展的解析

新兴技术创新发展是指新兴技术产生的行为过程，在新兴技术概念的驱动下新知识的原始生成或者既有知识的再集成[169]，也涵盖了从科学到技术再到产业的全创新链发展过程。新兴技术创新发展在推动技术革新的进程中，也充分融入产业链和创新链的发展过程之中，本书从以下四个方面开展新兴技术创新发展的相关解析。

（1）新兴技术创新发展的特点

“新兴”代表着希望、趋势和未来，新兴技术创新发展随着新兴技术的诞生、演化及转化，具有颠覆性、不确定性、风险性、复杂性和阶段性等特点[170]。颠覆性在于新兴技术改变了现有技术体系和产业链体系，可能造就一个新的行业，或颠覆一个旧的行业。不确定性在于两方面，一是新兴技术带来市场、宏观管理等的不确定性；二是新兴技术对现有技术体系颠覆性程度的不确定性。风险性在于新兴技术的产生并不是一蹴而就的，风险投资过早或过晚参与其产业化均存在风险性，而新兴技术产业化受很多因素影响，并不容易准确把握。复杂性在于新兴技术创新发展过程往往集成了多个学科的技术知识，如生物智能技术集合了人工智能、仿生学、电子信息等多学科技术知识。阶段性在于新兴技术从诞生到被新的技术取代的发展过程具有生命周期的特征，显示为逐级递进的发展阶段。

（2）新兴技术创新发展的评价

国内外对新兴技术创新发展的评价研究主要基于三个视角：构建论文和专利等评价指标体系进行新兴技术创新发展状态与趋势的量化分析；基于技术生命周期理论将发展过程划分为多阶段，分析不同层级的创新发展影响因素；分析研究新兴技术与投资、创新政策等相关要素的协同绩效[4-5]。同时，也有研究综合上述视角与其他视角进行分析，这也是本书开展研究的出发点。

（3）新兴技术创新发展推动产业链发展

新兴技术的创新发展也包含新产生的技术知识不断发展成熟，直至转化为产品而走向市场，从而造就了新兴产业。产业化的产品往往集成了多项新兴技术，其并不总是来源于单个企业，同时由于新兴技术的复杂性和资金投入等因素，在技术层面和产业层面各因素的共同作用下形成了产业链，联系紧密的产业链则会以联盟的形式存在。新兴技术创新发展的阶段与新兴产业发展的阶段并不完全一致，受产业链的科技成果转化速度及能力制约，有时会存在不同程度的滞后。

（4）新兴技术创新发展是创新链作用的产物

新兴技术的生产者可能是企业、高校和科研机构中的一方或是产学研合作体，无论是哪一方，都说明新兴技术创新发展的实施主体来自创新链中的某一个环节。在双链融合的前提下，高校和科研机构产出的基础科学方法及技术提供了新兴技术创新发展的动力基础。新兴技术创新发展增强了产业的知识生产能力，促进了知识扩散，为技术创新发展提供了更广阔的空间。创新链主体的研发活动探索了当前的新技术知识，而产业化扩散了新技术知识。创新链中企业的产业环境处于持续动态变化中，采用新技术成果的企业必然能较快适应外部环境的变化。创新链主体如能在新兴技术产业化过程中获取足额或超额利润，则会在积累知识的同时继续研发下一代新技术，促进新技术的迭代[171]。

依据上述分析及创新发展的理论支撑，本书提出开展新兴技术创新测度的方向：一方面，关注新兴技术领域科学技术进步的情况；另一方面，关注新兴技术领域科学技术推动产业发展的情况，包括科学技术与产业的关联发展状态和推动产业发展的创新效果等。

3.2 基于全创新链的新兴技术创新发展的共性问题及测度方案

3.2.1 新兴技术创新发展的共性问题

在全创新链视角下，创新主体立场不同对新兴技术创新发展也会有不同的创新需求。

首先，本书基于文献调研、WOS 论文数据和专利数据中的主题词分析、行业研究报告和媒体报道、政府相关政策文件、管理规范及统计数据，对创新主体所关心的新兴技术创新发展的共性问题进行了系统梳理，形成共性问题的初步汇总。

其次，本书作者受益于参与的国家自然科学基金国际合作重点项目，就初步汇总的共性问题，咨询和访谈了该项目的部分专家，这些专家来自高校和科学院等科研机构。

最后，基于前述两个步骤，本书最终形成了创新主体所关注的共性问题的总结，主要包括九个方面：第一，新兴技术与新兴产业的边界如何确定？第二，在新兴技术发展的历程中，颠覆性创新突破点是哪些？第三，如何衡量新兴产业的发展对基础科学技术的依赖程度，以便抓住重点发展科学研究或技术研发？第四，支撑新兴技术创新发展的科学研究和技术研发目前处于什么状态？第五，目前新兴技术及新兴产业处于什么样的发展阶段？第六，掌握了新兴技术的领先主体是哪些研发人员、研发机构和优势区域？第七，新兴产业在国家发展战略中处于何种地位？产业创新发展投入产出在哪些方面需要加强？第八，新兴技术与新兴产业的投资机会和时间节点如何把握？第九，新兴技术和新兴产业有没有发展潜力？这些共性问题实际上直接影响创新链主体各方未来的工作重点和方向性把握。

基于上述现实问题，本书开展测度维度的选择并以此进行测度方法模型设计，以支撑新兴技术的创新发展。

3.2.2　新兴技术创新发展测度方案设计

本书针对调查、咨询和访谈得到的创新链创新主体关注的共性问题，进行合理总结分析后提出针对性测度方案，如表3.1所示。

表3.1　全创新链主体关于新兴技术和新兴产业创新发展的共性问题及对应测度方案

序号	问题	测度方案
1	如何确定新兴技术与新兴产业的范围	参考权威文献或构建检索策略
2	新兴技术的颠覆性创新突破点有哪些	新兴技术创新发展路径测度
3	新兴产业的创新发展模式如何识别	产业的科学关联度和技术关联度测度
4	新兴产业科学研究和技术研发的发展状态如何	科学技术与产业关联发展状态测度
5	新兴技术及新兴产业处于什么样的发展阶段	新兴技术创新发展路径测度；科学技术与产业关联发展状态测度

续表

序号	问题	测度方案
6	领先主体是哪些研发人员、研发机构和优势区域	科学技术与产业关联发展状态测度
7	产业创新发展投入产出在哪些方面需要加强	新兴产业创新发展效率测度
8	新兴技术和新兴产业的投资机会如何把握	新兴产业创新发展效率测度；科学技术与产业关联发展状态测度
9	新兴技术和新兴产业有没有发展潜力	技术预测等

从表3.1中可以看出本书新兴技术创新发展测度方案主要包括以下几类：权威文献或构建检索策略、新兴技术创新发展路径测度、产业的科学关联度和技术关联度测度、新兴产业创新发展效率测度和技术预测等。对此，有六点需要详细说明。

（1）对于新兴技术与新兴产业的范围如何确定的问题，有如下两种情况。一是官方均有明确界定的新兴技术和新兴产业，一般涉及国民经济行业中的大类、中类行业和部分小类行业。二是无官方界定和无权威文献界定的新兴技术和新兴产业，一般涉及国民经济行业中的小类行业和部分大类、中类行业，学界的一般做法是通过调研文献、咨询专家、机器学习等手段，构建文献和专利检索策略来加以确定。新兴技术与新兴产业的范围确定问题不是关键性测度问题，在本书中属于一般性技术处理事宜。

（2）本书将“新兴产业发展对基础科学技术的依赖程度”问题转换为“新兴产业的创新发展模式识别”，依据产业的科学关联度和技术关联度测度做出判断，但要区别于其他文献中以组织形式进行创新发展模式的界定。

（3）对于新兴技术和新兴产业发展潜力的判断问题，目前已有成熟的技术预测方法，不属于本书主要测度研究的范围。

（4）依据本书调查研究，新兴技术创新发展路径的测度研究已经大量存在，但综合判断“颠覆性创新突破点有哪些”和“新兴技术及新兴产业处于什么样的发展阶段”的测度研究还很少见，本书将针对这两个问题提出改进方案。

（5）目前关于新兴技术或新兴产业创新测度的研究比较丰富，但将科学技术与产业关联在一起进行测度的研究并不多，需要提出新的研究方案。

（6）关于新兴产业创新效率测度的研究也比较多，但基于全创新链视角、关注创新链中的基础研究贡献、将高校和科研机构的科技成果和人才培养纳入测度体系的研究则很少见，也需要提出新的研究方案。

3.3　基于全创新链的新兴技术创新发展测度维度选择

3.3.1　测度方案的评价分析

基于表3.1提出的测度方案，本书从重要性分析、现有测度方法的成熟度和需要改进与否三方面进行评价分析，以确定后续研究工作的具体内容和步骤，如表3.2所示。

表3.2　基于全创新链的新兴技术创新发展测度方案的评价

序号	测度方案	重要性程度	现有测度方法的成熟度	是否需要改进
1	参考权威文献或构建检索策略	**	***	否
2	新兴技术创新发展路径测度	***	**	是
3	产业的科学关联度和技术关联度测度	***	***	是
4	新兴产业创新效率测度	***	**	是
5	科学技术与产业关联发展状态测度	***	*	是
6	技术预测	*	***	否

注：表中的*越多，表明程度越高；“是否需要改进”仅针对本书的研究需要设定。

从表3.2中可以得出四个方面的信息内容。第一，参考权威文献和构建检索策略识别新兴技术和新兴产业边界的测度方法已经很成熟，在本书中属于一般性研究工作，不需要改进。第二，新兴技术和新兴产业的发展预测测度方法目前已经非常成熟，本书没有将其列入研究范围。第三，针对新兴产业的投资机会测度研究，本书提出可以基于全创新链的视角，通过开展新兴技术创新效率测度研究来解决。第四，产业的科学关联度和技术关联度测度研究可用于识别新兴产业创新发展模式，因此可以将其融入基于全创新链的新兴技术创新效率测度研究之中。基于上述分析，本书选择基于全创新链视角开展三个维度的新兴技术创新发展测度研究：新兴技术创新发展路径测度、新兴技术领域科学技术与产业关联发展状态测度和新兴产业创新效率测度。

基于前述新兴技术创新发展测度体系的递进关系，本书开展测度研究的核心内容包括以下三个方面。

（1）研究如何进一步改进新兴技术创新发展路径测度方法。以论文和专利为代表的科技成果是创新链中基础科研主体和产业链研发人员的研发成果，是创新链发展的基础，本书将以专利代表新兴技术，基于引文网络分类和颠覆度量化方法，研究设计新兴技术创新发展路径测度方法，相关内容将在第 4 章进行具体研究分析。

（2）研究如何测度创新链与产业链的关联发展状态。鉴于前述以专利代表新兴技术，在此本书以科学技术（论文成果和专利成果）代表新兴技术、以产业代表产业链，则创新链与产业链的关联关系可以转换为科学技术与新兴产业的关联关系。因此，创新链与产业链的关联关系可以转换为基于全创新链视角的科学技术与产业关联发展状态测度，最终为多元创新主体投资或配置创新资源决策提供支持，相关内容将在第 5 章进行具体研究分析。

（3）研究如何评价新兴产业的创新效率。围绕产业链部署创新链就是要推动各类优势资源向目标产业聚集，提升目标产业的科技创新能力。创新链视角下新兴产业的创新效率评价与测度不应仅仅局限于产业链主体，更应该充分考虑其他创新主体，尤其是基础科研主体的科技成果贡献和人才培养贡献。因此，本书针对全创新链（基础研究→应用研究→产业化）视角开展新兴产业创新效率测度研究，将基础研究阶段的主要科技产出和人才培养纳入进来，相关内容将在第 6 章进行具体研究分析。

3.3.2 新兴技术创新发展测度的过程设计

基于上述选定的新兴技术创新发展测度维度，可以解构出新兴技术和新兴产业创新发展测度的研究对象、时间和地域范围、研究的递进关系等一系列具体创新发展问题。本书按照创新链中科学技术→产业的主脉络关系，组织和设计新兴技术创新发展测度核心内容的递进关系。首先，开展基于全创新链和科学技术计量分析视角的技术发展主路径测度，回应“新兴技术的颠覆性创新突破点有哪些”和“新兴技术处于什么样的发展阶段”等问题。其次，开展基于全创新链视角的新兴技术领域科学技术与产业关联发展状态测度研究，回应“新兴产业科学研究和技术研发的发展状态如何”“新兴技术及新兴产业处于什么样的发展阶段”“新兴技术和新兴产业的投资机会如何把握”等问题。最后，基于全创新链视角开展新兴产业创新效率测度（实际上涉及了创新链各主体及其投入产出要素），回应“产业创新发展投入产出在哪些方面需要加强”和“新兴技术和新兴产业的投资机会如何把握”等问题。

依据上述问题的解决思路，本书对新兴技术创新发展测度的主要步骤和内容进行了归纳，如图 3.2 所示。

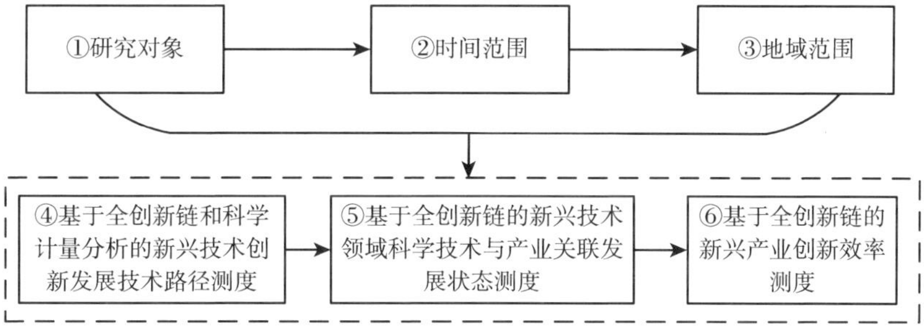

图 3.2 新兴技术创新发展测度的过程设计

第一步，新兴技术领域的选择。新兴技术的选择一方面需要考虑新兴技术的代表性，另一方面需要考虑本书的研究基础。

第二步，研究的时间范围确定。时间范围选择过大，一方面，会增加研究的难度；另一方面，新兴技术早期的技术萌芽可能很早就已出现，对于当前技术创新发展的贡献度明显降低，必要性不大。所以选择合理的研究时间范围很重要。后续章节将根据研究重点及数据特征，开展时间范围的具体选择。

第三步，研究的地域范围选择。与时间范围的选择相类似，过大的地域范围不利于研究的开展，数据的支撑程度也是影响地域范围选择的因素之一。后续章节将根据研究重点及数据特征，开展地域范围的具体选择。

第四步，创新链中科学技术发展路径测度。其中，科学计量法是重要的分析工具，即基于全创新链和科学计量分析的新兴技术创新发展路径测度，将是本书重点内容之一。

第五步，创新链中科学技术与产业链关联的发展状态测度。基于全创新链的新兴技术领域科学技术与产业关联发展状态测度，也是本书的重点研究内容之一。

第六步，基于全创新链视角的新兴产业创新效率测度。本书首次将基础研究阶段的科技成果和人才培养纳入创新效率的评价之中；同时，综合利用多源数据并设计方法模型开展创新效率测度研究，这也是本书将要重点研究的内容之一。

3.4 实证研究对象选择

3.4.1 实证研究对象选择依据

围绕新兴技术创新发展测度研究主题，需要选择具有代表性的新兴技术和新兴产业开展实证研究。本书选择以3D打印烧结技术、集成电路制造技术所在的国民经济行业中类“电子器件制造业”下辖的三类制造技术（含集成电路制造技术）作为实证的新兴技术及对应新兴产业。主要考虑因素如下。

（1）所选择的新兴技术与本研究主题吻合。3D打印烧结技术产业和电子器件制造业属于《战略性新兴产业分类（2018）》涵盖的范围，较一般的新兴产业更具有代表性，符合本书的主题方向。

（2）笔者对所选择的新兴技术具备一定的研究基础。笔者对3D打印技术和集成电路制造技术有前期研究基础，已形成专利和论文的检索策略、基础数据和分析方法，以及相应技术领域的科学、技术和产业的初步研究基础。

（3）开展新兴技术发展主路径方面的研究时，所选实证的新兴技术领域不宜过大，否则会忽视细分领域中的弱势领域。烧结技术是3D打印技术的细分领域，在本书下载的3D打印技术的论文和专利数据中，烧结技术领域的论文和专利的数据量是占比最多的细分领域。因而，选择烧结技术满足了新兴技术领域细分的需求。

（4）所选择的新兴技术在我国具有突出表现。本书统计分析了3D打印烧结技术和集成电路制造技术的专利来源情况（2001～2020年，以专利同族计数）（见表3.3）。

表3.3　3D打印烧结技术和集成电路制造技术的Top 10专利来源情况（2001～2020年）

序号	3D打印烧结技术			集成电路制造技术		
	国家（地区）	专利数量	占比（%）	国家（地区）	专利数量	占比（%）
1	中国	5204	39.5	美国	819856	39.5
2	美国	3692	28.0	日本	418761	20.2
3	德国	1855	14.1	中国	320936	15.5
4	日本	1144	4.3	韩国	236962	11.4
5	英国	380	1.4	德国	101380	4.9
6	韩国	326	1.5	英国	51735	2.5
7	法国	219	1.3	法国	50621	2.4
8	意大利	154	1.0	中国台湾	37945	1.8
9	俄罗斯	114	0.8	俄罗斯	18632	0.9
10	澳大利亚	84	0.6	澳大利亚	17316	0.8

注：本书认为，分析特定区域新兴技术的发展水平，主要的衡量指标应该是申请人所属区域（技术来源地），而不是在该区域申请的专利数量（其只能说明该区域市场受重视程度）。

资料来源：按照检索策略（附表D、附表E）在智慧芽专利数据库中检索统计而得。

从表3.3中可以看出，我国在3D打印烧结技术领域的专利数量最多，且在前10名中占比达39.5%，本书将实证分析3D打印烧结技术的创新发展路径、科学技术与产业关联发展情况；我国在集成电路制造技术领域的专利数量排名第三，且在前10名中占比达15.5%，本书将以集成电路制造技术所在国民经济行业的中类“电子器件制造业”下辖的三类制造技术（含集成电路制造技术）为实证分析对象，分析新兴技术领域科学、技术和产业的创新效率，并选择与其同层次的产业开展比较分析。

（5）产业创新效率测度所需数据具有可获得性特点。就本书的研究条件而言，官方统计年鉴是最好的数据来源，3D打印技术产业分布于《国民经济行业分类》（2017）的众多制造业之中，在《中国高技术产业统计年鉴》和《中国科技统计年鉴》中没有专门产业统计数据。电子器件制造业在《中国高技术产业统计年鉴》中有统计数据，因而，满足了研究该产业创新效率测度数据的需要。

3.4.2 实证研究对象简介

（1）3D打印烧结技术

3D打印技术又称增材制造技术，是以数字模型为基础，将材料逐层堆积制造出实体物品的新兴制造技术，在汽车、电子、航空航天、生物医药、医疗、能源和建筑等行业应用前景广泛，图3.3为2019年3D打印技术在各行业的应用情况。

3D打印技术对传统的工艺流程产生深刻影响，是制造业领域有代表性的颠覆性技术[172]。麦肯锡在研究报告中将3D打印技术列为12种能够改变未来的颠覆性技术之一，3D打印技术可支持按需生产和个性化定制，大幅降低库存成本。3D打印还可减少材料浪费，这些特点使得其相对传统的打印技术有着先天的优势，一旦条件成熟，对传统技术的替代将会十分迅速和彻底。但是3D打印技术发展至今，产业化规模一直上不去，主要原因在于对产业的渗透还不够深入、制造成本居高不下。随着成本逐渐降低，使用工艺成熟且简单化，这项技术有望成为一种大规模低成本制造零

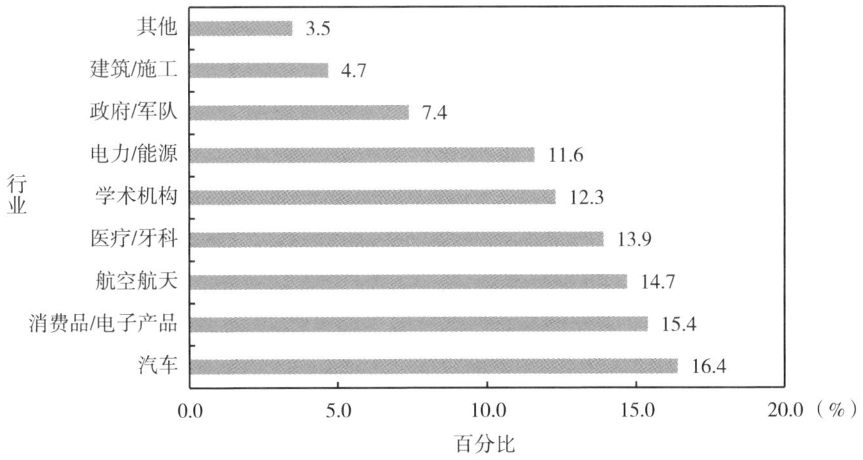

图 3.3　3D 打印技术在各行业的应用占比（2019 年）

资料来源：Wohlers Report 2020。

部件的新方法。如果被广泛应用，将可能颠覆工业界大规模生产工业品的方式。

当今 3D 打印技术发展已经形成比较完善的技术体系，对 3D 打印技术整个领域进行分析会显得过于粗略。开展末级领域监测研究，更有利于相关决策者抓住细分技术发展趋势及特征，把握发展规律与机遇。基于确定的 3D 打印技术检索策略（附表 D），本书通过检索获得该领域论文和专利数据如附表 L 所示。

烧结技术（Sintering Technology）是 3D 打印技术的一项重要子技术，属于国际标准化组织界定的增材制造技术 7 个制造工艺中的快速成型技术。目前已有十余种成熟的快速成型方法，如层片叠加制造（LOM）、熔融沉积造型（FDM）、掩模固化法（SGC）、3D 印刷法（3DP）、光固化立体造型（SLA）、选择性激光烧结（SLS）等。其中烧结技术是最早也是最广泛使用的技术，约占全部快速成型设备的 70% 左右。该技术通常使用激光作为能量源，将烧结材料熔融成型。

从附表 L 中可看出，烧结技术领域的论文和专利数据量是其中占比最多的末级领域，同时也满足进行充分分析的需要。以烧结技术作为实证对象，主要表现在第 4 章和第 5 章。

（2）电子器件制造行业

电子器件制造产业按国民经济行业分类归属于计算机、通信和其他电子设备制造业，在国民经济中占有非常重要的地位，是支撑经济社会发展和保障国家安全的战略性、先导性和基础性产业。电子器件制造是指利用固体内部电子运动变化原理产生电子，对电压、电流有控制、变换作用的具有一定功能的器件制造。

《中国统计年鉴》（2021）的数据显示，2020 年计算机、通信和其他电子设备制造业规模以上资产为 12.98 万亿元，在中国各产业规模上紧随电力、热力生产和供应业之后（18.06 万亿元）；《中国高技术产业统计年鉴》（2021）的数据显示，2020 年电子器件制造业的营业收入为 2.34 万亿元，在计算机、通信和其他电子设备制造业中仅次于通信设备、雷达及配套设备制造业（4.14 万亿元），高于计算机及办公设备制造业（2.31 万亿元）。电子器件制造业是拉动国民经济发展的最重要力量之一，是国民经济重要支柱产业，未来几年其在国民经济中仍将继续发挥战略性作用。

电子器件制造产业的国民经济行业代码为 397（中类），该中类下设电子真空器件制造、半导体分立器制造、集成电路制造、显示器件制造、半导体器件制造、光电子器件制造和其他电子器件制造。在《中国高技术产业统计年鉴》中其归属于电子及通信设备制造业，并且重点统计电子真空器件制造、半导体分立器制造、集成电路制造、光电子器件制造四个产业，其中光电子器件制造于 2018 年才开始纳入统计范畴。

本书在集成电路制造技术方面已形成一定的数据基础及技术分析成果，本书最初拟将集成电路制造业作为研究对象，因为可以得到其在科技统计年鉴中的数据支持，后来在调研《中国高技术产业统计年鉴》时发现，与集成电路制造业并列的还有其他三个产业也有数据支持，其中另外两个产业（电子真空器件制造和半导体分立器制造）的数据连续性比较好，因而最终选定电子器件制造业下面的电子真空器件制造、半导体分立器制造和集成电路制造三个产业作为研究对象。

电子器件制造产业中三个典型产业的特点如表 3.4 所示。

表 3.4 电子器件制造产业中三个典型产业的特点

分类	特性	应用场景	典型产品
电子真空器件制造	指借助电子在真空或者气体中与电磁场发生相互作用，将一种形式的电磁能量转换为另一种形式的电磁能量的器件	广播、通信、电视、雷达、导航、自动控制、电子对抗、计算机终端显示、医学诊断治疗等领域	CRT 电视
半导体分立器制造	半导体分立器件主要用于各类电子设备的整流、稳压、开关、混频、放大等	广泛应用于消费电子、计算机及外设、网络通信，汽车电子、LED 显示屏等领域	镇流器、LED 显示屏
集成电路制造	基于工艺制程技术，在半导体晶片或介质基片上，把一个电路中的元件及线路连接一起，再封装在一个管壳内，形成具有电路功能的微型结构	计算机、工业控制、通信工业与民用	计算机 CPU

电子器件制造业是我国乃至全球的战略性产业，但现阶段我国电子器件制造业技术创新能力较弱，大部分核心技术掌握在发达国家（地区）手中，在国际竞争中处于劣势，尤其以集成电路制造产业最为突出。完善各类要素的投入，全力提高电子器件制造业创新效率，促进国内电子器件制造业产生关键技术突破，是一条可行之路[173]。中国电子器件制造业技术的创新能力影响着中国高新技术产业的发展，对其创新能力进行定量研究，找出其创新能力的关键影响因素，将极大地促进这一产业的良性发展，主要实证工作将在第 6 章展开。

3.5 本章小结

本章围绕基于全创新链的新兴技术创新发展测度方法理论体系的构建问题，开展了三个方面的研究工作：一是开展对全创新链和新兴技术创新发展内涵的诠释，奠定本书的指导方向。二是基于文献调研、咨询和访谈等形式，收集和总结了创新链主体关于新兴技术和新兴产业创新发展的共性问题，并提出对应的解决方案。三是评价与整合解决方案并形成最终的测度方案，进而开展测度新兴技术创新发展的过程设计，为本书后续的研究提供框架指导。

第4章

基于全创新链和专利计量的新兴技术创新发展路径测度

以论文和专利为代表的科学技术是全创新链中基础科研主体与企业研发人员的研发成果，是全创新链发展的基石。本章研究是为了解决第3章中提出的新兴技术创新发展测度的共性问题："新兴技术的颠覆性创新突破点有哪些"和"新兴技术及新兴产业处于什么样的发展阶段"，归纳起来，就是要研究分析全创新链中科技成果的发展状态及发展阶段，发现其中的颠覆性创新突破点及技术发展主路径。

从前面的文献综述中可以看出，对引文网络的复杂关系进行分类，从中挖掘技术创新突破点或颠覆性特征关系的研究比较少见。在此方面，有学者基于吴凌飞等（2019）提出的颠覆度量化方法[82]和科学论文引文网络开展了一些探索性研究[68]。本书在分析研究后提出以下问题：相较于论文引文网络，基于专利引文网络分析技术发展路径是否更加合适和准确？吴凌飞等（2019）提出的颠覆度量化方法是否需要进一步改进？如何将颠覆度量化结果充分运用于技术发展路径提取过程？如何基于提取的新兴技术颠覆性发展路径，开展数据挖掘及分析判断？就此，本书在进行进一步分析后，提出通过改进后的三元组专利引文网络和颠覆度量化方法相结合的方式，测度新兴技术发展路径，研究分析新兴技术在发展过程中颠覆性创新的特征趋势、引领创新突破的技术、技术研发的发展路径及其差异性，并以3D打印烧结技术为例开展实证研究。

4.1　基于三元组引文网络的颠覆度量化测度模型改进

科学技术的创新突破是在前人研究的基础上，开展具有重要意义的变革（或称为颠覆性创新），为后续研究提供了不可逾越的支撑和基础，在本领域的科学技术发展史上整体影响程度巨大，起到承上启下的重要作用。关于科学技术创新突破的测度，许多学者开展了有益的研究。栾春娟和程昉（2016）基于颠覆潜力和技术成熟度的组合研究，构建了技术颠覆潜力测度与预测的模型[174]。基于社会网络分析方法，开展科学论文和专利技术的引文网络分析也是当前开展技术重要性程度测度的热点方向[175-176]。吴凌飞等（2019）提出通过计算中心文献的引用数量关系来测度其颠覆度，并以论文引文网络开展实证分析[82]。桂秉修（2020）认为现有研究大多没有对引文网络进行分类分析，基于引文网络有效分类和颠覆度量化方法，其构建了技术重要性程度量化方法模型，有效遴选关键科学技术成果并监测其发展路径[177]。因而，分析科学技术颠覆度能有效揭示新技术带来的变革程度。基于社会网络分析方法，本节针对三元组引文网络及颠覆度测度模型两个方面开展分析及提出改进方法。

4.1.1　三元组引文网络改进设计

（1）三元组网络基本原理

霍兰德和莱因哈特（Holland & Reinhart）在开展社会网络研究时，提出三元组决定网络，并梳理了该网络中16种不同类型的三元组，用分块码对三元组进行编码，其设计思想如下。

① 第一块编码为顺序码，以三元组的序号来标识，取值范围为1~16；

② 第二块编码以三位表示数量大小的数字表示，第一位数字表示交互

配对（mutual pair）的数量，第二位表示非交互配对（asymmetric pair）的数量，第三位表示空配对（null pair）的数量；

③ 第三块编码是方向编码，以一位字母的形式表示非交互配对的方向［U：Up，D：Down，C：Contradiction，T：Transitive + Up，其中本书重新定义了 C 和 T 的含义，与沃特等（Voit et al.，2012）的定义[178]略有不同］。

三元组网络结构具体如图 4.1 所示。

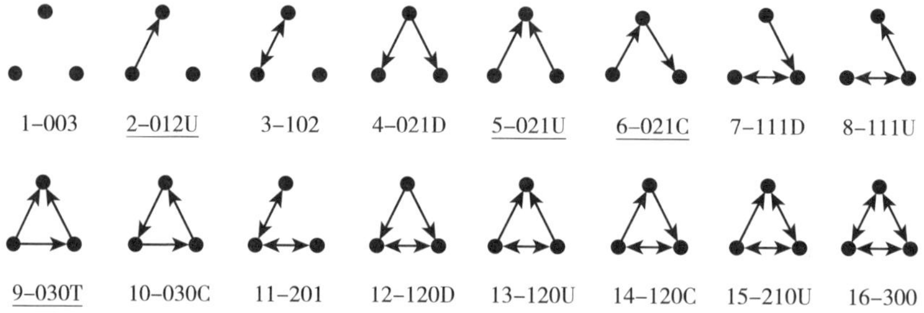

图 4.1　三元组网络结构

（2）三元组引文网络改进的基本设计

引文网络具有时间顺序和单向性特点，因而有别于一般的社会网络，本书选取图 4.1 中部分网络作为重要研究网络，并对设计予以改进。其一，制定三元组中节点的层级规则：由上至下、由左至右时间（年份）渐次升高，以便与文献（以下用文献统称论文和专利）引文网络的在先引用特征相吻合。其二，基于引文网络在先引用原则和上述节点层级的限定，本书对 6 - 021C 网络和 9 - 030T 网络进行局部变换（见图 4.2 中两者的变化）；6 - 021C 网络表征传递引用网络关系（$a \to c$ *and* $c \to d \Rightarrow a \to d$，箭头方向表示引用方向）；5 - 021U 网络表征共引网络关系；9 - 030T 网络表征传递引用且共引网络关系。其三，在遵守网络中节点的层级规则的条件下，明确网络中的节点引用方向（与知识流动方向相反）。基于以上三点，最终确定适合本书的四类三元组网络如图 4.2 所示。图 4.1 中 1 - 003 网络可用来表示孤点文献（无引用及被引情况），其对于引文网络分析而言意义不大，因此仅在统计文献整体数据时使用。

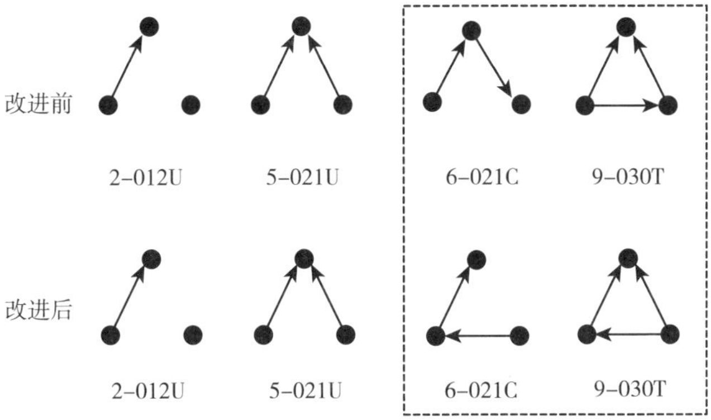

图 4.2　三元组引文网络改进设计（虚线框）

基于三元组的引文网络划分，并不能完全分辨传递引文网络中出现的共引现象，这就涉及多元组的情况，如图 4.3 所示。

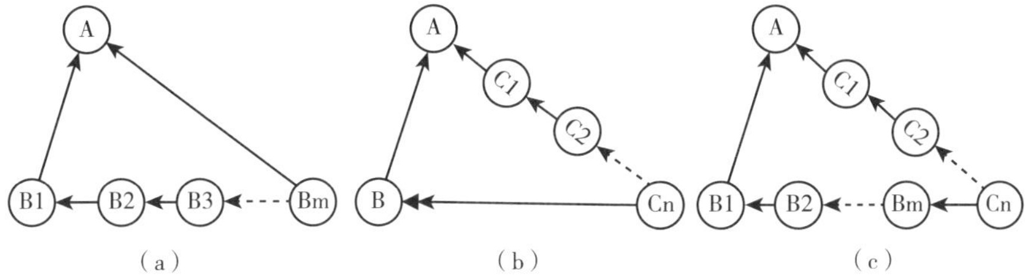

图 4.3　多元组引文网络的共引现象

当出现多元组时，图 4.3（a）中 B1 文献的后续文献 Bm（n≥3）对文献 A 产生了引用，图 4.3（b）中 C1 文献的后续文献 Cn 对文献 B 产生了引用，图 4.3（c）综合了前两种情况。图 4.3 呈现的情况在论文引文网络中比较常见，学者们倾向于引用经典的理论方法，即使不一定起到关键支撑作用；而该情况在专利引文网络中不常见，主要是因为技术发明的时效性要求比较高。在开展引文网络分析时，不能完全忽视这种情况。本书将多元组引文网络出现的共引现象和三元组中的 9 - 030T 网络视同类似，将在本章后续介绍分析处理方法。

(3) 四类三元组的数据集合关系

在引文数据处理的过程中，在不考虑非引用关系的情况下，本书基于集合的视角判断出图 4.2 中四类三元组存在的集合关系：2－012U 网络对应存在引用关系的数据集合；5－021U 网络对应存在共引关系的数据集合；6－021C 网络对应存在传递引用关系的数据集合；9－030T 网络对应同时存在传递关系和共引关系的数据集合。

在开展数据处理时，首先，找出所有存在引文关系的文献对（引文对），即 2－012U 网络，并基于两个引文对之间的连接运算，形成三元组引文关系，也即三元组引文关系包含于 2－012U 网络；其次，在三元组引文关系中分别找出存在传递引文关系（6－021C 网络）和共引关系（5－021U 网络）的引文网络，也即这两类引文关系包含于 2－012U 网络；最后，找出存在传递关系和共引关系的引文网络，即 9－030T 网络，其实质上就是 5－021U 网络和 6－021C 网络的交集。

因而，该四类网络间的数据集合关系为：2－012U⊃5－021U，2－012U⊃6－021C，2－012U⊃9－030T，9－030T＝5－021U∩6－021C，如图 4.4 所示。其中，6－021C 网络的传递引文特征被本书第 5 章用于开展科学技术发展评价指标体系的设计。本书将在后续的统计分析中充分利用这些特点开展研究。

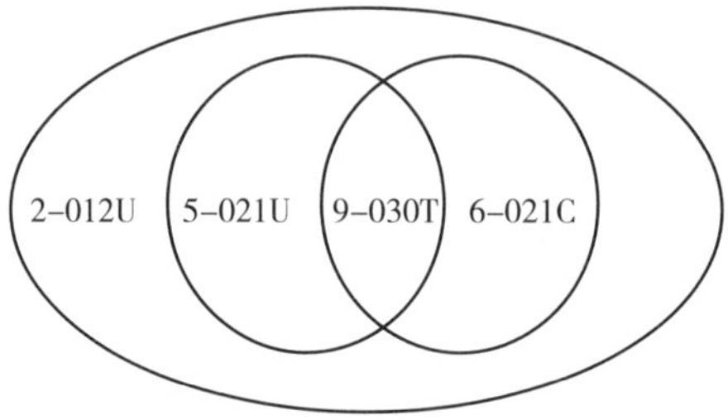

图 4.4 数据处理视角下的四类引文网络维恩图

（4）四类三元组与引文网络的对应关系解析

假定 3 个时期 $t-i$、t 和 $t+j$ 发表了若干文献（$0\leqslant i\leqslant j$），重要的引文网络结构关系如图 4.5 所示。图 4.5 中，中心文献的后引文献（backward）层级以 b 开头予以编序号，中心文献层级（core）以 c 开头予以编序号，中心文献的前引文献（forward）层级以 f 开头予以编序号；非重要的引文网络结构省略；虚线表示时间线。

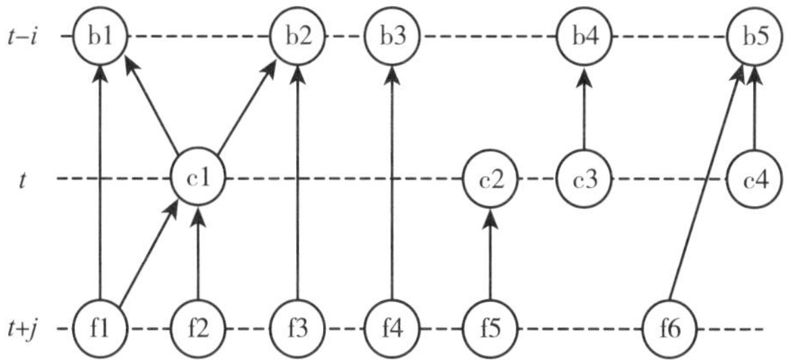

图 4.5 重要的引文网络结构关系

以图4.5中 t 时间点为观察点，分析 $t-i$ 时期文献与 t 和 $t+j$ 时期文献的引用关系分类情况，本书从图4.5中抽取局部引文网络与图4.2中的四类三元组形成对应关系，如表4.1所示。

表 4.1 三元组类型与局部引文网络的关联关系

序号	三元组类型	局部引文网络
1	2－012U	f4 →b3；f5 →c2；c3 →b4
2	5－021U	f6 →b5 and c4 →b5；c1 →b2 and f3 →b2；f1 →c1 and f2 →c1
3	6－021C	f1 →c1 →b2；f2 →c1 →b1；f2 →c1 →b2
4	9－030T	f1 →c1 →b1 and f1 →b1

4.1.2 技术颠覆度方法改进

吴凌飞等（2019）的核心思想是通过计算中心文献的引用数量关系，测度核心文献的颠覆性程度（以年份为基数开展引文网络量化研究）。该计算方法模型在引文网络分析方面具有开创性，其计算思想如图4.6所示[82]。

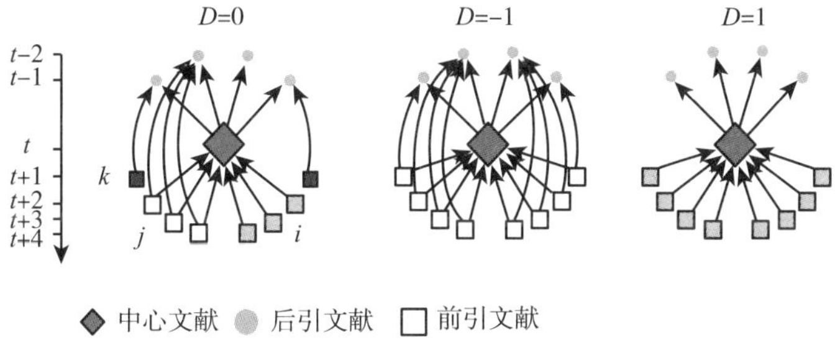

图 4.6 颠覆度量化理论计算思想

图 4.6 中的中心文献发表时间记为 t，其引用的 t 时间点之前发表的文献，也被 t 时间点之后发表的文献所引用。中心文献的前引文献的引用分为以下三种情况。

第一种，仅引用中心文献且不引用中心文献的后引文献，则认为该中心文献具有颠覆性，该前引文献数记为 n_i；

第二种，引用中心文献及其后引文献，则认为该中心文献不具有颠覆性，该前引文献数记为 n_j；

第三种，不引用中心文献但引用其后引文献，该前引文献数记为 n_k。

该方法通过计算具有颠覆性前引文献和不具有颠覆性前引文献的差值，来计算中心论文的技术颠覆度，其计算公式[82]如式（4.1）所示。

$$D = \frac{n_i}{n_i + n_j + n_k} - \frac{n_j}{n_i + n_j + n_k} = \frac{n_i - n_j}{n_i + n_j + n_k} \tag{4.1}$$

本书就此提出三个方面的质疑：

其一，核心文献与其参考文献和前引文献的发表时间差一定是 1 年及以上吗？不能是同一年发表吗？

其二，k 型文献只会在第 $t+1$ 年出现，其他年份不会出现吗？

其三，k 型文献只会引用核心文献 $t-1$ 年的后引文献，不会引用较之更早的文献吗？显然，图 4.6 不能解释上述三个质疑。如果不能解决这些质疑，引文网络数据的量化分析就会出现偏差，最终影响判断结论。因此，本书提出改进的设计方法如图 4.7 所示。

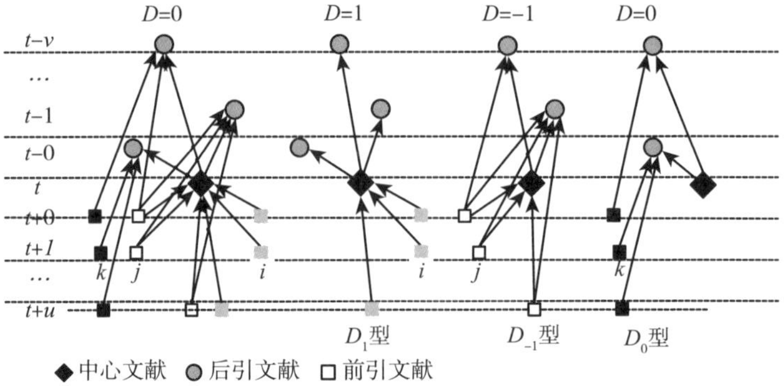

图 4.7　颠覆度量化计算改进方法

图4.7中，三类文献包括中心文献（菱形）、后引文献（圆形）和后续文献（正方形），为便于打印识别，以颜色深度区分前引文献的三类情况：深色（k 型文献）、浅色（i 型文献）和无色（j 型文献）。基于图形简化需要，在图4.7中没有展示同年份发表文献的情况，但在后续数据处理过程中会加以考虑。中心文献的发表时间记为 t，其引用 $t-v$ 时间点发表的文献，也被 $t+u$ 时间点的文献所引用，其中：$0\leqslant v$，$0\leqslant u$；u、v 为正整数。中心文献的后续文献的引用结果可以分为以下三种情况。

第一种，$D=1$，仅引用中心文献且不引用中心文献的后引文献（i，浅色），该前引文献（后续文献）数记为 n_i，该中心文献被视为具有颠覆性的 D_1 型文献。

第二种，$D=-1$，引用中心文献且引用其参考文献（j，无色），该前引文献数记为 n_j，该中心文献（后续文献）被视为具有发展性的 D_{-1} 型文献。

第三种，$D=0$，仅引用中心文献的后引文献（k，深色），即与中心文献形成共引文献且不引用中心文献，该后续文献数记为 n_k，该中心文献被视为无作用性的 D_0 型文献。

中心文献的颠覆度量化实质是对其前引文献（含后续文献）的分类统计，其颠覆度量化的取值区间为$[-1,1]$，边界值为极值。颠覆度量化方法对测度结果的判断标准为：颠覆度的测度值在$(0,1]$区间时中心文献具有颠覆性，在$[-1,0]$区间时中心文献不具有颠覆性。

技术颠覆度计算公式（4.1）的提出具有开创性，但存在以下两个问题。

一是计算公式与 i 型文献的界定不一致。首先，减法的数学含义是从集合中移除对象的操作[179]，中心文献的技术颠覆度计算公式（4.1）中运用减法表示的则是 i 型文献集合包含 j 型文献集合，即颠覆性文献包含发展性文献。该计算公式定义与 i 型文献的界定产生了矛盾。但式（4.1）中减法的运用，与实际数据处理过程中数据集合的运算相符合，本书开展数据集合处理时，将运用此运算方式。其次，以颠覆性文献数量和发展性文献数量的差值和整体网络文献的数量进行比较，会减弱颠覆性文献的颠覆作用。假设发展性文献数量大于或等于颠覆性文献数量，则会淹没颠覆性文献的效用；即使发展性文献数量小于颠覆性文献数量，也同时会降低颠覆性文献的效用。因而，本书提出对式（4.1）的改进，如式（4.2）所示。

$$D' = \frac{n_i}{n_i + n_j + n_k} \tag{4.2}$$

二是该公式提出了测度方法，但是对于具体数据的抽取和分析过程，并没有完整的阐述，本书后续将就此问题展开充分研究。

4.1.3 基于三元组引文网络的颠覆度量化计算过程设计

对比图 4.2 和图 4.7 及本节前述分析可以看出，颠覆度量化方法涉及的核心文献类型与三元组引文网络存在对应关系，如表 4.2 所示。

表 4.2　三元组和颠覆度量化方法共同涉及的引文网络

序号	颠覆度量化类型	三元组类型
1	D_0	2 - 012U；5 - 021U
2	D_1	6 - 021C
3	D_{-1}	9 - 030T

颠覆度量化方法侧重于量化测度科学技术的创新程度，三元组则侧重于社会网络关系的分类，均存在对表 4.2 所示关系的分析处理。本书基于三元组分析方法结合集合运算方法，形成引文网络分类分析的重要思路；基于颠覆度量化方法，形成科学技术关键节点和发展路径提取的研究思路。

本书的重点在于分析 5 - 021U、6 - 021C 和 9 - 030T 网络结构类型，基于数据集合的处理视角，首先对引文网络进行界定及分类，其次递进找出 2 - 012U、5 - 021U、6 - 021C 和 9 - 030T 引文网络，再计算中心专利（集）的颠覆度，为核心关键网络及技术发展路径的发现奠定数据基础。

基于图4.7中对中心文献的前引文献的分类标识（i 型文献、j 型文献、k 型文献），以及数据集合处理的视角和式（4.2），核心专利集的颠覆度量化计算步骤如下。

（1）找出所有中心专利间的引用对，即2－012U网络，对于专利族（专利同族归一化）的被引，需要按专利族的形成标准进行归一化。在实际数据处理过程中，2－012U网络需要将孤点专利（在核心专利集中但不存在引用关系）从核心专利数据集中剔除。

（2）针对2－012U网络中存在传递引用关系的网络（6－021C网络），统计中心专利的前引专利累计数 $\tilde{n}_i$；统计仅存在传递引用关系且不存在共引关系（以下简称为标准传递引用关系）的中心专利的 i 型前引专利数 n_i。

（3）统计6－021C网络中存在共引关系的网络（9－030T网络），即中心专利的 j 型专利数 n_j，且可以验证 $n_j = \tilde{n}_i - n_i$。

（4）基于2－012U网络，构建存在共引关系的5－021U网络。从该5－021U网络中，以“中心专利的公开日期 < 前引专利的公开日期”为标准筛选出前引专利，且计数 $\tilde{n}_k$。这主要是为了防止5－021U网络中出现“中心专利的公开日期≥前引专利的公开日期”的情况。接下来，从筛选的5－021U网络中剔除9－030T网络，则获得存在共引关系且不存在传递引文关系的网络数 n_k，并可验证：$n_k = \tilde{n}_k - n_j = \tilde{n}_k - \tilde{n}_i + n_i$。

基于得到的 $\tilde{n}_i$、n_j 和 n_k 值，为便于在集合视角下进行数据处理，对式（4.2）进行变换得到式（4.3）。

$$
\begin{aligned}
D' &= \frac{n_i}{n_i + n_j + n_k} = \frac{n_i}{n_i + (\tilde{n}_i - n_i) + (\tilde{n}_k - \tilde{n}_i + n_i)} \\
&= \frac{n_i}{n_i + \tilde{n}_k} = \frac{1}{1 + \tilde{n}_k / n_i}
\end{aligned}
\tag{4.3}
$$

（5）基于得到的 $\tilde{n}_i$ 与 $\tilde{n}_k$ 值和式（4.3），计算每一个中心专利的颠覆度。

本书在数据处理过程中，对专利同族内部的自引专利数据进行了过滤。

4.2 基于引文网络颠覆度的主路径提取方法

现有研究大多基于引文数量构建技术路径，即依据分析判断引文网络中节点之间连接边的数量（或权重）来确定技术路径，再运用关键路径搜索等方法确定关键技术路径[68]。刘娜等（2018）认为，以边（节点连接度）的数量作为核心计量标准不够准确，部分重要节点的连接度可能比较低，应充分考虑引文网络的核心节点的重要性评估[180]。节点重要性评估常用的指标是度中心性（degree centrality），其衡量指标为节点的邻居个数。本书前面研究的引文网络技术颠覆度是以节点的前引节点为主要计算依据（出度），实际上就是计算节点邻居的一种变换方式，因而节点的技术颠覆度属性也可以用于引文网络节点的重要性评估。研究中笔者尚未检索到基于节点颠覆度而开展技术发展路径的分析研究。本书中，基于引文网络颠覆度的主路径提取方法包括两个方面：基于引文网络收缩的子网提取和基于搜索路径链接数的主路径提取。

4.2.1 基于颠覆度量化的引文网络收缩方法

沃特等（2012）认为，如果一项研究成果在前人研究成果的基础上进行创新（颠覆），推动了科学技术的发展，那么后续研究成果在引用该项研究成果时，再引用此前的研究成果就显得没有必要，该项研究成果则应被视为一个重要的技术发展路径[178]。基于前述技术颠覆度计算过程可知，从 6 - 021C 网络中剔除 9 - 030T 网络后的引文网络，即具有传递引用关系且不存在共引关系的引文网络是本书研究的关键核心网络，该网络与沃特等（2012）[178]的观点相印证。因而，本书提出基于三元组及颠覆度量化的引文网络提取方法：首先，从原始引文网络中提取出 2 - 012U 网络→提取 6 - 021C网络→从 6 - 021C 网络中剔除 9 - 030T 网络→实现引文网络子网的初步提取；其次，基于提取的引文网络子网，设定颠覆度的阈值，进一步收缩引文网络子网的规模。可见，本书提取技术发展主路径依赖的数据量要比原始引文数据集小得多，数据也更加精确。

基于前述引文网络子网的提取，原始引文网络转换成结构简单的层次结构，转换后的主干引文网络如图 4.8 所示（箭头方向为知识流动方向）。

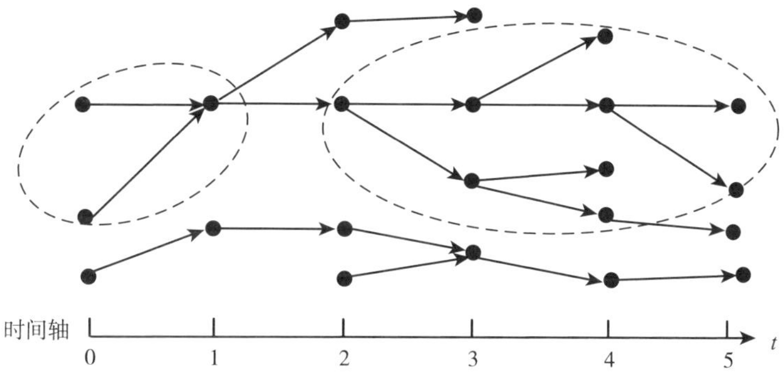

图 4.8　基于颠覆度量化提取子网后的层次引文网络示例

图 4.8 揭示了如下信息。

（1）提取子网形成的引文网络不存在“传递引用关系中包含共引关系”（即 9 – 030T 型关系），即不存在共引关系中包含传递引用关系的情况；同时，引文网络子网也排除掉多元组网络中出现传递引用的 9 – 030T 型网络的情况（见图 4.3）。

（2）提取子网形成的主干引文网络（忽略规模较小的引文网络），形如一个树状结构，从大树根部往上输送养分（知识），其中可能产生树枝（网络分支），但树枝之间不再有交叉，且树枝与树干之间只有一个连接路径。

（3）剔除形如 9 – 030T 类型网络后（含图 4.3 中的多元组网络），主干引文网络可能存在多个（多棵树），但这些主干引文网络之间的连接会比较稀疏，这些连接对于主干引文网络的主路径提取不会产生根本性影响作用，否则，其实质上就是主干网络的一部分。主干网络也可能存在多主根或多主枝（图 4.8 中的虚框）的情况，但这并不增加主路径提取算法的难度。

4.2.2 基于搜索路径链接数的主路径提取方法

(1) 引文网络主路径分析方法原理

引文网络主路径分析方法包括两步：首先，为相邻连接的节点赋予遍历权值，以区分不同连接节点；其次，采用搜索算法获取具有最高遍历权值的引文链。提取引文网络主路径的工作内容包括两个方面：构建非循环有权网络（节点）和提取子网。

构建非循环有权网络（节点）的核心工作内容是确定遍历权值，常用遍历权值算法如表 4.3 所示[181-182]。Pajek 软件运用了哈蒙和巴塔盖尔吉（Hummon & Batagelj, 2018）等提出的算法以实现非循环有权网络（节点）的构建[183]。

表 4.3　引文网络主路径的主要算法及特点

算法名称	主要特点
搜索路径数（search path count, SPC）	计算源点到终点的节点对数量
搜索路径链接数（search path link count, SPLC）	计算所有节点和终点之间的节点对数量
节点对投影数（node pair projection counts, NPPC）	计算通过链路的节点对数量，强调链路中两两节点的互通性
搜索路径节点对数（search path node pair, SPNP）	计算通过链路的节点对数量，强调网络的中介重要性

提取子网的常用方法如表 4.4 所示，其中最普遍使用的方式为使用标准搜索方法提取主路径及其关键节点，即选择过程为：主路径→全局最优搜索→标准搜索（在表 4.4 中用下划线标识）；使用关键路径方法延伸和扩大主路径中的关键节点，开展发展路径中的技术主题演化分析。

表 4.4　　　　引文网络提取子网的常用方法分类

一级分类	二级分类	三级分类
主路径（Main Paths）	局部最优搜索	前向局部最优搜索
		后向局部最优搜索
		K-Route 最优搜索
	全局最优搜索	标准搜索
		K-Route 最优搜索
关键路径（Critical Path Method）	—	—

（2）引文网络主路径提取方法选择

基于前述引文网络的精简，后续任务就是运用一定的网络搜索算法开展技术发展主路径的提取。从图 4.8 中可以看出，精简后的主干引文网络不存在任意三个节点之间构成闭环结构的情况。基于三元组及颠覆度量化方法，本书对构建的原始引文网络进行分类筛选，从而形成仅有传递引用关系的引文网络，即结构相对简单的层次结构网络，进而开展技术发展主路径的提取工作。

很多学者对哈蒙和巴塔盖尔吉等提出的主路径理论方法进行了改进，而本书最后形成的层次结构类型的引文网络结构简单，不需要面对复杂的网络；同时，主路径的形成不一定开始于网络的源点，也可能产生于中间的某一节点，因而本书选择搜索路径链接数（SPLC）算法构建非循环有权网络。相应地，选择标准搜索方法开展引文网络子网的提取；选择关键路径方法开展发展路径中的技术主题演化分析，以弥补主路径关键节点的有限性（表 4.4 标识为下划线）。

（3）搜索路径链接数（SPLC）算法原理

选择搜索路径链接数（SPLC）算法构建非循环有权网络的核心思想包括两个方面：一是用 SPLC 方法计算引文网络中所有节点和终点之间的节点对遍历权重；二是选择遍历权重最大者，以选出的节点和弧作为引文网络的发展主路径。图 4.9 为本书涉及层次结构的引文网络 SPLC 计算原理图，其中节点对（C，D）的遍历权值为 6，包括的路径为：ACDFJ，ACDGK，BCDFJ，BCDGK，CDFJ，CDGK。需要特别说明的是，基于引文网络颠覆度量化的子网提取后，本书运用 SPLC 方法分析的引文网络结构为相对简单的层次结构。

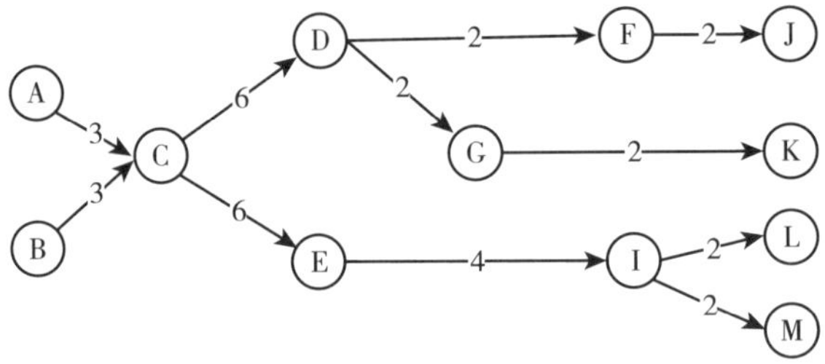

图 4.9 引文网络的 SPLC 原理

SPLC 方法的计算公式如式（4.4）所示[184]。

$$F(u,v) = R^-(u) \times R^+(v) \tag{4.4}$$

其中，u 为起始节点（非源点），v 为终点节点；$R^-(u)$表示任意节点到节点 u 的入度数（包含节点本身），$R^+(v)$表示节点 v 到终点的出度数；$R^-(u)$与 $R^+(v)$相乘的结果表示节点 u 到终点 v 的有向弧(u,v)在引文网络中出现的次数，以函数 $F(u,v)$表示。

4.3 新兴技术创新发展路径的提取过程设计

4.3.1 专利引文网络的选择依据

引文网络一般以专利和论文作为分析对象，本书选择专利引文网络作为分析对象，主要依据以下三个方面的比较分析。

（1）引文网络的主体

专利引文网络具有多主体性特征，因为存在同族专利，对同族专利各成员的引用如果没有被归集，专利引文网络的完整构建就会存在缺陷，从而影响基于专利引文网络的技术发展路径发现和分析。智慧芽专利数据库均对同族专利进行了归并，将同族专利归并为以最后专利为标识的专利族（单条记录），因而也具备专利引文网络主体唯一性的要求（忽略专利同族之间专利内容和权利要求的差异性而被视为一体）。本书从智慧芽专利数据库同族专利的处理方法中得到启示，以最后专利标识专利族，从而解决了同族专利被后续专利引用可能出现时间交叉的问题，以及专利受保护的起始时间的计算问题，本章的实证分析将进行具体处理方法的阐述。

论文引文网络的主体则具有唯一性。公开发表的学术论文一般都具有唯一性，当然也存在少数学术不端的情况，即少数会议论文被收录发表后（部分国际会议主办方许可）在期刊上再次发表（修改完善后），但整体上不影响学术论文唯一性的指标特征。

（2）引文的来源

专利的引文来源中一部分是申请人（包括发明人和代理机构等，以申请人统称）根据研发的实际情况引用起技术支撑作用的文献，包括专利、论文和研究报告等；另一部分则是在审查过程中审查员添加的确定技术相关性的专利。申请人和审查员的专利引文都是经过审查员的分析审查后确定的，客观性比较强。

论文的参考文献则是由笔者选择确定的，一般没有经过其他人员对研究内容引用的分析比对，因而在客观性方面要弱于专利的引文。

（3）引用动机

在学术论文的撰写过程中，作者一般将有支撑作用的权威文献列入参考文献。论文引文的支撑作用按引用动机可以分为两类：一类是作为研究基础进行创新（部分在文献综述中，部分在正文中展开），在引文网络中后引文献是中心文献的研究基础，中心文献是前引文献的研究基础，此类引文是9－030T引文网络的理想分析对象；另一类是批判或否定（一般出现在文献综述中以相关性研究的形式出现）。一般而言，参考文献内部之间是否存在研究基础作用，不是作者严格考虑的问题，期刊编辑也不会严格审查参考文献与该论文的相关性。如果在论文9－030T引文网络中出现第二种情况，则可能出现知识流动的假象，如图4.10所示。

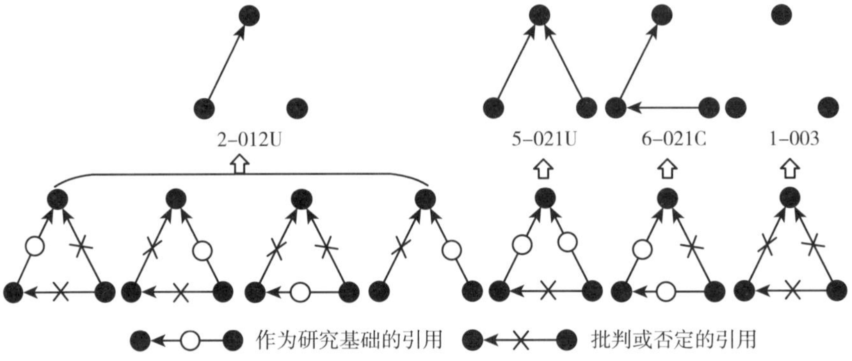

图 4.10　9－030T 引文网络的知识流动假象

图 4.10 说明，批判和否定的引用使得 9－030T 引文网络实质上等同于其他类型的引文网络。因此，在论文引文网络中 9－030T 引文网络出现并不是颠覆性技术出现的充要条件，至少需要在过滤掉批判和否定的引文之后才能确定。所以，9－030T 论文引文网络的相关研究有待进一步开展。

在专利的引文网络中不会出现图 4.10 中显示的知识流动假象，仅会出现第一种情况（作为研究基础）。提供“最接近的现有技术”对比专利是对审查员的强制性法律规定；专利申请人列出不相关的后引会削弱专利的可执行性，但不承认相关工作会导致专利无效。因而，专利与其后引专利之间具备技术相关性是确定的。具有技术相关性的后引专利一定是中心专利的研究基础吗？一般而言，颠覆度较高的技术创新必然引起极大关注，后来者会积极吸收其技术创新点而造成引用；即使产生引用不一定是关键技术的传承，也可以避免专利权利要求上的冲突。

总之，论文引文网络存在批判和否定的引用，专利引文网络则不存在这种情况，进而构建专利引文网络的干扰因素就相对较少。

（4）专利引文网络分析视角的确定

基于上述引文网络主体及其数据来源分析，针对专利与论文引文网络均可以开展颠覆度量化分析；基于上述引文来源分析，专利引文较论文引文具有更强的客观性；基于上述引文动机分析，论文引文网络不能说明 9－030T引文网络中后引文献的无法规避性。因而，本书确定以专利引文网络为分析对象。

吴凌飞等（2019）提出的颠覆度量化方法，关注的是中心文献[82]，其核心思想是前引文献引用具有研究基础性的中心文献，并在此基础上进行创新甚至颠覆，则无须引用中心文献的后引文献，借此判断中心文献的颠覆度。刘云等（2021）基于颠覆度量化方法，提出通过查找9－030T论文引文网络，判断中心文献的后引文献是否为无法规避的关键技术[68]，并以后引文献为计量标准判断颠覆性技术。上述两个研究均涉及9－030T引文网络，本书分别就此进行了三个方面的比较分析：第一，前者认为9－030T引文网络的颠覆度较低（D＝－1），应该作为被减去的部分［见式（4.1）］，而后者则认为9－030T引文网络中存在颠覆性技术（研究），需要重点关注。第二，两者对于9－030T引文网络的判断分析重点对象不同，前者针对中心文献，而后者针对中心文献的后引文献，且后者无法否定“仅存在传递引用关系的中心文献”作为颠覆性技术的可能性。第三，两者均没有区分批判性引用和基础性引用。本书认为，颠覆度量化研究应该遵循前者的研究思想，以“仅存在传递引用关系的中心文献”为重点分析对象。

因此，本书以专利引文网络中存在传递引用关系的中心专利为重点分析对象，以颠覆度量化方法为引文网络基本测度方法，开展引文网络的传递关系和共引关系及两者交叉部分的量化计算；同时本书认为，以9－030T型网络为对象开展引文网络主路径的提取工作时，中心专利的前引专利对后引专利的引用关系应该被剔除，否则会干扰主路径的提取。在此，本书对几个概念作出统一界定，如表4.5所示。

表4.5　本章涉及部分概念的界定

序号	概念	界定
1	核心专利数据集	是指按照既定检索策略从专利数据库中检索得到的专利数据集合
2	中心专利	剔除既无前引专利也无后引专利的数据记录后的核心专利数据集中的单条记录
3	前引专利	是指引用中心专利的专利
4	后引专利	是指中心专利引用的专利
5	最先专利	同一专利族中最早提出优先权的专利（基本专利）
6	最后专利	在统计截止时间内同一专利族中最近进行申请的专利

需要指出的是，本书涉及的中心专利的前引专利、后引专利和后续专利被限制在核心专利数据集之中，本书认为与非核心专利发生的引用关系均不是重要的引文关系。因而，本书将非核心专利排除在引文网络和主路径之外，这也是本书与其他研究有区别的地方之一。

4.3.2 新兴技术创新发展路径提取的主要步骤

基于前面提出的引文网络颠覆度的网络收缩和主路径提取方法，新兴技术创新性发展路径提取的主要步骤分为以下六项工作内容，如图 4.11 所示。

第一，选定要分析的新兴技术领域，基于调研、专家咨询等手段构建该技术领域的检索策略，检索并下载该技术领域的专利数据集。

第二，依据专利公开号、第一优先权号、第一优先权日、同族专利、引用专利和被引专利等关键字段，构建引文网络初始数据集。

第三，按关键字段分解引文网络初始数据集，形成后引专利数据集、中心专利数据集和前引专利数据集，并利用附表 I 的分割程序，对 3 个数据集关键字段（引用专利、被引用专利和同族专利）进行分割处理，剔除后引专利和前引专利中的非中心专利。

第四，对后引专利数据集、中心专利数据集和前引专利数据集进行笛卡尔集合运算，形成最终可以利用的引文网络数据集，计算颠覆度量化方法涉及中心专利的 i 型、j 型和 k 型专利的数量，并计算中心专利的颠覆度值。

第五，在形成的引文网络数据集中，剔除 9 - 030T 型关系的数据集；基于颠覆度模型计算节点的颠覆度值，设定阈值形成颠覆度量化的引文网络子网；基于 SPLC 算法进行技术发展主路径提取及分析。

第六，基于提取的主路径上关键节点（核心专利族），运用技术发展主题和技术布局等的关键路径法（CPM），针对选定的研究领域，进一步开展其技术发展轨迹及技术主题演化特征的发现、分析和总结。

图 4.11 的部分信息及流程环节说明如下。

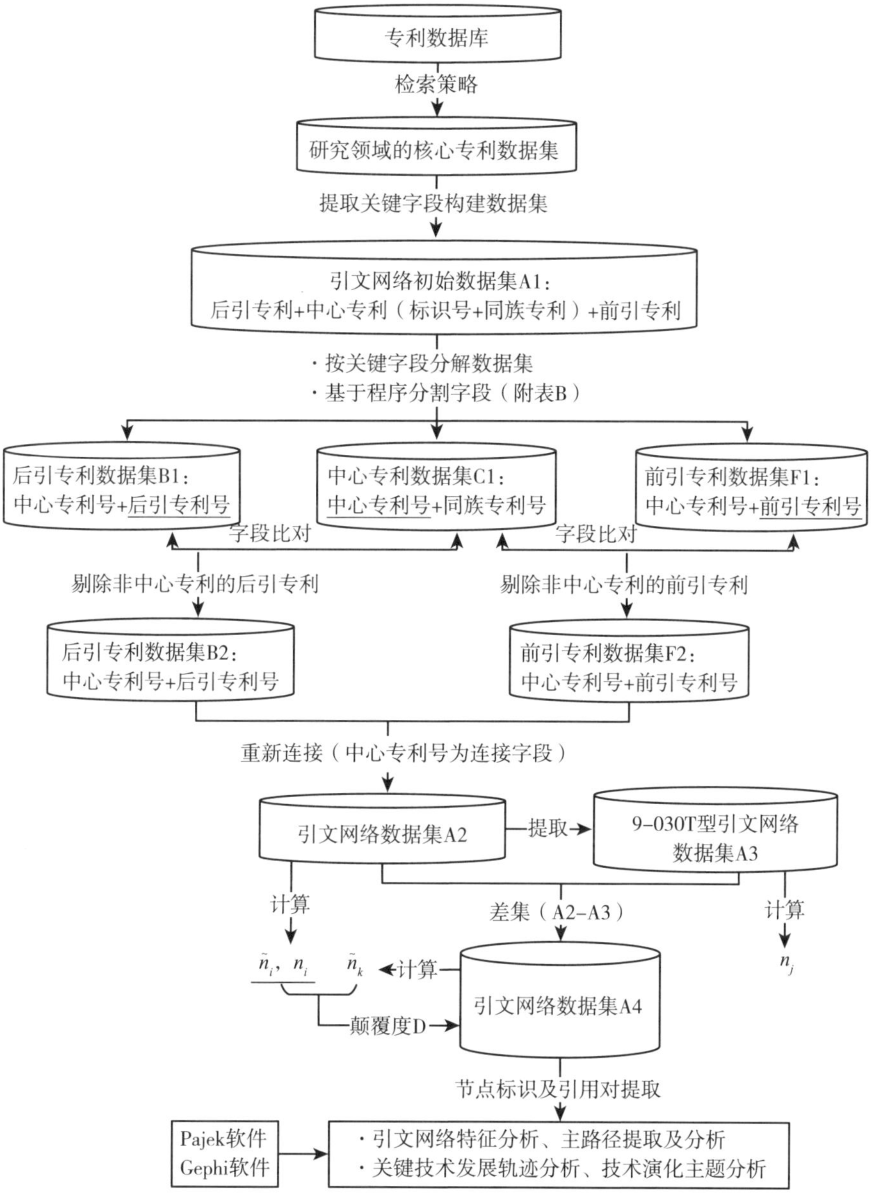

图 4.11　新兴技术专利数据库构建及处理流程

（1）依据数据库的特征选择数据来源

智慧芽专利数据库和德温特专利索引（derwent innovation index，DII）数据库均采用“一记录一发明”的方式，不再是“一记录一专利”的方式，可见以“发明”表征专利是科学技术计量分析的主流方式。在专利族的标识方面，DII 数据库使用的是同族专利集合，这种形式不利于后续对专利族的简化标识；智慧芽专利数据库使用的是最后专利的公开号，有一定歧义但相对适合。智慧芽专利数据库和 DII 数据库均提供被引专利的信息。与 DII 数据库相比较，智慧芽专利数据库有三个方面的优势：其一，采用不分组的形式检索专利数据；其二，提供中心专利的被引用信息，再加上引用信息（两者均提供），可以直接形成专利的传递引用网络；其三，提供专利族的被引频次。因而，本书选择智慧芽专利数据库作为研究数据的来源库。

（2）使用优先权日表征专利族的有效日期

以往研究一般以专利公开（公告）日来标识其有效日期，如以最后专利的公开日标识专利族的有效日期，会导致在先专利引用在后专利的情况。本书开展了专利公开（公告）日和优先权日的比较分析，最终确定以最早优先权日表征专利族的生效日期。比较分析过程如图 4. 12 所示（箭头方向为引用方向，以年份代指日期）。

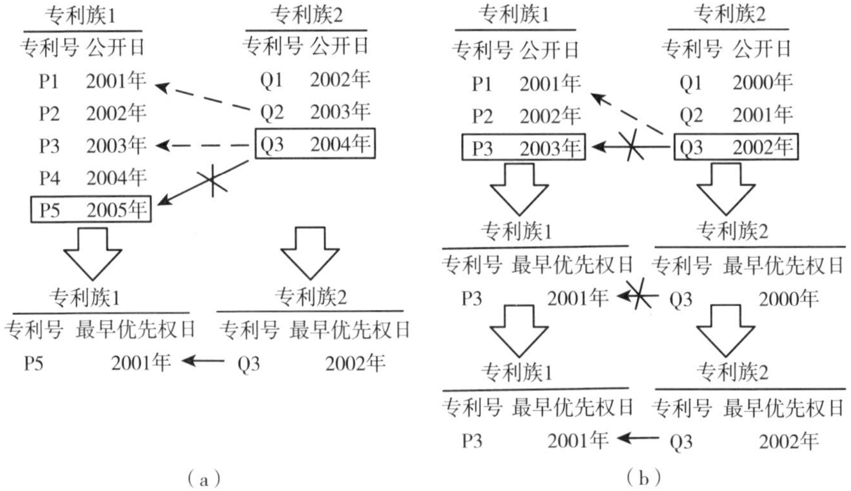

图 4. 12 最早优先权日表征专利族有效日期示意

在图 4. 12（a）中，专利族 2 对专利族 1 的引用情况为：Q2 →P1 和 Q3 →P3（虚线）。如按最后专利的日期来表示专利族的有效日期，则在实际表示专利族 2 对专利族 1 时，会记录为 Q3（2004 年）引用 P5（2005

年）（实线），从而出现引文时序不符合客观实际的情况。本书选择最早优先权日来标识专利族，则专利族2引用专利族1被记录为Q3（2002年）引用P5（2001年），有效解决了此类问题。在具体实践中，以最早优先权日表征专利族的生效日期，不能完全解决引文时序混乱的问题，如图4.12（b）中专利族2的最先公开日（2000年）早于专利族1的最先公开日（2001年），且专利族2的最后公开日（2002年）晚于专利族1的公开日（2003年）。本书分析后发现此类情况并不多见，可用专利族2的最早公开日来替代最早优先权日以解决此问题。

（3）使用最后专利号标识专利族

本书在前面提出，使用最早优先权号（日）标识专利族的有效日期，因而，选择专利族的标识号就是接下来的工作任务。本质上讲，专利族的标识号只要能够起到唯一标识的作用即可，可选范围比较多，如各类专利号、优先权号等。由于大多数研究以专利号表征专利族居多，同时智慧芽专利数据库已提供最后专利号标识专利族，所以，本书在开展引文网络关系表述及主路径提取时，仍然以最后专利号标识专利族。

（4）形成引文对的数据集

引文网络初始数据集A1包含后引专利号、中心专利号和前引专利号3个字段。这3个字段均包含多个专利号，需要进行分割处理后，才能形成一对一的数据记录。引文对数据集的处理工作包括以下三个步骤：首先，分解数据集A1，形成3个数据集——后引专利数据集、中心专利数据集和前引专利数据集（关键字段以下划线的形式在图4.11、图4.12中标出），并执行去重处理。其次，利用附表I的分割程序，对3个新数据集的关键字段（后引专利、同族专利和前引专利）进行分割，形成后引专利数据集B1、中心专利数据集C1和前引专利数据集F1，接下来再分别对这3个数据集进行去重处理，至此，这3个数据集中每个字段的值均是单个专利号。最后，本书在前面已提出，与非核心专利发生的引用关系均不是重要的引文关系，因而，需要开展B1中后引专利字段与C1中同族专利字段的比对，剔除非中心专利的后引专利，从而形成后引专利数据集B2。与此类似，形成前引专利数据集F2。

(5) 形成引文网络数据集

后引专利数据集 B2 和前引专利数据集 F2 的连接运算完成后，形成引文网络数据集 A2，其中，连接运算就是对两个数据集合进行笛卡尔积运算，依据连接字段（中心专利号）筛选后形成有序数据集。

(6) 颠覆度量化值的计算

计算中心专利的 i 型前引专利累计数 $\tilde{n}_i$，仅存在传递引用关系的中心专利的前引专利数 n_i，以及 j 型前引专利数 n_j，并且核对 $n_j = \tilde{n}_i - n_i$ 的正确性；计算与中心专利存在共引关系的后续专利数 n_k。

4.4 新兴技术创新发展路径测度实证分析

4.4.1 烧结技术领域引文数据处理

前面已经说明本书的专利数据来源于智慧芽专利数据库，选定烧结技术领域进行实证研究。其专利数据的具体处理流程如下。

(1) 本书在参考了文献调研［政策、论文及研究报告（附表 A ~ 附表 C)］、企业调研和专家咨询的基础上，构建烧结技术检索策略（附表 D)，在智慧芽专利数据库检索及下载专利特征数据。检索项的选择为：字段检索范围——标题/摘要/权利要求；专利类型——发明申请 + 授权发明；国家（地区）范围——所有国家（地区)；时间范围——1981 年 1 月 1 日 ~ 2020 年 12 月 31 日。

本书下载了两组数据，一组是采用智慧芽 PatSanp 同族（与简单同族类似）的专利数据为主要分析数据，数据量为 12662 组，如表 4.6 所示；另外一组是不分组的专利数据，数据量为 36981 件，用于对照及个体分析。从数据特征来看，1997 年以后的数据量显著性相对强一些；同时，由于下载时间为 2020 年 12 月 31 日，会存在 2020 年的数据不够完整及引用数据相对较少的情况。因此，本书将数据研究范围界定为 1997 ~ 2019 年。

表 4.6 烧结技术各年专利族数量统计（1981～2020 年）

年份	数量	年份	数量	年份	数量	年份	数量
1981	20	1991	41	2001	98	2011	350
1982	19	1992	52	2002	113	2012	459
1983	18	1993	51	2003	125	2013	723
1984	31	1994	38	2004	161	2014	925
1985	24	1995	50	2005	166	2015	1229
1986	41	1996	50	2006	161	2016	1374
1987	26	1997	61	2007	192	2017	1467
1988	31	1998	66	2008	185	2018	1440
1989	42	1999	86	2009	247	2019	1298
1990	49	2000	124	2010	362	2020	667

（2）EXCEL 格式专利数据下载后，导入 MS SQL Server 软件（后续数据处理的主要软件）便于后续数据处理。其中的关键字段为专利（族）号、引用专利（后引专利）、被引专利（前引专利）、第一优先权号、第一优先权日、公开日。

（3）“PatSanp 专利族”“引用专利”“被引专利”字段值的分割与合并处理。该三个字段值中包含多个专利，专利之间以符号“|”间隔，本书依据此数据特征，运用自行设计的程序（附表 I）进行分割，以便进行单个专利的比对分析。由于“引用专利”“被引专利”字段值针对的是专利族的标识专利，本书需要依据不分组的专利数据和“PatSnap 专利族”分割后的单个专利，检索得到单个专利“引用专利”“被引专利”字段值，进行分割后，再进行专利族专利的集中。关键字段的分割处理有两个作用，一方面，厘清核心专利数据集包含的专利；另一方面，服务于构建各专利族之间的引文网络关系，即引文对的关系。

（4）传递引文、9－030T 型引文和共引关系的提取与计算是本书进行数据处理的关键环节。本书以核心专利数据集为数据限定范围，开展后引专利和前引专利数据集的过滤，保证后引专利和前引专利均在核心专利数据集范围内。具体处理包括以下三个方面内容。

① 智慧芽专利数据库设立的“PatSanp 专利族”“引用专利”“被引专

利”字段提供了传递引文关系的基本框架，统计中心专利的前引专利累计数 $\tilde{n}_i$ 及 i 型前引专利数 n_i（不存在共引关系的传递关系）。

② 9－030T 型引文关系（j 型专利）包含于初始传递引文关系之中，进行数据处理时首先需要将其提取出来，然后再设计程序（附表 J）进行中心专利的 j 型前引专利计数 n_j，并验证 $n_j = \tilde{n}_i - n_i$ 处理流程如图 4.13 所示。其中，在各数据集中关键字段名称标注下划线，表示在判断和查询过程中是对应的字段。

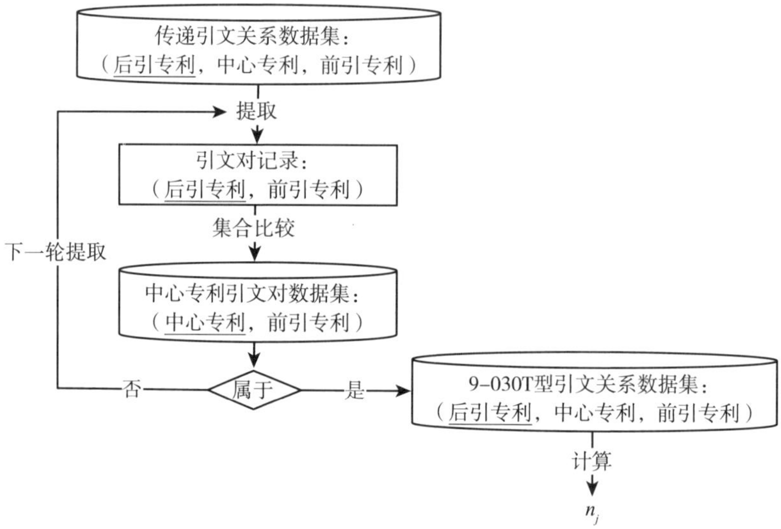

图 4.13　9－030T 型引文关系（j 型专利）提取与计算流程

③ 中心专利和后续专利的共引关系提取与计算。首先，要在传递引文网络数据集中查询得到两者的后引专利；其次，查询得到该专利的前引专利集；最后，在此专利集中查询得到非中心专利的后续专利集合，并以此为基础开展后续专利的计数 n_k，计算程序见附表 K，处理流程如图 4.14 所示。基于上述数据处理工作，得到每个中心专利的颠覆度量化值。

需要说明的是，如果某个中心专利不属于传递引文网络数据集，则其可能无前引专利（无后引专利的可能性不大），在技术发展路径中就不会起到重要作用。因此，本书以传递引文网络数据集作为共引关系直接数据源，而不是中心专利引文对数据集。

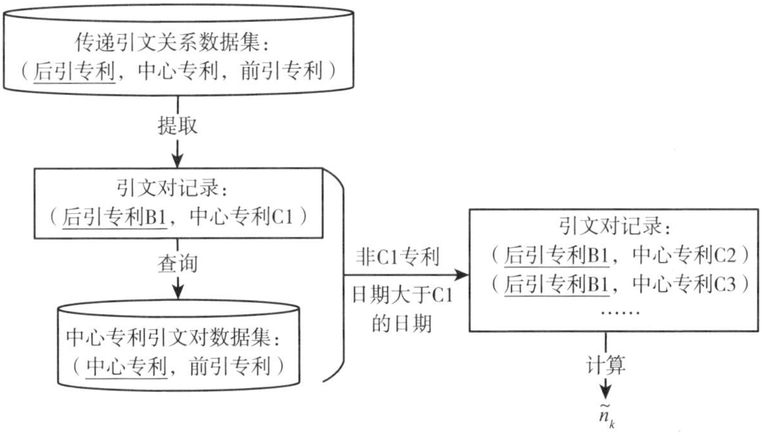

图 4.14　共引关系（k 型专利）提取与计算流程

（5）依据图 4.11 的设计思想，本书构建了本地数据库。在数据处理过程中得到 9 个关键数据集，基本信息如表 4.7 所示。

表 4.7　烧结技术专利引文数据处理涉及关键数据集的基本信息（1997～2019 年）

数据集名称	记录数	备注
核心专利数据集	36981	单件专利
核心专利族数据集	11343	专利族
引文网络初始数据集	6997	剔除无前引关系的专利族
中心专利数据集	12535	单件专利
中心专利引文对	3003	专利族
传递引文网络数据集（i 型）	2746	专利族
传递引文网络中的中心专利数据集	431	专利族
9－030T 型引文对（j 型）	498	专利族
共引关系数据集（k 型）	6301	专利族

4.4.2　烧结技术领域技术发展基本特征分析

（1）主要申请人分析

本书就烧结技术领域专利申请人提出申请的总量开展统计分析，由于该领域申请人众多但主要技术集中于头部研发机构，因此，本书选取申请人中的前10位开展分析，如图4.15所示。

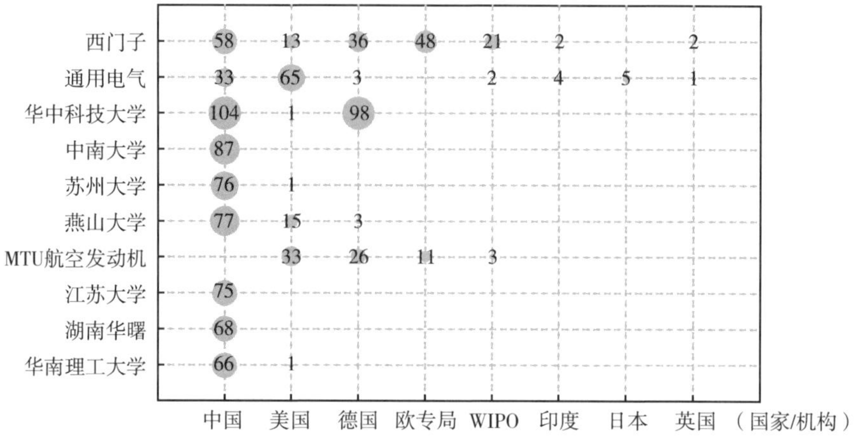

图4.15 烧结技术专利主要申请人地域（组织）布局（1997～2019年）（单位：件）

从图4.15中可以看出，中国有7个专利申请人，德国有2个专利申请人（西门子和MTU航空发动机），美国有1个专利申请人（通用电气）。中国的申请人中，以大学科研机构居多，其中尤以华中科技大学为甚，其布局地域主要在中国和德国。企业申请量最多的是西门子，其次是通用电气，两者地域布局比较广泛；国内企业中只有湖南华曙高科技有限公司入围，但其只在中国有所布局；德国的MTU航空发动机公司则没有在中国布局。总体上看，主要申请人重点布局于中国、美国和德国，说明这些区域内烧结技术为研发能力、研发成果高聚集领域，竞争最为激烈；头部申请人集中于大学科研机构，说明该领域研发成果亟待在企业得到应用转化。

（2）技术生命周期特征分析

基于专利申请人和申请量聚类视角，借鉴技术生命周期的划分方法并结合表4.6对专利族数量的年度发展趋势分析，总结得出烧结技术领域的技术生命周期，如图4.16所示。

从图4.16中可看出，烧结技术的生命周期主要分为五个阶段。①萌芽期（1997～2003年）：专利申请量稳步上升，从1997年的约100件上升到2003年的1100件左右，增长匀速；申请人数量则一直维持在100～300

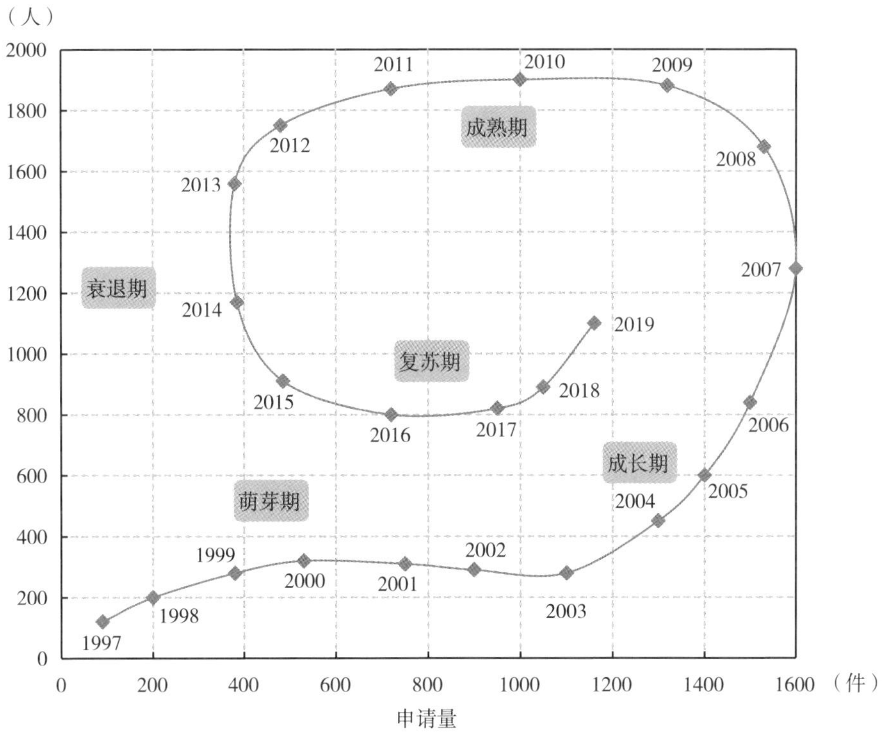

图 4.16 烧结技术的生命周期（1997～2019 年）

人之间，说明该阶段技术的集中度较高。② 成长期（2004～2007 年）：申请量与申请人数量几乎同步上升，说明市场增长吸引了众多企业参与。③ 成熟期（2008～2012 年）：技术发展出现“瓶颈”，大多数企业的科技成果产出缓慢，申请量逐渐减少，申请人数量则相对不变，说明研发力量存在一定的集中度。④ 衰退期（2013～2015 年）：经过激烈的市场竞争，许多企业逐渐退出，专利数量维持稳定水平。⑤ 复苏期（2016～2019 年）：出现突破性技术，申请量和申请人数量均出现增长，但申请量要略微显著一些；市场开始新一轮的生命发展周期。

（3）技术发展主题词特征分析

本书基于智慧芽专利数据库的分析工具，进行专利标题和摘要的关键词词频排名且取前 100 的关键词，利用“图表秀”网络软件进行创新词云分析的结果如图 4.17 所示。可以看出烧结技术领域的研发集中于放电等离子等热点工艺技术，复合材料、陶瓷材料、石墨烯和块体材料等新型材料，热压烧结、真空烧结和微波烧结等烧结方法，以及烧结机等烧结装置上。利用创新词云有助于分析和把握技术领域内最新研发的重点方向及发展趋势。

图 4.17 烧结技术创新词云（Top 100）分布（1997 ~ 2019 年）

（4）产业技术布局特征分析

基于产业化视角和利用智慧芽专利数据库提供的专利地图工具，本书展开烧结技术专利文本的聚类分析，进而实现领域技术布局可视化分析，如图 4.18 所示。烧结技术聚焦的高峰领域主要集中于铝合金制品、轴类零件、涡轮机叶片、电路板、太阳能电池和人体假体制造等领域，这些技术布局之间或交叉领域将有很大的发展空间。

4.4.3 烧结技术三元组颠覆度量化测度分析

表 4.6 和图 4.16 的数据分析显示，有效数据集中于 1997 ~ 2019 年，颠覆度量化测度的结果与此相呼应，如图 4.19 所示。基于三元组和颠覆度量化方法分析，1981 ~ 1996 年的专利族没有出现在传递引文网络中。2020 年专利族的引用数少，仅有少量的传递引文关系，而 9 - 030T 型引文关系和共引关系几乎没有，所以该年的颠覆度值虚高而不适合使用。

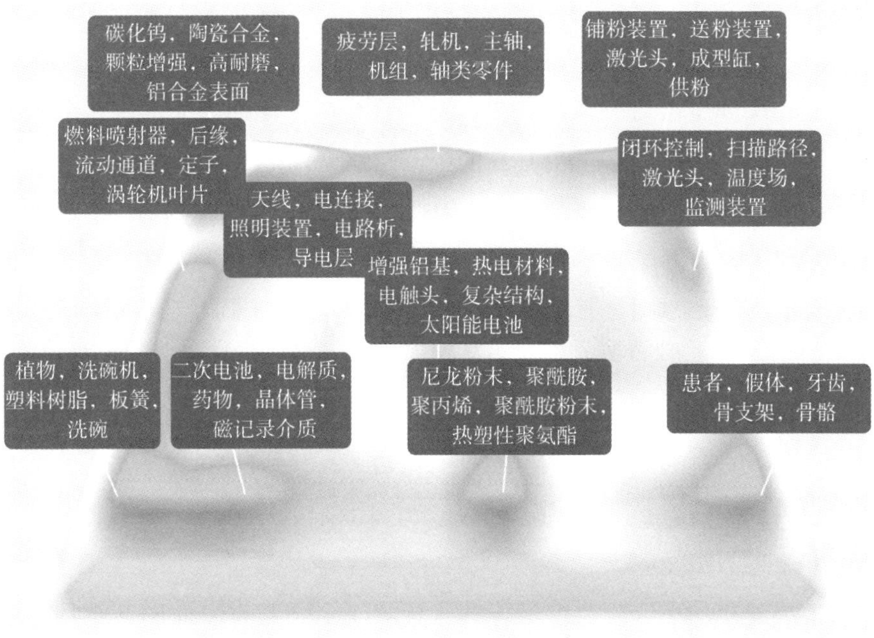

图 4.18 烧结技术的技术布局示意（1997～2019 年）

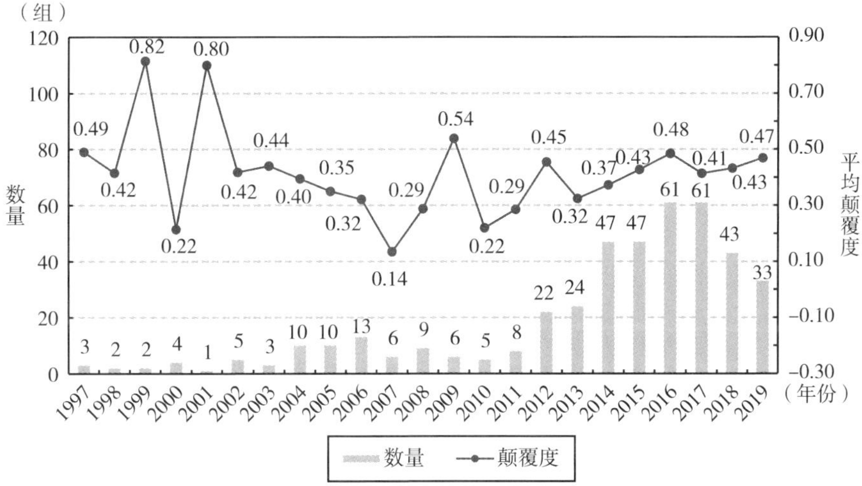

图 4.19 传递关系引文网络的中心专利数量和颠覆度平均值（1997～2019 年）

从图 4.19 中可以看出五个方面的信息：其一，中心专利的高发时间范围是2012~2019年，与图4.16中技术生命周期的成熟期、衰退期和复苏期吻合，与申请人大量参与而成果高发有紧密关系（见表4.6）。其二，在1997~2011年中心专利数量较少，个体专利的颠覆性较大，尤其是1999年和2001年，个体专利具有最高的颠覆性影响力；2000年和2007年没有出现重大成果，个体专利颠覆度值较低。其三，2009年、2012年和2016年三个年份出现波峰，表明这几个年份可能出现了对以往技术的颠覆性创新。其四，2002年以来，按年份的颠覆度测度平均值在0.14~0.54之间；2012~2019年颠覆度的平均值波动幅度在0.1左右，处于上升发展阶段；在数据量足够大的支持下，年度颠覆度平均值越趋近于取值范围的中点（0.5）。其五，图4.19的结果也说明，三元组及颠覆度量化方法对小数据量情况的分析结果不显著，其受制于三个主体（后引专利、中心专利和前引专利）的数据量。

需要说明的是，颠覆度量化方法依赖于引文数据，而引文数据是一个动态变化的值，进而颠覆度量化的结果也应该是一个动态的值。前人对论文和专利的被引频次波峰周期的研究表明，被引频次在约3~5年之后逐渐减弱，时间跨度越大，被引频次（影响力）也越是式微[185]。也有学者选取不同时间截面开展比较分析，结果表明因时间的变动而发生研究结果偏差的程度较小[177]。因而，本书仅从整体时间范围进行研究数据的分析。

4.4.4 基于三元组颠覆度量化的烧结技术引文网络整体分析

(1) 引文网络整体特征分析

对烧结技术引文网络中孤点及9－030T网络等进行过滤操作后，实际得到的引文网络规模仍然比较大。本书利用Gephi软件提取了引文网络的子网络（2408个节点，2661条边），提取标准为：中心度出度大于3（出度范围：0~43）、设定颠覆度阈值（0.2）；以颠覆度值标识节点大小、以不同颜色标识专利族年份（年份范围：1997~2019年），最终形成的引文子网络如图4.20所示。

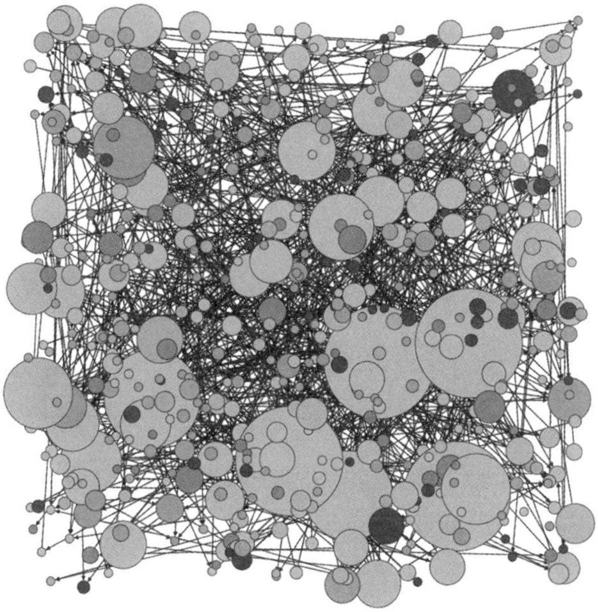

图 4.20　烧结技术引文子网络整体特征（1997~2019 年）

结合图 4.19 显示的专利族引文网络的年度颠覆度值，从图 4.20 中可看出：1981~1996 年，没有出现有效的网络节点，原因在于有效的传递引文关系节点缺失；1997~2011 年，节点颠覆度值波动较大，出现两个颠覆度的高点值（1999 年和 2001 年），该阶段专利族数量少导致有效的传递引文关系较少；2012 年至今，专利族数量和增速出现了较大幅度提高，在数据量足够大的支持下，各年颠覆度平均值越趋近于取值范围的中点（0.5）。考虑专利从申请到公开存在一定的滞后期，烧结技术 2020 年的数据被剔除出分析范围。基于 1997~2019 年数据的显著性和有效性，此区间为后续分析工作界定的年份范围。

另外，图 4.20 中引文网络节点的颠覆度大小差异较大，显示出引文网络中个体专利族颠覆度的差异性比较大，按照专利族所属年份进行分类和个体分析更能把握其特征。

(2) 烧结技术引文网络的技术生命周期分析

基于烧结技术的生命周期特征（见图 4.16），本书以节点颠覆度值累计数为观察点，对图 4.20 的引文网络进行进一步刻画，如图 4.21 所示。

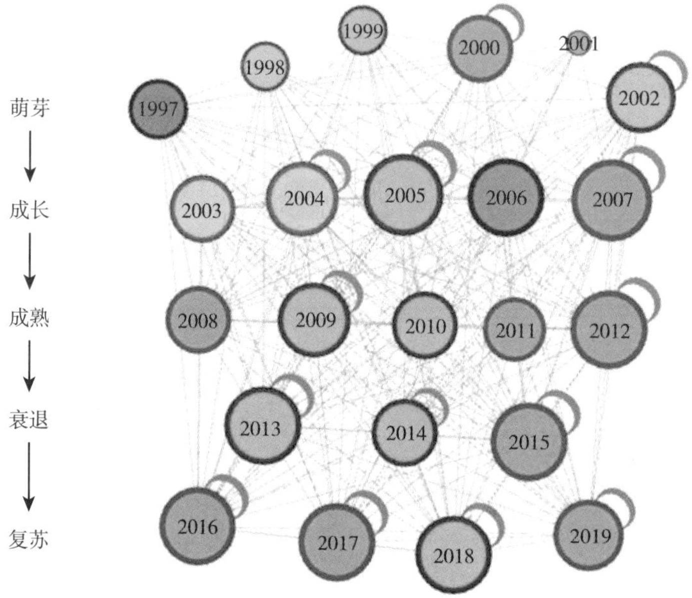

图 4.21　烧结技术引文网络的技术生命周期特征（1997～2019 年）

图 4.21 中将同一年份专利族的引文节点聚合（节点颠覆度值累计）为一个节点，节点右上角的圆环表示该节点内部存在引用关系。从各阶段分布的节点半径大小的情况来看，萌芽阶段部分年份的节点略小，其他阶段的节点半径差别较小。1997～2001 年，专利数据量小导致节点颠覆度值累计数较小。2002～2019 年，虽然专利数据量大，但颠覆性专利的影响力逐年下降，从而使得每个年份差异不大；也可能存在特殊情况，即某年出现影响力较大的专利，从而拉高该年节点颠覆度累计数，如 2007 年以“KR2010130986－A”为标识的专利族，在剔除 9－030T 型网络的情况下其节点颠覆度较大，从而影响到整个年份的颠覆度值累计数。研究结果表明，虽然宏观上创新成果数量积聚升高，但真正决定技术成果颠覆度的是高水平专利（个体或群体）的引用量；引文网络的节点颠覆度累计数不能完全用于评估技术每年的创新发展情况，但其随时间的变化影响较小。

4.4.5　基于三元组颠覆度量化的烧结技术引文网络主路径分析

(1) 引文网络三元组类型与节点的遍历权值相关性分析

本章前面指出，颠覆度量化方法实际上就是针对四类特殊三元组的应用测度，涉及三个专利族之间的引用。沃特（2012）[178]针对16种社会网络关系开展了三元组谱系分析，设置了4个变量：其一，出现频率（三元组在网络中出现的实际次数 n_i）；其二，预期值（在相同规模和密度的随机网络中对应三元组类型的平均出现次数 e_i）；其三，差异值［出现频数与预期值的相对差异，以 $(n_i - e_i)/e_i$ 表示，表征三元组与预期网络对应三元组的偏离程度，衡量标准是实际网络应该显著高于随机网络］；其四，模型等级（由低到高依次界定为平衡模型、可云集模型、等级云集性模型和传递模型）。本书重点研究的四类网络为等级云集性模型[178]。因此，后续讨论时不设置变量“模型等级”。

本书的分析对象为存在引文关系的专利族形成的引文网络，即删除孤点专利族（1－003型网络）后的4类引文网络，不再考虑其他类型的网络。基于此，本书进行三元组谱系分析，相关分析结果如表4.8所示。

表4.8　烧结技术专利族引文网络三元组谱系分析

网络类型	出现频率（n_i）	预期值（e_i）	差异值[$(n_i - e_i)/e_i$]
2－012U	12763528	6387682.69	0.998
5－021U	6301	1466.98	3.295
6－021C	27346	1938.97	13.103
9－030T	431	41.35	9.423

注：由于本书变换了三元组网络的逻辑结构，实际计算结果与利用Pajek软件三元组谱系分析得出的结果有所不同。

从表4.8中可以看出：第一，6－021C网络的实际频数与期望出现频数的相对差异正向偏离值较大，表明6－021C网络为本引文网络的主要构成形式，是决定节点遍历权值分布的最重要因素。第二，5－021U、6－021C和9－030T网络的相对差异值较2－012U网络大得多，表明此三类网络是决定节点遍历权值分布的主要因素，2－012U 网络为次要因素。第三，在计算网络遍历权值时出现遍历权值较大的节点，属于 6－021C 网络起始节点的可能性更大；以年份为单位计量时，以 6－021C 网络所属年份搜索，起始节点为 6－021C 网络的可能性较大。第四，6－021C 网络与本引文网络节点遍历权值存在对应关系，进而将本书提出的传递引用三元组与主路径分析联系起来，可共同服务于技术发展路径的测度研究。

（2）引文网络主路径特征分析

本书在 Pajek 软件中选择 SPLC 算法，提取出的主路径如图 4.22 所示。

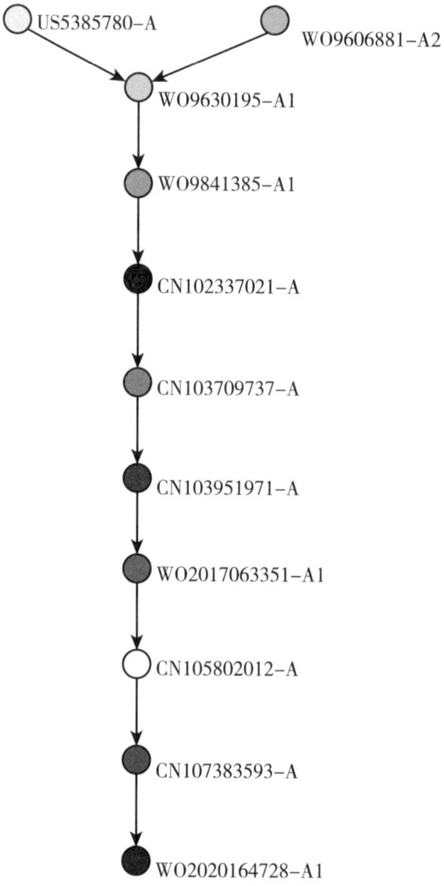

图 4.22 烧结技术引文网络的主路径（1997～2019 年）

对于图 4.22，有两点需要补充说明：一是本章第 3 节已说明，本书采用专利族的最后专利标识专利族，会出现专利标识号所含年份信息与专利族的年份标识不一致的情况，如图 4.22 中 WO2020164728 - A1 含年份信息为 2020 年，但其代表的专利族的标识年份为 2019 年；二是本书也运行 SPC 算法和 SPNP 算法进行对照分析，最终提取出来的主路径完全一致。

结合前述三元组及颠覆度量化方法分析，从图 4.22 中可以看出如下信息。

① 主路径节点颠覆度出现极值。本书针对图 4.22 中的主路径节点，提取颠覆度计算结果如表 4.9 所示。引文网络颠覆度的极值出现有两类情况：一是专利族 US5385780 - A 为主路径起始点，其被引频次为 13 次，其引用的专利均不属于中心专利族，该情况客观存在且与时间的选择无关，因为本书的测度时间范围是 1981 ~2020 年，一般需要设置其后引次数和共引次数为 0，即颠覆度为 1。标识号为 WO9606881 - A2 的专利族同为起始点，存在大量的属于核心专利集的后引专利和前引专利，其被遴选为主路径源点属于合理情况。因而，颠覆度的极值 1 会出现在起始点，但不一定必然出现。二是专利族 WO2020164728 - A1 为主路径终点，其引用核心专利集中的专利为 8 次，但其没有被引专利而缺少核心的被引关系，颠覆度值为 0。主路径终点颠覆度为 0 的情况是客观存在的，因为引用该专利族的数据没有列入检索范围或还没有公开，后者一般应该从主路径中剔除。因而，颠覆度的极值 0 必然会出现在终点。

表 4.9 烧结技术主路径节点的颠覆度计算结果

序号	专利族标识号	6 - 021C 计数（n_i）*	9 - 030T 计数（n_j）	5 - 021U 计数（n_k）*	颠覆度
1	US5385780 - A	13	0	0	1.00
2	WO9606881 - A2	89	38	120	0.36
3	WO9630195 - A1	147	28	1	0.84
4	WO9841385 - A1	126	22	120	0.47
5	CN102337021 - A	24	9	6	0.62
6	CN103709737 - A	51	3	33	0.59

续表

序号	专利族标识号	6-021C 计数（n_i）*	9-030T 计数（n_j）	5-021U 计数（n_k）*	颠覆度
7	CN103951971-A	25	1	18	0.52
8	CN105802012-A	14	2	19	0.40
9	WO2017063351-A1	21	1	71	0.23
10	CN107383593-A	12	2	23	0.37
11	WO2020164728-A1	0	8	0	0.00

注：*5-021U 和 6-021C 型引文关系中不包括 9-030T 引文关系。

本书的整体颠覆度计算结果显示，颠覆度值为 1 的节点还是少量存在的（约为 2%），这些节点没有出现 9-30T 型引文关系和共引关系，且其传递引文关系计数值（即中心专利的被引频次）也比较小，绝大多数在 5 次以下。所以，颠覆度高的节点不一定在主路径之中，还需要有高被引加持。颠覆度值为 0 的节点也有少量出现（约为 3%），因为这些节点的传递引文关系全部属于 9-030T 型引文关系，传递引文关系则没有出现。显然，这两种颠覆度出现极值的节点不会出现在主路径之中。被引频次高的节点不一定出现在主路径之中，或其颠覆度值比较低，原因在于其属于 9-030T 型引文关系的次数太多，即传递引文关系的次数太少，不能作为主路径的关键性节点。由于数据量大，整体引文网络的颠覆度测度值无法在本书或附件中展示。

② 颠覆度值受共引关系影响较大。从表 4.9 中可以看出，节点颠覆度、传递引文关系和 9-030T 型引文关系呈逐年下降的趋势，而共引关系则无明显规律可循。从式（4.2）可以看出，颠覆度值的大小取决于 $n_i/(n_j+n_k)$（传递引文关系计数与 9-030T 型引文关系和共引关系计数之和的比值）。就本例而言，颠覆度值受共引关系影响较大。如果 9-030T 型引文关系和共引关系计数之和相对于传递引文关系计数较小，则颠覆度较大，如 2012C48044 专利族。主要表现为以下两个方面。

其一，主路径中 9-030T 型引文关系的计数呈逐年下降趋势，尤其在主路径末端均没有超过 5 个。这种情况说明：早期专利数较少，但却是后期技术研发的间接基础；同时，后期专利的申请人和审查员引用前期专利，是基于相关性和避免冲突性原则，即使本专利与前期成果无直接关系。

其二，技术发展过程中研发方向呈现多元化，多元化研发方向的结果是形成一些强大的子领域。支撑该表现的数据包括三个方面：主路径中除起点外，无9－030T型引文关系的6－021C型引文关系的计数呈逐年下降趋势；专利数量逐年增长；5－021U型引文关系（含9－030T型引文关系）与6－021C型引文关系的比值逐渐增大。共引网络的这种数量变化，直接反映了技术发展路径中分支路径的发展情况。可以做一个假设：在一个技术领域中，如果绝大部分研发历程严格执行一条技术路线，那么几乎不会大量出现引用无直接联系的专利，也不会共同依赖于一类技术而出现不同的研发方向。

③ 验证了算法和检索策略的可行性。依据一定的计算标准，在统计区间每个计量单位（年份）总是能够确定某个节点出现在主干路径之中，这主要是因为在主路径的提取过程中，依据算法、遍历权值大小、最短路径等规则对节点数量进行了限制。当扩大主路径中节点数量，提取的主路径中只是出现分支节点时，说明该主路径的提取是成功的；反之，如果出现多条主路径，则可能是子领域划分不够精确，需要重新划分子领域及优化检索策略。由于笔者的认知水平和接触专家面的局限性，本书专利检索不可能完全覆盖烧结技术的关键词，但主路径的成功提取，则证明了本书选择主路径提取算法及检索策略是可行有效的。

④ 三元组颠覆度量化方法是引文网络收缩的有效方法。本章提取专利引文网络的数据源有两个选择范围，如图4.23所示。

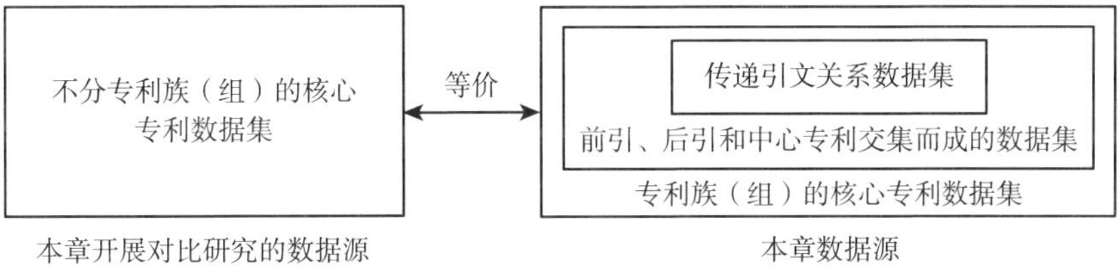

图4.23　提取专利引文网络的数据源

从实际对比验证的结果来看，基于上述不同数据源的主路径提取结果没有差异，主要原因在于提取主路径的算法和核心数据（传递引文关系数据集）均没有变化。从数据集合的角度很容易理解核心专利族（组）数据集的无差异性，因为主路径的节点均来自传递引文关系数据集，这也证明了本书提出的三元组颠覆度量化方法就是一种有效网络收缩方法。虽然本书没有将颠覆度值附加于主路径的提取算法之中，但针对原始引文网络的过滤和收缩是由三元组颠覆度量化方法来完成的。

基于三元组颠覆度量化方法对原始引文网络的过滤和收缩，图 4.22 中主路径没有出现 9－030T 型网络关系，很好地回应了图 4.8 关于主干引文网络的设想。

⑤ 主路径分析还有待深入研究问题。在颠覆度计算公式（4.3）中，默认 9－030T 型引文关系和共引关系对传递引文关系的影响力等同，即等权重。因为共引关系中后续专利与中心专利之间没有直接的联系，而 9－030T 型引文关系中前引专利的计数直接与中心专利有关，所以共引关系对颠覆度的影响力权重还有待进一步分析研究，以更加准确地对技术发展的主路径提取进行研究。

单纯依靠量化计算不足以完全确定技术发展主路径，还需要通过专家咨询进行修正，因为量化研究受制于专利检索策略和计算公式的设计等影响因素而有其局限性，量化研究结合专家的经验和智慧判断才是严谨的研究行为。

4.4.6 烧结技术的关键技术发展轨迹分析

技术发展主路径的提取可以刻画技术发展过程中关键节点之间的连接和脉络关系，但对于发展了哪些技术及未来的趋势（预测），则需要立足于提取的主路径上的关键节点（核心专利族），运用技术发展主题和技术布局等的分析方法，进一步开展技术发展轨迹的发现、分析和总结。关键路径法（CPM）是指计算从输入到输出延时最长的逻辑路径的网络计算方法[186]。就此，本书将从两个方面开展分析：依据关键路径法和主路径分析方法提取的关键节点，构建关键技术发展路径；结合前述技术发展主题和技术布局的整体分析，对主路径中关键节点的技术主题演化特征进行分析。

（1）关键技术分析

烧结技术引文网络可以通过引用关系揭示关键技术的历史发展轨迹和关联关系，可基于应用 CPM 方法提取的关键节点集合，挖掘出技术领域内有代表性的技术成长路径。基于 Pajek 软件提供的 CPM 功能，本书从整体引文网络中提取出 34 个专利组，其公开时间范围是 1995 ~ 2019 年，如图 4.24 所示。

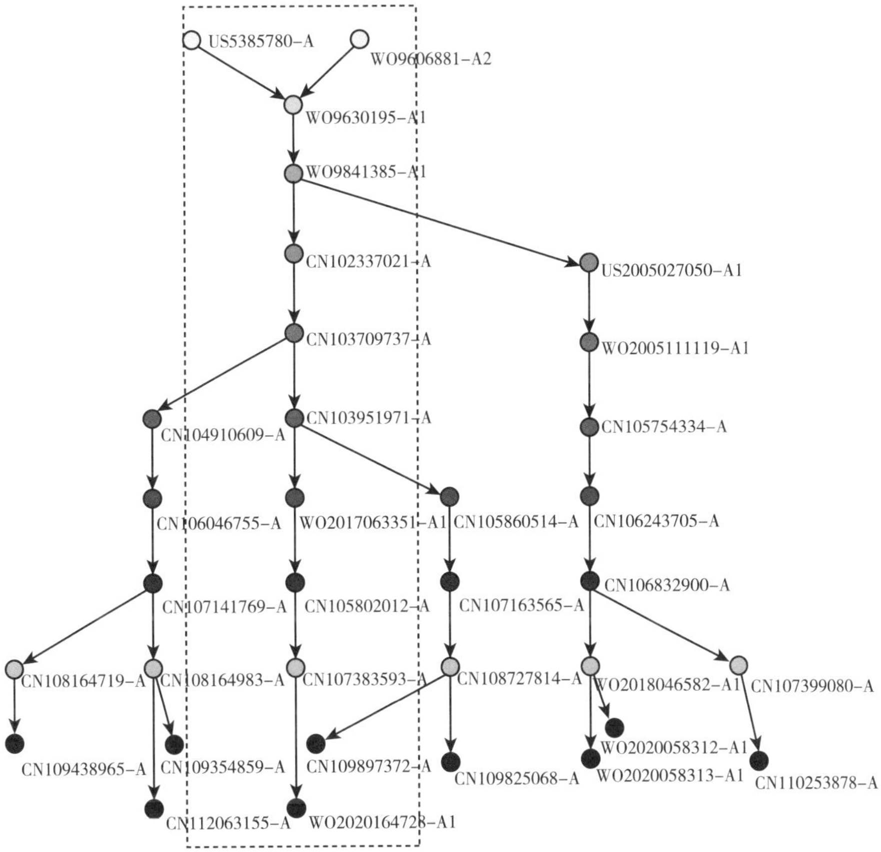

图 4.24 基于 CPM 方法提取的烧结技术引文网络关键路径（1997 ~ 2019 年）

注：不同年份箭头形式不同；虚线框中节点为图 4.22 的主路径。

可以看出，图 4. 24 完全包含了图 4. 22 主路径分析方法中提取的关键节点，并增加了 3 条关键主干路径及若干条分支路径，这也充分说明应用 CPM 方法提取的关键节点，是对主路径分析中提取关键节点的扩展和延伸。

(2) 关键技术主题演化特征分析

基于前述技术发展主题词特征分析和产业技术布局分析，本书将提取得到的 34 个专利组的标题、摘要和关键词以及全文等信息进行文本挖掘，进而开展技术层面的主题演化的综合迭代分析（合并类似技术发明主题），分析结果如图 4. 25 所示。

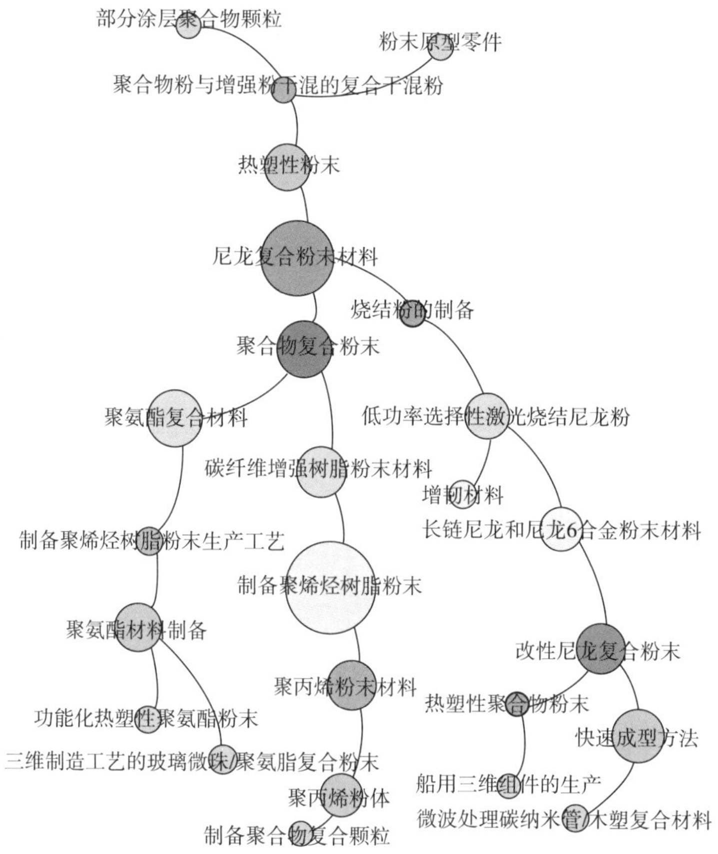

图 4. 25　基于综合迭代分析的技术主题演化路径（1997～2019 年）

注：节点大小与节点中心度对应。

针对3D打印技术未来的发展方向，《沃勒斯报告2020》（*Wohlers Report* 2020）提出除制造工艺和成型技术方法外，金属、非金属和复合材料将是3D打印材料方面的发展趋势。从图4.25中可以发现，烧结技术发展主题演化路径以粉末聚合物研制为基础、以聚丙烯树脂类制备为主发展方向、以聚氨酯复合粉末和尼龙复合粉末制备为侧翼发展方向，这很好地印证了 *Wohlers Report* 2020 关于3D打印材料发展方向的观点。

基础烧结技术的发展历经：高温涂层聚合物颗粒的激光烧结 + 粉末原型零件→聚合物粉与增强粉干混的复合干混粉→热塑性粉末的演化。主方向的聚丙烯树脂类制备技术发展历经：基础烧结技术→尼龙复合粉末材料→聚合物复合粉末→碳纤维增强树脂粉末材料→制备聚烯烃树脂粉末→聚丙烯粉末材料→聚丙烯粉体→制备聚合物复合颗粒的演化。侧翼方向的聚氨酯复合粉末制备技术的发展历经：基础烧结技术→聚合物复合粉末→聚氨酯复合材料→制备聚烯烃树脂粉末生产工艺→聚氨酯材料制备→三维制造工艺的玻璃微珠/聚氨酯复合粉末的演化。侧翼方向的尼龙复合粉末制备技术的发展历经：基础烧结技术→尼龙复合粉末→烧结粉的制备→低功率选择性激光烧结尼龙粉→长链尼龙和尼龙6合金粉末材料→改性尼龙复合粉末→快速成型法→微波处理碳纳米管/木塑复合材料→船用三维组件的生产的演化。

(3) 关键技术地域扩散路径计算模型及分析

技术地域扩散主要考察两个方面的要素，一是专利技术的所有者，二是专利技术在什么地方受保护，本书就此开展关键技术的地域贡献度和五局流向分析。

① 关键技术颠覆度的地域贡献分析。关于地域扩散情况的分析，一般包括科技成果的作者、资助资金、作者所属机构及国籍等信息，明确科学技术创造方的顺序位次，并依据引文网络关系确定知识（技术）的流动方向；针对多个国家（地区）合作而成的科技成果，则通过署名顺序等方式赋予一定的权重[177]。本书针对专利技术来源地域贡献度问题提出量化方法，设计思想如下。

假定：i 表示专利顺位序号，m 表示专利数量；j 表示专利中申请人顺位序号，n 表示专利中申请人总数量；k 表示申请人来源地域顺位序号，s 表示申请人来源地域数量；v_j 表示第 j 顺位专利的颠覆度权重，w_{ij} 表示第 i 顺位专利第 j 顺位申请人的权重；D_j 表示第 j 顺位专利颠覆度值；CV_k 表示第 k 顺位技术来源地域的贡献值（contribution value）。则第 i 顺位专利颠覆度的权重计算公式为：

$$v_i = \frac{D_i}{\sum_{i=1}^{m} D_i} \tag{4.5}$$

第 i 顺位专利第 j 位申请人的贡献度计算公式为：

$$w_{ij} = \begin{cases} \frac{v_i}{2^j}, 1 \leqslant j \leqslant n-1 \\ \frac{v_i}{2^{j-1}}, j = n \end{cases} \tag{4.6}$$

第 k 顺位技术来源地域的贡献度（contribution degree）计算公式为：

$$CD_K = \frac{CV_k}{\sum_{k=1}^{s} CV_k} \tag{4.7}$$

其中，CV_k 来源于每个专利每个申请人的颠覆度贡献权重 w_{ij} 的按地域分类汇总的结果。

专利申请人国籍信息来源于申请人的地址字段。关键技术区域贡献度的计算过程如下：首先，运用附表 I 的分割程序提取申请人国籍信息，并且计算每个专利的申请人数 n、全体专利申请人的来源地域数量 s。其次，依据权重公式（4.5），计算每个专利的颠覆度权重；依据公式（4.6），计算每个专利每个申请人的贡献度 w_{ij}，即得到该申请人所属地域的贡献度。最后，分类汇总各专利的地域颠覆度贡献权重，得到各地域的贡献值 CV_k，并计算各地域贡献值的加和 $\sum_{k=1}^{s} CV_k$；依据公式（4.7），得到各地域的贡献度 CD_K。基于提取的 34 个专利组，计算结果如表 4.10 所示。

表 4.10　　关键技术来源地域贡献度统计（1997～2019 年）

国家（地区）	占比（%）	国家（地区）	占比（%）	国家（地区）	占比（%）
中国	25.82	英国	1.87	日本	5.57
美国	18.28	韩国	1.61	意大利	0.76
德国	9.19	法国	1.08	其他	6.96
日本	5.57	德国	9.19		

从表 4.10 中可看出，中国、美国和德国在烧结技术贡献度上的排名为前三位，中国的领先优势比较明显。本书将本结果与智慧芽专利数据库中整体专利数据技术来源国的技术贡献度进行比较分析，发现两者的计算结果差别很小，这也说明本书与商业数据库在计算方法上有相似性。

② 关键技术五局流向图分析。专利分析中，常用五局流向图分析在中国、美国、欧盟、日本、韩国五大专利受理局的专利技术流向，进而了解该项技术的申请人所属国家（地区），以及该技术布局所属国家（地区）和目标市场等信息。本书对 34 组专利族中每件专利以一个公开文本的去重规则进行统计，最终得到 125 件专利，进而分析技术所属的地域（第一申请人）并对技术的目标市场（申请保护的目标国/地区）进行描绘，如图 4.26 所示。

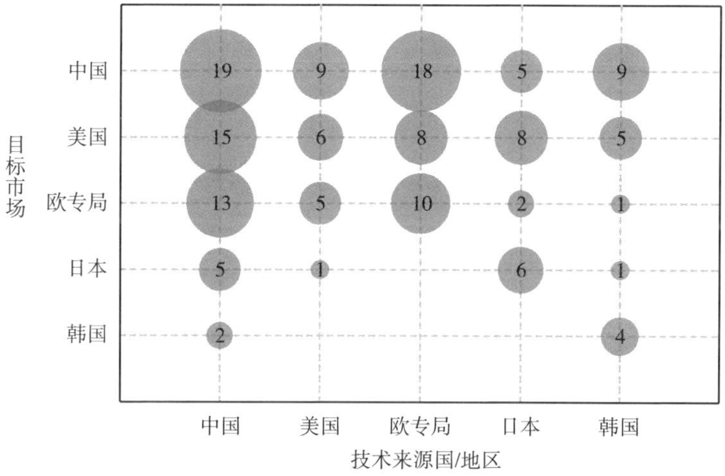

图 4.26　关键技术五局流向（1997～2019 年）

从图 4.26 中可以看出，关键技术的专利技术来源和目标市场国家/地区中，中国和美国居于领先地位，远远超过其他三个区域；中国、美国和欧专局注重本地区和其他地区的技术整体布局，日本和韩国的技术布局仅限于中国和其自身，这也与这两国自身的关键技术专利较少有关。总体而言，在烧结技术领域，在关键技术控制及对目标市场的技术布局方面，中国占有比较突出的领先地位。

4.5 本章小结

本章从三元组引文网络、颠覆度量化方法和技术发展主路径三个视角对新兴技术创新发展路径进行了测度研究。基于改进三元组引文网络和颠覆度量化计算方法，设计了技术颠覆度测度模型；基于数据集合的视角，提出引文网络的收缩方法；提出了基于三元组引文网络、颠覆度量化和搜索路径链接数方法的引文网络主路径提取方法；以烧结技术为实证对象，分析了引文网络特征和技术发展路径，并以主题词分析视角开展关键技术发展轨迹的分析。

研究结果表明：首先，基于三元组引文网络和颠覆度量化方法的改进设计，以及专利引文数据，可以对新兴技术的颠覆性创新程度进行有效测度。其次，基于数据集合的思想和三元组引文网络分类的基础，可以有效收缩引文网络的规模，提高引文网络提取的运算效率。最后，在引文网络计算方法和主题词提取算法精确的情况下，基于引文网络提取的技术发展路径与基于主题词提取的技术发展轨迹存在相通之处，也间接反映了本书设计的基于颠覆度引文网络计算模型的有效性。

本章基于专利引文网络分类和颠覆度量化的筛选数据，通过提取引文网络主路径及关键技术发展轨迹，刻画了新兴技术发展的路径；分别基于专利申请人和申请量聚类视角与引文网络视角，揭示了新兴技术的发展阶段，回应了新兴技术创新发展测度共性问题中的“颠覆性创新突破点及发展阶段”和“新兴技术及新兴产业处于什么样的发展阶段”问题，最终为多元创新主体研发方向的选择、创新资源配置等决策提供了支持。

第5章

基于全创新链的新兴技术领域科学技术与产业关联发展状态测度

本书在第3章提出创新链与产业链的关联关系可以转换为科学技术与产业的关联关系，进而可以转换为基于全创新链的视角实施新兴技术领域科学技术与产业关联发展状态测度。本章研究是为了解决第3章中提出的新兴技术创新发展测度的共性问题——“新兴产业科学研究和技术研发的发展状态如何”“新兴技术及新兴产业处于什么样的发展阶段”“新兴技术和新兴产业的投资机会如何把握”，旨在将科学研究、技术研发及产业发展阶段的关联发展趋势以可视化和集中的方式展示出来，便于决策者集中掌握三者的关联发展状态及趋势，推动新兴技术和新兴产业的创新发展。

上述议题引出了本章的研究目标：构建新兴技术领域科学技术和产业关联测度方法模型，进一步提出研究方案。首先，确定新兴技术领域科学技术与产业关联的分析维度，包括科学发展与产业发展关联、技术发展与产业发展关联及科学技术聚类与产业发展关联；其次，构建科学技术与产业关联测度的评价指标体系，包括科学技术发展热度和影响力两个方面；再次，基于国家（地区）的研究范围选择，设计细分领域产业发展阶段专家判断方法，构建科学技术与产业关联测度方法和模型；最后，选取新兴技术典型细分领域开展实证分析。

需要说明的是，本书旨在面向多个新兴技术领域及其子领域的测度问题，因此选择3D打印技术、集成电路制造技术和人工智能技术等作为研究领域开展模型设计，并以3D打印技术领域的烧结技术作为实证研究对象。

5.1 科学技术与产业关联维度确定

基于三螺旋创新理论，本书在假定三个时间点（$t_0 \to t_1 \to t_2$）的基础上，对科学（S）、技术（T）和产业（I）之间的关联关系进行归纳，在剔除了若干不符合客观情况的类型后，将其有效关联关系分为四类，如图5.1所示。

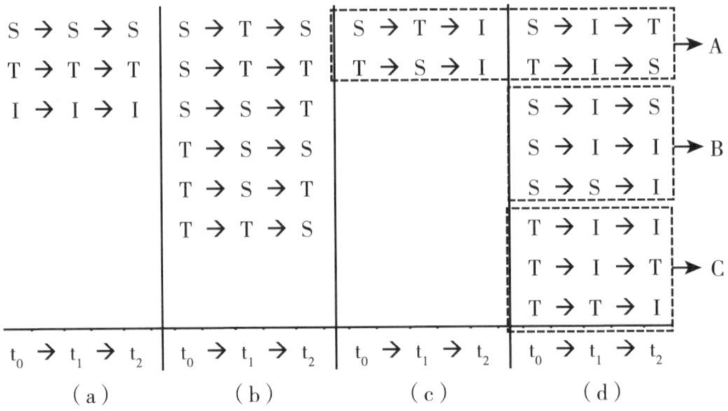

图5.1 科学（S）-技术（T）-产业（I）关联关系分类

图5.1的设计是基于现有研究的普遍认知：科学技术成果实现产业化的过程是不可逆的，在产业路径中不涉及科学技术路径的情况理论上不存在，且科学技术路径分布的时间必然先于产业[22]。因此，本书没有考虑产业处于始端而推动单独科学（I→S→S）或技术的发展（I→T→T）的情况。图5.1揭示的信息包括：其一，a类型中的科学、技术和产业独立发展，无相互推动影响；其二，b类型中科学技术产生相互推动影响，没有涉及产业化；其三，c类型中科学技术推动产业发展，产业处于末端位置；其四，d类型中首先是科学技术直接推动产业发展，产业发展反过来又推

动科学技术发展，产业处于中间位置（S →S →I 等同于 S →I →I，T →T →I 等同于 T →I →I）；其五，同时涉及科学、技术和产业三者关联关系的有四类（A 虚线框），涉及 c 类型关系和 d 类型中的有两类；其六，基于科学的产业和基于技术的产业存在于 d 类型之中（B 和 C 虚线框）。

本章旨在研究科学技术与产业的关联关系，图 5.1 中 a 类型和 b 类型关系没有涉及科技成果产业化，因而，此两类关系不在本章的研究范围之内。c 类型和 d 类型关系涉及科技成果产业化，此两类关系是本章关注的重点，也即虚线框内呈现的三种情况：一是主要关注科学、技术与产业的关联发展；二是主要关注科学与产业的关联发展；三是主要关注技术与产业的关联发展。相应地，本书确定了基于全创新链的新兴技术领域科学技术与产业关联发展状态测度的三个维度：科学与产业关联、技术与产业关联、科学技术聚类与产业关联。据此，本章对应测度方法模型的设计思路如图 5.2 所示。

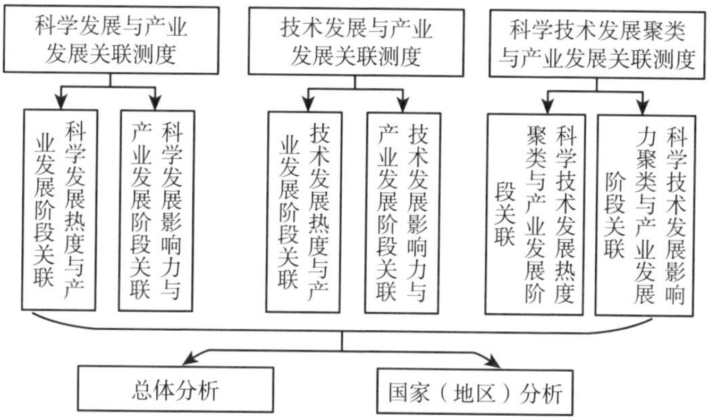

图 5.2 基于全创新链的新兴技术领域科学技术与产业关联发展状态测度模型框架

图 5.2 显示，本书基于专利和论文两类文献的特征信息，构建科学（技术）热度和科学（技术）影响力两类指标；基于两类指标的走势曲线，结合专家对细分领域的产业发展阶段判断，对新兴技术细分领域的科学技术与产业关联关系进行测度。科学技术与产业关联测度方法模型包括三个维度：科学发展与产业发展阶段关联测度模型、技术发展与产业发展阶段

关联测度模型、科学技术发展聚类与产业发展阶段关联测度模型。

5.2 新兴技术领域科学技术发展评价指标体系构建

科学技术发展测度是本书开展科学技术与产业关联发展测度工作的基础。在借鉴“研究前沿热度指数”指标构建思想的基础上，本书提出两类评价指标体系：科学技术发展热度指数和影响力指数。

5.2.1 指标体系构建原则

在借鉴国内外已有成果的基础上，构建科学技术发展评价指标体系须遵循以下三个原则：第一，客观性原则。设计的指标要以客观指标为主，尽量不用主观性指标，尽可能保持数据的稳定性。第二，数据可获取性原则。尽量利用公开的统计数据，即数据来源可靠；尽量不定义计算复杂、不易量化的指标。第三，可比性原则。针对科学发展和技术发展两方面进行测度，能够形成一定的对比性。

本书在借鉴前人构建科学技术发展指标体系做法的基础上，针对论文和专利数据库字段，进行指标的分析和初步选取。为保证分析的数据在一定时间范围内的稳定性，本书以论文和专利数据库字段的静态数据为主，针对被引频次为动态特征，所以本章考虑选取 5 年内被引用次数等指标。为避免计算的复杂性，本书其他章节在使用被引频次数据时，仍然以被引频次作为基础数据指标。为满足可比性原则，选取的论文与专利指标尽可能形成相互对应，如论文数量和专利数量。

有三点值得特殊说明，其一，本书的设计思想来源于笔者参与的国家重点研发计划项目，不仅仅关注新兴技术的某一领域，而是力求建立一套完整的测度体系，动态开展多个新兴技术领域及其细分领域的科学技术与产业发展关联测度。其二，本书将 3D 打印技术、集成电路制造技术和半导体分立制造技术等新兴技术界定为一级分类领域，该一级分类和末级分类之间，可能存在中间分类（二级分类）领域，但该领域不在本书研究范围内，该一级分类领域和末级分类领域（细分领域）是本书的研究重点。其三，本章也将涉及的引文数据，以及进而涉及的中心文献及前引文献都限制在核心文献数据集之中，此核心思想在第4章（4.3.1）已作过阐述，后续构建指标时会再次强调。

5.2.2　科学技术发展热度指数

2014年以来，中国科学院科技战略咨询研究院、中国科学院文献情报中心和科睿唯安每年均会共同发布年度《研究前沿》《研究前沿指数》，其中核心指标包括研究前沿热度指数。研究前沿热度指数的数据基础为11个大学科（由除工程学领域外的21个基本学科聚合而成）中论文的总被引频次排序在10%的核心论文，以四类比重值累加的形式计算热度值，其分析的角度为国家（地区）及聚合后的ESI大类学科的研究热度情况[187]。“研究前沿热度指数 = 贡献度 + 影响度”，其中，“贡献度 = 核心论文份额 + 施引论文份额”“影响度 = 核心论文被引频次份额 + 施引论文被引频次份额”。该计算方法和模型在国内外影响巨大，也给本书以极大的启示。

本书针对“研究前沿热度指数”提出两个方面的质疑。一是论文数量（国家或学科贡献度）与被引频次（国家或学科影响度）属于论文的两个不同属性，其分析对象分别属于不同对象：核心论文和施引论文，两类份额值不适于简单加和；二是上述四类份额值的简单加和会产生该四类份额优劣势的平均化结果。

本书借鉴“研究前沿热度指数”贡献度的两个指标——核心论文数量份额和施引论文数量份额，构建科学技术发展热度指数的基础评价指标，包括：核心论文（专利）数量份额、引用论文（专利）数量份额。本书用基于检索策略检索和进行数据处理后得到的论文（专利）指代核心论文（专利）。在科学技术发展热度基础评价指标之外，本书也参照前人研究，增选其他热度指标，再进行综合加权评价。

(1) 核心论文(专利)数量的份额

依据末级领域论文(专利)的年度数量,很难同时得出其在本领域所处位置(即年度数量占比)的发展趋势。如表5.1所示,可得出每个末级领域的年度数量发展趋势,如某末级领域的年度数量从95篇件(2012年)上升为110篇件(2013年);最重要的是可得出每年的末级领域数量比较,如2012年可计算出3个末级领域各自在领域中的占比。

表5.1　2012~2013年某末级领域论文(专利)统计分析样例

年度	末级领域	数量(篇/件)	占比(%)
2012	A	95	28
2012	B	100	29
2012	C	150	43
2013	A	110	26
2013	B	120	29
2013	C	190	45

从表5.1中可获得A末级领域在领域中占比情况的发展趋势,由此本书考虑使用末级领域与一级领域的数量比值作为测度指标,既可以分析末级领域在分析年度的占比情况,也可以分析年度占比的发展趋势,再结合产业发展特征数据,可以有效开展科学与产业关联测度分析。

"研究前沿热度指数"的"核心论文份额"与本书热度值的测度方法有所不同,其关注的是在遴选出的某年度研究前沿核心论文中某个国家(学科)与总体国家(学科)的数量占比;本书则关注末级领域在一级领域中的年度论文(专利)数量占比,从而关联测度其历史发展趋势和与产业发展的关系,并且兼顾从国家(地区)和全球整体的角度进行分析。

(2) 核心论文(专利)后向引用数量份额

论文(专利)是科学家(发明人)基于前人的研究成果开展延续性研究开发的工作成果,因而,后向引用本领域论文(专利)的数量集聚情况也可以有效表征科学技术研究的发展热度。该指标的构建思路为:先以论文参考文献CR字段中的单个DOI码(专利数据的"引用专利"字段中的单个专利公开号)为检索依据,分末级领域汇总统计属于核心论文(专利）的后引论文（专利），再计算份额。以论文数据为例，处理流程如图 5.3 所示。

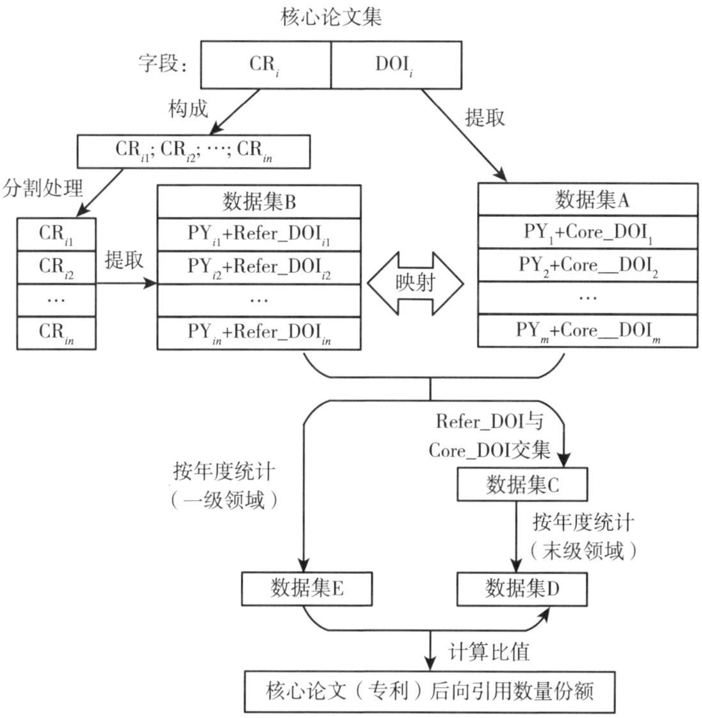

图 5.3　核心论文（专利）后向引用数量份额数据处理流程

图 5.3 中的部分数据处理过程说明如下。

① 提取一级领域所有论文的 DOI 码，形成数据集 A（包含 DOI 码和年份 PY）；

② 运用本书设计的分割程序（附表 I），分割一级领域所有论文的 CR 字段，形成单一后向引用信息，再提取 DOI 码形成数据集 B（包含 DOI 码、末级领域和年份 PY），数据集 B 的 DOI 组成为“核心论文 DOI + 非核心论文 DOI”；

③ 判断数据集 A 与数据集 B 中 DOI 码的交集，形成数据集 C；

④ 按“年份 + 末级领域”分组统计数据集 C，计算“按年度末级领域后向引用核心论文数量”形成数据集 D；按“年份”分组统计数据集 A 与数据集 B，计算“按年度一级领域后向引用数量”形成数据集 E；

⑤ 按年度计算数据集 D 与数据集 E 的比值，得到核心论文（专利）后向引用数量份额的值。

“核心专利后向引用数量份额”的计算方式要简单一点，因为专利的引文都是标准化的公开号。判断核心专利的后引专利是否属于核心专利集，则要依赖于专利同族字段。需要补充说明的是，该指标数据计算方式也被用于本书第 4 章基于论文（专利）数据的技术发展路径分析。

（3）高被引核心论文（专利）数量份额

ESI 热点论文的“近两年”分析指标被用于表征近期或当期热点或热度，与本书关注年度热度（数据变化）相吻合，受此启发本书构建“高被引核心论文（专利）数量份额”的分析指标，用以分析细分领域研究热度的年度分布及其在一级领域内的占比情况。本书在此界定同级技术领域高被引频次的标准是 TOP 10% 的引用频次，从而得到高被引频次论文（专利）在末级领域和一级领域的年度数量分布，进而可计算出其末级领域的占比情况。

基于上述分析，本书构建的科学技术发展热度指数涉及的评价指标体系如表 5.2 所示，其中各指标的计算前提是确定核心论文（专利）所属末级领域和年份。

表 5.2　科学技术发展热度评价指标体系

维度	指标名称
科学发展热度	核心论文数量份额
	核心论文后向引用数量份额
	高被引核心论文数量份额
技术发展热度	核心专利数量份额
	核心专利后向引用数量份额
	高被引核心专利数量份额

5.2.3　科学技术发展影响力指数

本书借鉴“研究前沿热度指数”影响度的两个指标——核心论文被引频次和施引论文被引频次，构建科学技术发展影响力指数的基础评价指标，包括核心论文（专利）的被引频次份额、施引论文（专利）的被引频次份额。在影响力基础评价指标之外，参照前人研究，增选其他影响力指标，再进行综合加权评价。需要补充说明的是，本书研究的是一般性文献问题，如“睡美人文献”等特例不在本书的研究范围之内。

（1）核心论文（专利）五年内被引频次份额

核心论文（专利）的被引频次随着时间的推移而动态变化，不同时间点下载的论文（专利），其被引频次的值会出现不同。以末级领域占一级领域的论文（专利）被引频次的份额值进行评价，则形成该份额值的分子和分母均动态变化的值。“研究前沿热度指数”分析某个下载截止时间点的前沿研究状态，与本书需要研究末级领域科学技术发展影响力的历史发展趋势略有不同，显然，笼统地以被引频次为评价指标，其准确性有待进一步论证。智慧芽专利数据库以“五年内被引频次”为数据字段。也有研究指出论文被引频次波峰一般在 0 ~ 5 年[185]。科睿唯安《2021 全球创新百强》通过计量过去五年内专利的外部引用情况，评估每个候选机构的专利对他人想法的影响程度[188]。综合考量上述方法，本书选择“五年内被引频次”作为评价影响力的指标。因而，除统计分析年份范围的最后五年外，其他统计年份的数据均是固定不变值，基本上能够保证数据的稳定性。

核心论文“五年内被引频次”数据可以利用“DOI 码”字段在后五年内（含当年）核心论文“CR”字段中检索并且累计计数，进而获得核心论文五年内被引频次。计算思想如表 5.3 所示，本书设计的计算程序如附表 O 所示。

表 5.3　2001 ~ 2006 年运用“DOI 码”字段检索“CR”字段的思想

PY（年份）	CR	DOI 码	说明
2001	D0	D1	① D1 ~ D6 为核心论文； ② 被引频次的值为假设值； ③ 2002 ~ 2006 年每年仅以 1 篇论文举例； ④ 箭头表示引用方向
2002	D1	D2	
2003	D1	D3	
2004	D1	D4	
2005	D1	D5	
2006	D1	D5	

需要说明的是，某一技术领域核心论文被引可能发生在技术领域之外，但这种领域外的引用对于本领域科学技术发展的影响相对而言较小。剔除领域外的引用信息而计算出的被引频次，对于该领域的科学技术监测会更加准确，本指标在此基础上更进一步缩小范围，选择近五年的施引论文。

（2）施引论文（专利）五年内被引频次份额

"研究前沿热度指数"影响度指标认为，核心论文对施引论文的影响力也会传导到施引论文的引用论文（前引），即施引论文的被引频次。本书中施引论文和核心论文的被引频次的考察方式相同。施引论文"五年内被引频次"的数据获取方式与核心论文"五年内被引频次"相同，都可以通过在五年内（含当年）论文"CR"字段中检索"DOI 码"字段而获得，即需要在五年内（含当年）论文"CR"字段中检索"DOI 码"字段两次，如表 5.3 所示，需要计算核心论文 D1 的施引论文 D2 ~ D6 的五年内被引频次累计数。

与核心论文的施引论文"五年内被引频次"的数据获取方式类似，获取核心专利的施引专利"五年内被引频次"的数据需要判断"被引用专利"字段是否存在于五年内（含当年）专利的"引用专利"之中，如存在则提取其"被引频次"字段。

前述也说明本书的关注重点是领域内的引用，其属于关键引用。核心论文（专利）的后向引用与前向引用形成有效的技术发展路径，此思想也被用于本书第 4 章重要性论文（专利）的判定。

（3）科学家（发明人）五年内高被引频次份额

高被引科学家（发明人）的标杆地位往往会吸引众多的后进人员开展跟随研究或追踪研究。与一般科学家（发明人）的成果相比，高被引科学家（发明人）的成果受关注程度会高很多[189]。本书借鉴"研究前沿热度指数"以被引频次累计数位于同级分类领域前 10% 的标准来界定高被引科学家（发明人），以高被引科学家（发明人）五年内被引频次在一级分类领域的占比来进行判断。

本指标考察高被引科学家（发明人）产出的论文（专利）的被引频次

份额，基于前述核心论文“五年内被引频次”指标的计算方法，以及专利数据库中已有的“五年内被引频次”字段，本书建立科学家（发明人）与论文（专利）的映射关系，进而获得科学家（发明人）五年内被引频次的累计数。

值得进一步说明的是，高被引论文（专利）的施引论文（专利）可能会存在不属于本书研究领域范畴的情况，本书在计算过程中仅计算属于本领域的施引频次，与传统意义上的被引频次分析思想略有不同。

（4）机构（申请人）五年内高被引频次份额

科学家引用论文时也会考察所属机构，高影响力机构拥有大量成果卓然的科学家，所以机构的高被引频次也是一个比较重要的指标；同理，专利申请人高被引频次也是一个比较重要的指标。本指标监测高被引机构（申请人）产出的论文（专利）的被引频次份额，其筛选标准与前述“科学家（发明人）五年内高被引频次份额”指标相同。

（5）高影响因子［权利保护国家（地区）范围］五年内被引频次份额

就科学研究而言，学术论文发表的期刊级别不同（WOS 以 SCI/SSCI 的影响因子来界定），产生的科学技术效应和影响力是不同的，如《科学》（*Science*）、《自然》（*Nature*）及其子刊发表的论文与在一般学术期刊上发表的论文相比，影响力差距很大。本书中论文的高影响因子以期刊的影响因子为分析对象，取二级分类领域论文发表所在期刊影响因子排名前10%，以高影响因子论文的被引频次来进行表征。

就技术发明而言，专利技术在多国（地区）申请保护的影响范围要远高于局限于一个国家（地区）的影响范围，在技术强国（地区）申请保护的效用要远高于在技术不发达的国家（地区），这也是当前衡量专利质量的主要指标之一。该指标的数据可以通过从“同族专利”字段中提取同族专利的申请保护国（地区）代码（一般是前两位）来进行识别，使用“优先权号”也可以达到数据提取效果。本书在后续研究中会将研究分析测度领域的国家（地区）范围限定在排名前 30 位（见附表 H）。

基于上述分析，本书构建的科学技术发展影响力指数涉及的评价指标体系如表 5.4 所示，其中各指标的计算前提是确定核心论文（专利）所属末级领域和年份。

表 5.4　　　　科学技术发展影响力评价指标体系

维度	指标名称
科学发展影响力	核心论文五年内被引频次份额
	核心论文的施引论文五年内被引频次份额
	科学家五年内高被引频次份额
	机构五年内高被引频次份额
	高影响因子论文五年内被引频次份额
技术发展影响力	核心专利五年内被引频次份额
	核心专利的施引专利五年内被引频次份额
	发明人专利五年内高被引频次份额
	申请人专利五年内高被引频次份额
	高权利保护国家（地区）范围专利五年内被引频次份额

5.2.4 科学技术发展评价指标的重要性筛选和相关性检验

5.2.4.1 科学技术发展评价指标的重要性筛选

(1) 变异系数

在初步选取评价指标体系之后，需要进行评价指标重要性的筛选。变异系数（coefficient of variation）判别方法[190-191]可以用来进行指标筛选工作。分析变异系数结果时，高于设定阈值的指标为筛出指标，低于或等于阈值的指标则为保留指标。

变异系数以标准差与平均值的比值来计算，如式（5.1）所示。

$$C_v = \frac{\sigma}{\mu} \tag{5.1}$$

其中，σ 为标准差，μ 为均值。

(2) 评价专家遴选

笔者在前期研究工作中，曾作为核心骨干参与国家重点研发计划项目专家数据库的构建。该专家库面向 3D 打印技术、集成电路制造技术、半导体分立制造技术等新兴技术领域，也是本书的专家遴选来源。该专家库组建过程为：首先，根据新兴技术领域检索策略中的关键词（见附表 D、附表 E），在专家数据库中检索专家，此类来源专家共有 78 位。其次，本书获得国家重点研发计划项目的资助，在该项目的研发过程中，得到了新兴技术领域 19 位专家的支持，这些专家来自高校、工程院、科学院等科研机构及央企、科技型民企等，在征询这些专家意见的基础上，邀请其作为本书的专家；部分专家表示对多个末级领域均熟悉，所以不同末级领域的专家存在交叉情况。

除开展评价指标的重要性筛选，本书也借助于上述专家开展部分其他调研和咨询工作，如末级领域产业发展阶段的判断、检索关键词遴选等。

（3）重要性指标筛选

从构建的专家库中征询并获得 11 位专家支持后，发放并全部收回调查问卷。根据反馈，首先得到专家对调查内容熟悉程度的自评价结果：专家熟悉程度 Cs 为 0.92，判断依据 Ca 为 0.91，专家权威系数 Cr 为 0.93，专家的权威性符合要求。其次，基于专家对评价指标的重要性打分数据（每项指标的重要性以 1 ~5 供专家选择），计算均值和标准差及变异系数。最后，基于设定阈值（指标均值大于 3.5 和变异系数小于 25%），剔除超过任一阈值的指标。

专家打分表结果见附表 M。专家在反馈中指出两点意见：一是“高影响因子［权利保护国家（地区）范围］五年内被引频次份额”需要经过一次或两次再检索才能获取基础数据，且影响因子属于动态变化数据，该项指标不符合数据的易获取性要求，也不适用于开展本项研究。二是在论文引用方面，核心论文的施引论文更加注重科学家而不是机构，但在专利引用方面，施引专利则更加注重申请人而不是发明人，因为科学家与机构、发明人与申请人之间存在隶属关系，因而在重要性方面，需要分别侧重于科学家（论文）和申请人（专利）。

基于变异系数的科学技术发展评价指标重要性判断结果如表 5.5 所示。“高影响因子［权利保护国家（地区）范围］五年内被引频次份额”“机构五年内高被引频次份额”“发明人五年内高被引频次份额”被剔除出评价指标体系。为后续引用方便，本书对保留指标进行编号（见表5.5）（S1～S5，T1～T5）。

表5.5　　基于变异系数的科学技术发展评价指标重要性判断

指标分类	指标代码	指标名称	均值	标准差	变异系数	处理
科学发展热度	I11	核心论文数量份额（S1）	4.00	0.85	0.21	√
	I12	核心论文后向引用数量份额（S2）	3.82	0.72	0.19	√
	I13	高被引频次核心论文数量份额（S3）	4.18	0.83	0.20	√
科学发展影响力	I14	核心论文五年内被引频次份额（S4）	3.82	0.83	0.22	√
	I15	核心论文的施引论文五年内被引频次份额（S5）	3.73	0.86	0.23	√
	I16	科学家五年内高被引频次份额（S6）	3.91	0.67	0.17	√
	I17	机构五年内高被引频次份额	3.36	0.88	0.26	×
	I18	高影响因子论文五年内被引频次份额	3.09	1.00	0.32	×
技术发展热度	I21	核心专利数量份额（T1）	4.09	0.79	0.19	√
	I22	核心专利后向引用数量份额（T2）	3.91	0.79	0.20	√
	I23	高被引频次核心专利数量份额（T3）	4.09	0.79	0.19	√
技术发展影响力	I24	核心专利五年内被引频次份额（T4）	4.00	0.74	0.18	√
	I25	核心专利的施引专利五年内被引频次份额（T5）	3.73	0.86	0.23	√
	I26	发明人专利五年内高被引频次份额	3.55	0.99	0.28	×
	I27	申请人专利五年内高被引频次份额（T6）	4.09	0.67	0.16	√
	I28	高权利保护国家（地区）范围专利五年内被引频次份额	2.91	1.00	0.34	×

5.2.4.2　科学技术发展评价指标的相关性检验

(1) Pearson 相关系数检验法

阿帕里希奥等（Aparicio et al.，2020）指出，各投入产出指标满足相关性和确定指标之间具有因果关系，是DEA模型运算的前提条件[192]。科学技术发展评价指标来源于科学论文和专利特征字段。研究表明：科学论文和专利的各自特征字段间的相关性关系一般表现为线性关系[193]，因此本书采用Pearson相关系数方法进行科学技术发展指标的相关性检验。

Pearson 相关系数用 r 表示，其计算原理实际上就是用样本数据的协方差除以标准差，其中 n 为样本量，X_i、$\bar{X}$、Y_i、$\bar{Y}$ 分别为两个变量的观测值和均值，S_X^2、S_Y^2 为标准差，如式（5.2）所示。

$$r = \frac{1}{n-1}\sum_{i=1}^{n}\left(\frac{X_i-\bar{X}}{S_X}\right)\left(\frac{Y_i-\bar{Y}}{S_Y}\right) \tag{5.2}$$

其中，$S_X = \sqrt{\frac{\sum_1^n (X_i-\bar{X})^2}{n-1}}$，$S_Y = \sqrt{\frac{\sum_1^n (Y_i-\bar{Y})^2}{n-1}}$。

（2）指标的相关性检验

本书认为科学技术发展的热度和影响力指标应该分开计算，因此表 5.5 中的指标应分别按科学发展热度、科学发展影响力、技术发展热度和技术发展影响力开展相关性分析。本书根据确定的 3D 打印技术检索策略（见附录表 D），分别从 WOS 的 SCI 和 SSCI 数据库下载科学论文数据（519426 篇），从智慧芽专利数据库采集全球专利数据（684830 件）；科学论文和技术专利的统计时间区间为 2001 年 1 月 1 日 ~2018 年 12 月 31 日。本书从上述论文和专利数据中各选取前 1000 高被引数据作为分析样本，开展指标的相关性检验。检验结果（见附录表 N）表明，科学技术发展评价指标相关性较弱，符合评价要求。

5.2.5　基于熵权法的指标权重确定方法

国内外学者在对专利质量指标体系中各指标进行加权计算时，通常采用基于理解主观定权、基于数据特征客观定权、基于评价结果倒推三种类型[194]，本书在此进行比较分析以便做出选择。首先，主观定权法主要依靠专家打分形成指标的权重，结果较为片面和主观；其次，科学技术发展热度和影响力评价均包括三类指标，通过选择某单项指标作为科学技术发展热度（影响力）的代理指标，并基于回归分析等方法对权重进行倒推的做法在此并不可行；最后，本章需要对测度领域不同科学家（发明人）、不同机构（申请人）等多个角度的指标评价体系设置权重，因此通过

TOPSIS 法得出一种在各指标体系中均最靠近最优解、远离最劣解的理想权重系数较不现实，也不利于实现细分领域的差异性比较[194]。

综上所述，本章采用基于数据特征的客观定权法计算科学技术发展热度（影响力）指标体系中各指标的权重。值得说明的是，本章也没有考虑使用因子分析法。本章使用较为常用的熵权法，仅基于细分领域的数据分布特征计算指标权重[194]，因而，对于每一个细分领域，其对应的指标权重有所不同，根据数据特征的细分领域不同而动态变化。

本书运用熵权法开展科学技术发展评价指标的权重设置，具体计算流程如下。

$$X=\begin{bmatrix} X_1 \\ X_2 \\ \vdots \\ X_m \end{bmatrix}=\begin{bmatrix} x_{11} & x_{12} & \cdots & x_{1n} \\ x_{21} & x_{22} & \cdots & x_{2n} \\ \vdots & \vdots & \ddots & \vdots \\ x_{m1} & x_{m2} & \cdots & x_{mn} \end{bmatrix} \tag{5.3}$$

本书测度 m 个测评对象的 n 个评价指标，得到 $m\times n$ 阶矩阵 X，其中 x_{ij} 表示第 i 个测评对象第 j 个指标的得分值[194]。由于测评对象的值均是百分比值，所以本书不需要开展标准化处理环节。

（1）计算第 i 个测评对象第 j 个指标的占比

本书通过计算每个测评分值与总和分值的比值得到目标结果，公式如下。

$$p_{ij}=\frac{x_{ij}}{\sum_{1}^{m}x_{ij}},i=1,2,\cdots,m;\ j=1,2,\cdots,n \tag{5.4}$$

（2）计算第 i 项指标的熵值

基于信息熵的公式计算第 j 项指标的熵值，公式如下。

$$E_j=-\frac{1}{\ln(m)}\sum_{i=1}^{m}[p_{ij}\ln(p_{ij})],j=1,2,\cdots,n \tag{5.5}$$

其中，$p_{ij}\in[0,1]$，由此可得 $\ln(p_{ij})\leqslant 0$，$E_j\geqslant 0$。

（3）计算差异指数

根据最大熵的计算原理，第 j 项指标的熵值与差异指数之间存在固定关系。对于第 j 项指标，x_{ij}差异越小，E_j的值便越大，差异指数定义如下。

$$E'_j = 1 - E_j \tag{5.6}$$

(4) 计算第 j 项指标权重

第 j 项指标权重计算公式如下。

$$w_j = \frac{E'_j}{\sum_1^n E'_j} = \frac{1 - E_j}{n - \sum_1^n E_j}, j = 1,2,\cdots,n \tag{5.7}$$

其中，$w_j \in [0,1]$，$\sum_1^m w_j = 1$ 。

前述已说明，本书基于客观数据计算指标权重，因而权重计算将根据选择的实证领域数据而具体开展。

5.3　新兴技术领域科学技术与产业关联发展状态测度方法

5.3.1　新兴产业发展阶段界定及判断方法

5.3.1.1　新兴产业发展阶段界定

本书综合分析新兴产业发展的特征，结合产业生命周期理论、创新程度S曲线、技术成熟度曲线等产业发展阶段的划分方法和原则，形成对新兴产业发展阶段的初步认识：绝大多数新兴产业均处在蓬勃发展时期，传统的产业发展消退阶段未见出现。

传统产业生命周期理论将产业生命周期划分为初创、成长、成熟和衰退四个阶段，本书开展的研究在此基础上重新进行了调整。第一，从全创新链的视角将产业生命周期延伸到研发阶段；第二，传统产业生命周期理论的成长阶段存在上升势头差异比较大的两个阶段，如图5.4所示，本书界定的成长阶段与扩张阶段的上升斜率由陡峭变为平缓，因此本书将传统的成长阶段重新界定为（新）成长阶段和扩张阶段；第三，本书研究的新兴产业中绝大部分均没有发展到成熟阶段，研究其衰退阶段没有太大意义，所以本书没有将衰退阶段纳入研究之中。

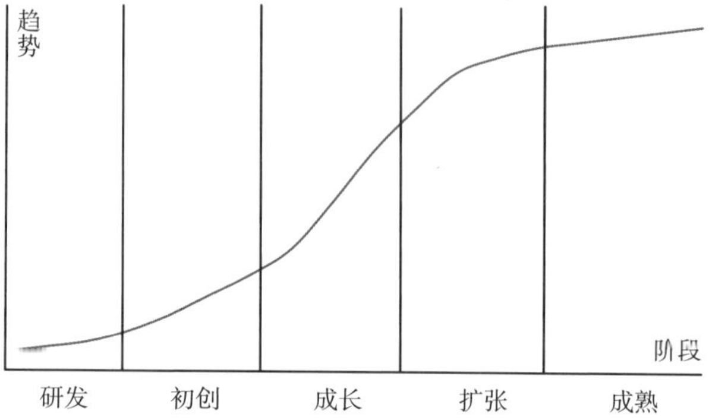

图 5.4　新兴技术细分领域产业发展阶段

注：趋势值一般以测度对象的数量或比例等表示。

（1）研发阶段。在新兴技术领域科技成果的研发阶段，新产品还处在概念模型或实验室阶段，进入的企业极少，没有形成完整的市场需求，只有极少数企业开始新产品生产准备和试制。随着该技术循着“基础研究→关键技术研发→成果转化与新产品研发”的路径前进，市场发展呈现略微上升的趋势。此阶段市场份额极少，概念性产品居多，与成熟推广还有一段距离。

（2）初创阶段。此阶段科技成果由于刚刚脱离实验室，对于现实世界的应用场景往往考虑不周全，导致产品扩张缓慢。如早期的语言识别技术，在将人的语音转化为文字和指令时，准确率极高，但需要面对环境噪声和方言习惯用语的难题[195]。在初创期，只有少数追求新鲜的消费者可能购买该产品而销售量不高，需要支出大量费用对产品进行宣传；批量生产存在可能，导致成本高、销售收入增长不快，产品功能设计还有待进一步完善[196]。

（3）成长阶段。本阶段消费者对产品已经熟悉，出现消费者群体，市场逐步扩大；大批量生产能力得以实现，利润也迅速增长；出现市场竞争者及同类产品，价格逐渐下降，企业利润增长速度仍然处于上升期间[197]。

（4）扩张阶段。本阶段竞争者看到增长的市场空间纷纷进入市场，逐渐形成产业群，及至形成完整的创新产业链，社会影响力日趋显著；同类产品竞争激烈，价格呈下降趋势，企业利润达到生命周期利润的最高点[198]。产品已被大多数消费群体所接受，但市场竞争激烈，企业为保持优势地位而投入大量的营销费用。

（5）成熟阶段。本阶段市场需求及消费者群体增长趋势变化不大，市场竞争逐渐加剧，利润增长缓慢甚至下降[197]。此时市场趋近饱和，少数企业主导了整个行业市场，利润在达到峰值后掉头向下；企业为占据市场份额而花费大量营销成本。

5.3.1.2 产业发展阶段判断过程

专家依据新兴产业发展阶段界定标准，给出新兴技术细分领域每一年份（连续区间）所处产业发展阶段的判断结论。基于5.2.4.1所述专家库建设，本书将产业发展阶段的专家判断过程分为两个环节：单个专家初步判断和专家组的判断结论集结（专家对阶段判断的结论汇总）。

（1）单个专家初步判断

本书设计和实现了专家判断系统，专家可以在该系统中注册并完善个人信息，也可以由系统管理员在系统中填写专家信息。专家拥有合法的系统账号之后，可以登录系统并且选定新兴技术大类和小类领域，进而开展产业发展阶段判断。专家判断系统的主界面设计如图5.5所示。

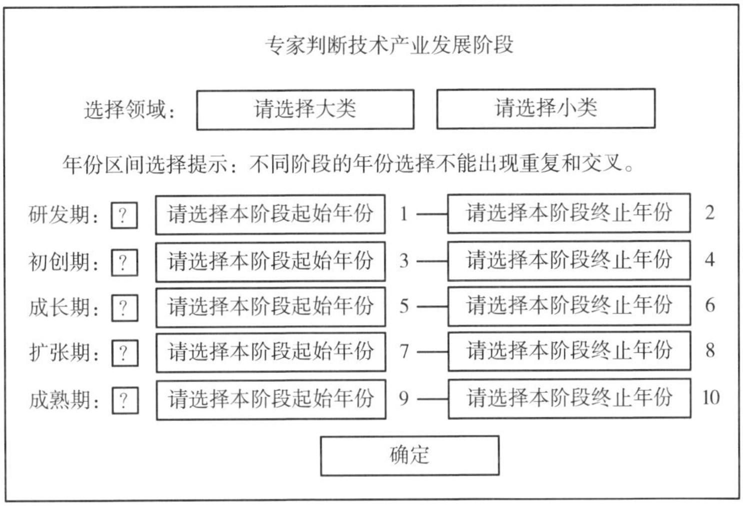

图5.5 新兴技术产业发展阶段的单个专家判断界面设计

注：提示专家选择的实线框设计成下拉组合框；点击“?”号实线框，系统将弹出对应阶段的说明；图中的1～10序号表示专家的选择顺序。

(2) 专家组判断结论集结

专家组判断结论的集结方法以本节界定的新兴产业发展阶段为标准，为便于计算机识别与处理，本书将新兴产业 5 个发展阶段对应赋值为 A、B、C、D 和 E，如表 5.6 所示。

表 5.6 新兴产业产业发展阶段专家判断结论集结的取值范围

阶段名称	研发	初创	成长	扩张	成熟
赋值	A	B	C	D	E
标识符号 *	■	▲	◆	●	★

注：* 在对测度结果进行可视化展示时，用表中符号标识产业的不同发展阶段。

每一细分领域的最终判断结论，依据专家群（5 人）判断结论的集中度作为计算标准，具体做法是：对所有专家对某年份的判断结果进行汇总计数，取最大计数值与专家数的比值，如果大于 50%，则为最终判断结论，进而标识该年份的产业发展阶段，如表 5.7 所示。

表 5.7 二级领域产业发展阶段的专家判断结果汇总样例（某年）

样例序号	专家 a	专家 b	专家 c	专家 d	专家 e	判断结论汇总
1	A	B	A	A	A	A
2	A	B	A	B	A	A
3	A	B	C	A	B	重新组织专家判断
4	A	B	C	D	E	重新组织专家判断

表 5.7 中样例 1 的专家判断集中度情况为：判断为 A 的专家人数与总体专家人数的占比为 4/5 = 0.8，大于 50%，表明该年该产业发展阶段为研发阶段；样例 2 的专家判断集中度情况为：判断为 A 的专家人数与总体专家人数的占比为 3/5 = 0.6，大于 50%，表明该年该产业发展阶段为研发阶段。

本书通过分析，也观察到了两类异常情况：样例 3 出现两个最大计数值为 2，但是与专家数的比值为 40%，小于 50%，为异常情况；样例 4 中出现 5 个专家给出的判断互不相同的结果，也为异常情况。出现上述异常情况，需要组织专家进行重新判断。不过此类情况发生的概率比较小，因为专家对所判断领域的发展都比较了解，判定的阶段结果跨度超过两个阶段的可能性不大。

在上述专家遴选、单个专家判断及专家组判断结论汇总的基础上，本书获得二级分类领域的产业发展阶段判断结论。

5.3.2 国家（地区）测度范围选择及信息提取方法

对于科学技术发展的测度，既需要测度世界范围内科学技术发展的整体情况，也需要监测新兴技术发展领先的国家（地区）的具体情况，这对于找准科学技术发展的优势国家（地区）及优势科学技术领域，能够起到极大的数据支撑作用。

全球两百多个国家（地区）在新兴技术科学发展和技术发展上参差不齐，本书以新兴技术科学发展和技术发展数量排名前30的国家（地区）为重点研究对象（统计年度范围内论文和专利数量TOP排名交集的前30名），其他国家（地区）不列入研究范围（见附表H）。

论文（专利）数据记录中是没有设立“国家（地区）”字段的，需要创建一个字段来存放从其他字段中析出的“国家（地区）”信息。

（1）论文“国家（地区）”信息的提取方法

论文数据的作者地址字段“C1”和通讯作者字段“RP”中的作者信息，含有作者姓名及其所在国家信息。本书首先分割字段“C1”和“RP”中的作者信息集合，再提取其中的“国家（地区）”信息，最后生成科学家与国家的关系表（分割程序与附表I类似）。该表数据也将在后续用于分析科学家的成果数量和被引频次等研究工作。具体标识某一篇论文的“国家（地区）”时，则以其第一通讯作者的“国家（地区）”来进行标识[通讯作者信息为空或不完整时，以第一作者的“国家（地区）”标识]。

（2）专利“国家（地区）”信息的提取方法

专利数据的“当前申请（专利权）人地址”字段和“当前第一申请（专利权）人地址”字段，含有申请人名称及其所在国家信息。本书一方面将当前第一申请（专利权）人的国籍标识为该专利的“国家（地区）”；

另一方面分割“当前申请（专利权）人地址”字段的申请人信息（分割程序与附表Ⅰ类似）。在上述基础上，建立申请人与“国家（地区）”的关系表，该表数据也将在后续用于分析申请人的成果数量和被引频次等研究工作。

5.3.3 科学技术发展与产业发展阶段关联测度方法

在新兴技术分类体系构建的基础上，科学技术发展与产业发展阶段之间关联测度的方法如下。

（1）科学技术发展热度

以年度论文（专利）数量的末级领域与一级分类领域总数的比值结果，表征该末级领域的论文（专利）在其一级分类领域总体集合中的相对聚集程度，比值越高说明研发的热度越高，研究人员的投入也越高。本书从核心论文（专利）数量的份额、论文（专利）后向引用数量份额和高被引论文（专利）数量份额三方面分析表征科学技术发展热度。该三类指标均属于同一类型的指标，本书基于熵权法对三类指标进行赋权，得到加权平均数表征科学技术发展热度。

（2）科学技术发展影响力

以年度论文（专利）被引频次的末级领域与一级分类领域总数的比值结果，表征该末级领域的论文（专利）在其一级分类领域总体集合中的相对影响力程度，比值越高说明论文（专利）成果的影响力越大。本书从核心论文（专利）五年内被引频次份额、高被引科学家（发明人）五年内高被引频次份额和科学家（申请人）五年内高被引频次份额三方面分析表征科学技术发展影响力。该三类指标均属于同一类型的指标，本书基于熵权法对三类指标进行赋权，得到加权平均数表征科学技术发展影响力。

（3）科学技术发展热度（影响力）与产业发展关联

基于科学技术发展热度（影响力）的统计数据，构建二维坐标系，横坐标为年份，纵坐标为热度（影响力）的数值，并且将专家对产业发展阶段的判断结论附加为热度（影响力）坐标点的图标，形成科学技术发展热度（影响力）与产业发展关联。科学技术发展热度（影响力）与产业发展关联监测结果信息的可视化展示方式如图 5.6 所示。

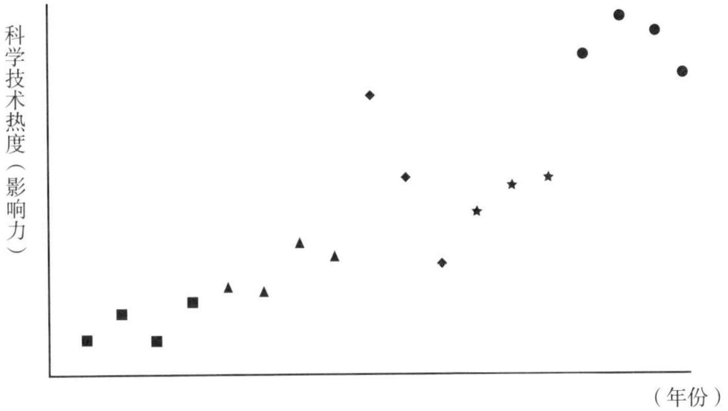

图 5.6 科学技术发展热度（影响力）与产业发展阶段关联监测的可视化设计

注：图中■、▲、◆、●、★分别标识不同的产业发展阶段，具体解释见表 5.6；本图为设计图样，所以图中坐标轴的刻度无法具体表示。

从图 5.6 中可以看出：其一，从单一年份上看，能够反映该年份科学技术发展热度（影响力）的相对聚集程度，以及科技资源在该技术领域的投入和布局情况；其二，从监测的时间序列上讲，能够反映科学技术发展热度（影响力）的相对聚集程度，以及科技资源在该二级分类领域的投入和布局的变化情况及发展趋势；其三，从监测的国家（地区）上看，能够反映选定国家（地区）科学技术发展热度（影响力）的相对聚集程度，及其在该二级领域的投入和布局的变化情况及发展趋势，也可以对选定的若干国家（地区）进行对比分析；其四，在二维坐标系中产业发展阶段的分布信息关联科学技术发展热度（影响力）数据信息，可以揭示二级分类领域的发展阶段及趋势。

5.3.4 科学技术聚类发展与产业发展关联测度方法

科学技术发展热度（影响力）及产业发展阶段数据存在共同属性——年份，因此本书以发表（公开）年份为关联变量，分析科学技术聚类发展关联关系，具体思路如下。

① 构建二维坐标。以科学发展热度（影响力）为横坐标，以技术发展热度（影响力）为纵坐标，科学发展热度（影响力）和技术发展热度（影响力）就是聚类的分析变量；以科学发展热度（影响力）和技术发展热度（影响力）的平均值为横坐标轴与纵坐标轴的交叉点，将二维坐标轴分为四个象限。

② 不同年份的科学发展热度（影响力）和技术发展热度（影响力）以散点的形式分布在二维坐标图的不同象限；散点之间具有一定的可比性，可在二维坐标系中选择时间连续和距离相近的年份散点进行比较分析。

③ 基于年份的关联关系，本书将专家对产业发展阶段的判断结论附加为热度（影响力）坐标点的图标，形成科学技术发展热度（影响力）与产业发展关联。

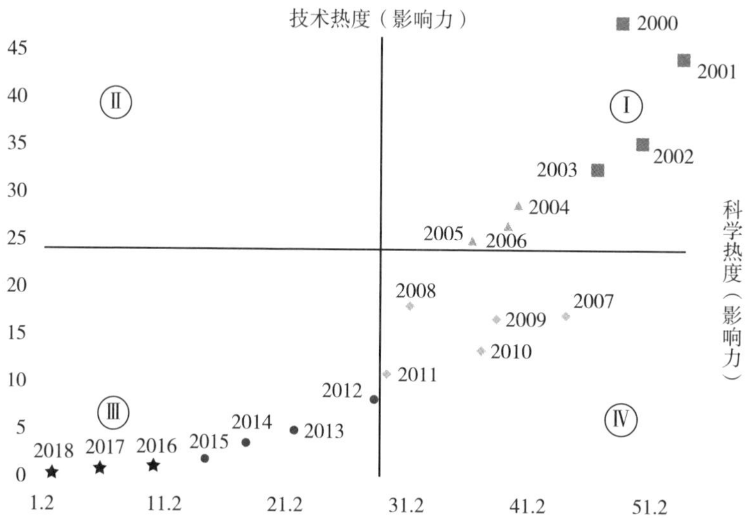

图 5.7　2000～2018 年科学技术发展热度（影响力）聚类与产业发展阶段关联监测的可视化设计

注：图中■、▲、◆、●、★分别标识不同的产业发展阶段，具体解释见表 5.6。

科学发展与技术发展不同的聚类关联关系分布于四个象限，不同象限表现出的特征信息也不同。

第一象限：科学发展热度（影响力）强和技术发展热度（影响力）强。在第一象限中，二级领域科学发展热度（影响力）和技术发展热度（影响力）的年份散点呈不规则分布，但均表现为发展强势。

第二象限：科学发展热度（影响力）弱和技术发展热度（影响力）强。在第二象限中，二级领域科学发展热度（影响力）和技术发展热度（影响力）的年份散点呈不规则分布，表现为科学发展热度（影响力）发展弱势、技术发展热度（影响力）发展强势。

第三象限：科学发展热度（影响力）弱和技术发展热度（影响力）弱。在第三象限中，二级领域科学发展热度（影响力）和技术发展热度（影响力）的年份散点呈不规则分布，表现为科学发展热度（影响力）发展弱势、技术发展热度（影响力）发展弱势。

第四象限：科学发展热度（影响力）强和技术发展热度（影响力）弱。在第四象限中，二级领域科学发展热度（影响力）和技术发展热度（影响力）的年份散点呈不规则分布，表现为科学发展热度（影响力）发展强势、技术发展热度（影响力）发展弱势。

5.4　新兴技术领域科学技术与产业关联发展状态测度模型构建

基于上述科学技术与产业发展关联测度方法，本书构建新兴技术领域科学技术与产业发展关联测度模型。

5.4.1　基本变量及函数定义

测度模型依赖于五个基本变量——国家（地区）、年度、一级分类、末级分类和末级分类领域产业发展阶段，本书对五个基本变量的定义如下。

① $c(c=0,1,2,\cdots,30)$ 对应被监测国家（地区）（country）的序号，其中 $c=0$ 表示不区分国家（地区），即统计本地数据库中所有国家（地

区）（附表 H）。

② $a(a=2001,2002,\cdots,2020)$ 表示监测年度（annual）。

③ $i(i=1,2,3)$ 表示一级分类领域，$i_{max}=3$，即以一级分类数的最大值 3 为边界（1：3D 打印技术；2：集成电路制造技术；3：人工智能技术）。

④ $j(j=1,2,\cdots,m)$ 表示末级分类领域，$j_{max}=m=12$，即以三个一级分类领域中末级分类数最大值 12 为边界（见附表 D、附表 E）。

⑤ $S_{ij}(s\in\{A,B,C,D,E\})$ 表示一级分类领域 i 的末级分类领域 j 的产业发展阶段（Stage）判断结论（见附表 L）。

⑥ $o(o\in\{s,t\})$ 表示科学技术成果的类型，s 表示科学论文（science paper），t 表示技术专利（technology patent）。在后续模型设计中以变量 o 统称科学论文 s 和技术专利 t。

⑦ $w_k^o\in[0,1](k=1,2,\cdots,6;o\in\{s,t\})$ 表示科学技术发展热度或影响力指标中第 k 项指标权重，其中 $\sum_1^3 w_k^o=1,\sum_4^6 w_k^o=1$。

后续的测度公式中，上述变量的约束性定义不再重复。

本书还涉及以下两类函数的定义。

① 监测科学技术与产业发展阶段关联关系时，热度监测函数为 $fh(x,y_1,y_2)$（function of hotdegree），影响力监测函数为 $fi(x,y_1,y_2)$（function of influence），x 为横坐标，标识监测年度；y_1 为纵坐标第一个属性，标识科学技术发展热度（影响力）；y_2 为纵坐标第二个属性，标识产业发展阶段的值的图标符号（见表 5.6），即 $y_2=S_{ij}$。

② 监测科学技术聚类与产业发展阶段关联关系时，热度聚类监测函数为 $fhc(x,y_1,y_2,y_3)$（function of hotdegree clustering），影响力聚类监测函数为 $fic(x,y_1,y_2,y_3)$（function of influence clustering），x 为横坐标，标识科学发展热度（影响力）；y_1 为纵坐标第一个属性，标识技术发展热度（影响力）；y_2 为纵坐标第二个属性，标识产业发展阶段的值对应的图标符号，即 $y_2=S_{ij}$；y_3 为纵坐标第三个属性，标识年份。

5.4.2 科学技术发展热度与产业发展关联测度模型构建

本书对科学技术发展热度与产业关联测度的函数公式定义如下。

$$fh(x,y_1,y_2)=\begin{cases}x=a\\ y_1=HA(a,c,i,j,o)\\ y_2=s_{ij}\end{cases}$$

$$=w_1^o\frac{CAS_{acijo}}{AR_{aio}}+w_2^o\frac{BCCS_{acijo}}{BCCR_{aio}}+w_3^o\frac{HCCS_{acijo}}{HCCR_{aio}} \tag{5.8}$$

其中：

① $HA(a,c,i,j,o)$ 表示年份 a 国家（地区）c 一级分类 i 末级分类领域 j 科技成果 o 的热度值（hot-degree of S&T achievement，HA），$o\in\{s,\ t\}$。

② CAS_{acijo}表示年份 a 国家（地区）c 一级分类 i 末级分类领域 j 科技成果 o 的发表（公开）数量（counts of S&T achievement in subfield）。AR_{aio}表示年份 a 一级分类 i 科技成果 o 的发表（公开）数量（counts of S&T achievement in rootfield），等价于 $\sum_{j=1}^{m}CAS_{acijo}$。需要进一步说明的是，本书中此项占比份额的分母没有采用该国（地区）在一级领域的数量值，而是采用一级领域的数量值作为分母，从而使得不同末级领域之间具有对比的可行性。本书对下述类似变量的选取也有相同的考虑，因此不再赘述。

③ $BCCS_{acijo}$表示年份 a 国家（地区）c 一级分类 i 末级分类领域 j 科技成果 o 的后引核心论文（专利）数量（backward citation counts of S&T achievement in subfield）；$BCCR_{aio}$表示年份 a 一级分类 i 科技成果 o 的后引论文（专利）数量（backward citation counts of S&T achievement in rootfield）。

④ $HCCS_{acijo}$表示年份 a 国家（地区）c 一级分类 i 末级分类领域 j 高被引科技成果 o 数量（high cited counts of S&T achievement in subfield）；$HCCR_{aio}$表示年份 a 一级分类 i 高被引科技成果 o 数量（high cited counts of S&T achievement in rootfield）。

⑤ w_1^o，w_2^o，w_3^o 为运用熵权法计算出的三类指标权重。

5.4.3 科学技术发展影响力与产业发展关联测度模型构建

本书对科学技术发展影响力与产业发展关联测度的函数公式定义如下。

$$fi(x,y_1,y_2)=\begin{cases}x=a\\y_1=IA(a,c,i,j,o)\\y_2=s_{ij}\end{cases}$$

$$=w_4^o\frac{CFAFS_{acijo}}{CFAFR_{aio}}+w_5^o\frac{FCFS_{acijo}}{FCFR_{aio}}+w_6^o\frac{HCFS_{acijo}}{HCFR_{aio}} \qquad (5.9)$$

其中：

① $IA(a,c,i,j,o)$ 表示年份 a 国家（地区）c 一级分类 i 末级分类领域 j 科技成果 o 的影响力值（influence of S&T achievement，IA），$o\in\{s,t\}$。

② $CFAFS_{acijo}$ 表示年份 a 国家（地区）c 一级分类 i 末级分类领域 j 科技成果 o 的五年内被引频次（cited frequency of S&T achievement in subfield in recent five years）。$CFAFR_{aio}$ 表示年份 a 一级分类 i 科技成果 o 的五年内被引频次（cited frequency of S&T achievement in rootfield in recent five Years），等价于 $\sum_{j=1}^{m}CFAFS_{acijo}$。

③ $FCFS_{acijo}$ 表示年份 a 国家（地区）c 一级分类 i 末级分类领域 j 施引科技成果五年内被引频次（forward cited frequency of S&T achievement in subfield in recent five years）；$FCFR_{aio}$ 表示年份 a 一级分类 i 施引科技成果五年内被引频次（forward cited frequency of S&T achievement in rootfield in recent five years）。

④ $HCFS_{acijo}$ 表示年份 a 国家（地区）c 一级分类 i 末级分类领域 j 高被引对象（科学家或申请人）五年内被引频次（high cited frequency of object in subfield in recent five years）；$HCFR_{aio}$ 表示年份 a 一级分类 i 高被引对象（科学家或申请人）五年内被引频次（high cited frequency of object in subfield in recent five years）。

⑤ w_4^o, w_5^o, w_6^o 为运用熵权法计算出的三类指标权重。

5.4.4　科学技术聚类与产业发展关联测度模型构建

(1) 科学技术发展热度聚类与产业发展关联测度模型

令 x、y 分别为二维坐标系的横轴和纵轴，则科学技术发展热度聚类与产业发展关联测度公式定义如下。

$$fhc(x, y_1, y_2) = \begin{cases} x = HA(a, c, i, j, s) \\ y_1 = HA(a, c, i, j, t) \\ x_{cross} = \dfrac{1}{m}\sum_{j=1}^{m} HA(a, c, i, j, s) \\ y_{1cross} = \dfrac{1}{m}\sum_{j=1}^{m} HA(a, c, i, j, t) \\ y_2 = s_{ij} \end{cases} \tag{5.10}$$

其中，x 为横坐标，表示科学发展热度，x_{cross} 为历年科学发展热度的平均值；y_1 为纵坐标第一个属性，表示技术发展热度，y_{1cross} 为历年技术发展热度的平均值；（x_{cross}，y_{1cross}）为坐标系中横轴 x 和纵轴 y 的交叉点；y_2 为纵坐标第二个属性，表示产业发展阶段的值与图标符号（见表 5.6）。

(2) 科学技术发展影响力聚类与产业发展关联测度

令 x、y 分别为二维坐标系的横轴和纵轴，则科学技术发展影响力聚类与产业发展关联测度公式定义如下。

$$fic(x, y_1, y_2) = \begin{cases} x = IA(a, c, i, j, s) \\ y_1 = IA(a, c, i, j, t) \\ x_{cross} = \dfrac{1}{m}\sum_{j=1}^{m} IA(a, c, i, j, s) \\ y_{1cross} = \dfrac{1}{m}\sum_{j=1}^{m} IA(a, c, i, j, t) \\ y_2 = s_{ij} \end{cases} \tag{5.11}$$

其中，x 为横坐标，标识科学发展影响力，x_{cross} 为历年科学发展影响力的平均值；y_1 为纵坐标第一个属性，标识技术发展影响力值，y_{1cross} 为历年技术发展影响力的平均值；（x_{cross}，y_{1cross}）为坐标系中横轴 x 和纵轴 y 的交叉点；y_2 为纵坐标第二个属性，标识产业发展阶段的值与图标符号（见表5.6）。

5.5 新兴技术领域科学技术与产业关联发展状态测度实证分析

5.5.1 实证分析基础

（1）数据处理及本地数据库构建

本章数据来源有两类：一是 WOS 论文数据库，该数据库是目前开展科学前沿计量分析的主要来源；二是智慧芽专利数据库（以下简称智慧芽数据库）。相较其他专利数据库而言，智慧芽数据库的数据字段更加丰富和完整，包含三年内被引用次数、五年内被引用次数、简单法律状态等其他数据库没有的特征字段。另外，该数据库将专利数据按 PatSnap 同族（简单同族）进行分组，因而本书分析专利数据的计量单位是“组”，而不是“件”。

本书执行 MS SQL Server 软件对数据变化进行监测分析，很好地把握了数据分析时哪些数据记录被利用、哪些数据记录没有被利用及具体原因等等。在下载的数据中，专利发明人（论文作者）与专利申请人（论文所属机构）的特征值中，以英文分号将个体之间相互分开。基于 MS SQL Server 软件环境，本书设计了分割程序（见附表 I），最终形成单一专利发明人（论文作者）、专利申请人（论文所属机构）、引用论文（专利）和被引论文（专利）的统计数据表，便于统计分析。

本章数据处理过程如图 5.8 所示。

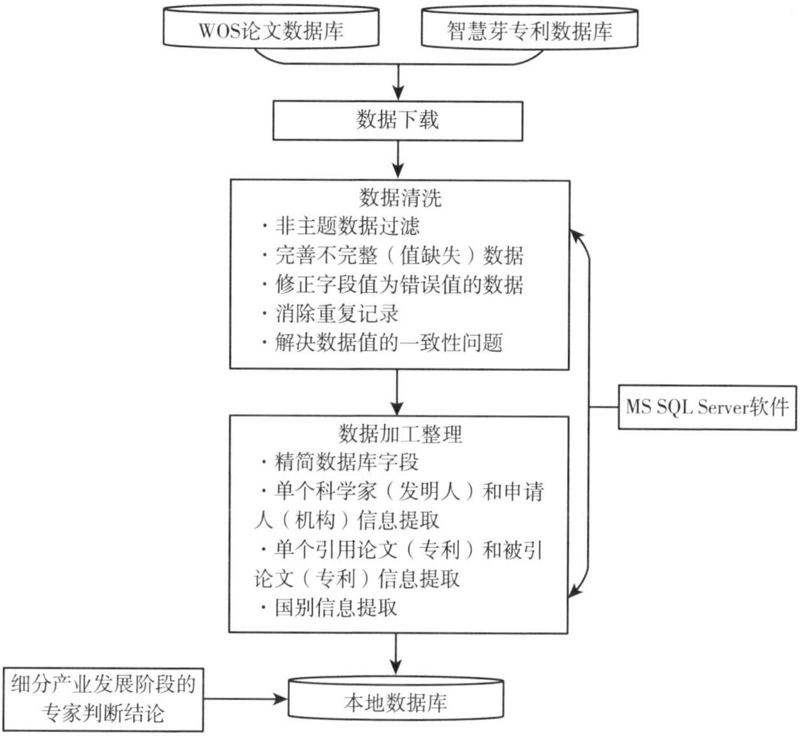

图 5.8　数据处理及本地数据库构建

（2）实证典型细分领域选择及产业发展阶段判断

本书从 12 个末级领域中选择有代表性的、产业发展到扩张阶段的烧结技术进行实证应用分析，即式（5.8）~式（5.11）中对应的参数设置为 $i=1$，$j=2$，也表明 3D 打印技术是烧结技术的一级分类。

目前，美国在许多科学技术领域占有领先优势，且该优势将在未来保持相当长时间，因此本书选择以美国为例。本书将开展国家（美国）与全球的发展状况比较分析，这与国家之间的比较分析方法类似，因而本书不再以其他国家（地区）为例开展国家之间的比较分析。

基于上述数据处理工作，本书最终形成烧结技术领域 14519 篇论文和 12662 组（36981 件）发明专利数据（包含申请及授权），数据检索的时间范围选择为 1981 年 1 月 1 日至 2020 年 12 月 31 日。检索获得的数据情况如图 5.9 所示。

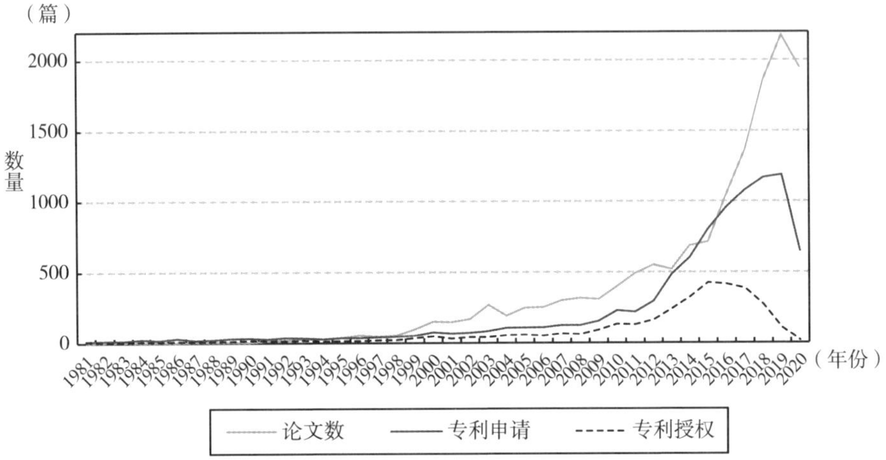

图 5.9 烧结技术领域论文发表和专利申请及授权情况（1981～2020 年）

从图 5.9 中可以看出，烧结技术领域论文及专利的产出情况从 2001 年以后才比较显著，因而，本章分析数据的时间范围为 2000 年 1 月 1 日至 2020 年 12 月 31 日，此为本章在展示数据分析结果时的默认时间范围，下面不再明确重复说明及标出。

基于前述新兴产业发展阶段的界定标准及判断方法，本书获得专家组对 3D 打印技术领域 12 个末级领域产业发展阶段的判断结论（见附表 L）。基于专家组判断结论可知，现阶段 3D 打印技术的 12 个二级分类领域对应的产业发展阶段均没有达到成熟阶段，其中 2 个末级领域发展到成长阶段，其余 10 个末级领域均发展到扩张阶段。烧结技术领域产业各年份发展阶段专家组的判断结论如表 5.8 所示。

表 5.8 烧结技术领域产业各年份发展阶段专家组的判断结论

阶段名称	研发	初创	成长	扩张	成熟
年份范围	2000～2003	2004～2008	2009～2013	2014～2020	—

（3）科学技术发展评价指标权重确定

通过对检索数据的计算处理，本书得到各评价指标数据（见附表 P），进而分别从科学发展热度、科学发展影响力、技术发展热度和技术发展影响力四个方面采用熵权法进行权重确定。基于 Matlab 软件，本书求解出各指标权重如表 5.9 ~ 表 5.12 所示。

表 5.9　　烧结技术领域科学发展热度评价指标权重

指标名称	熵值	差异指数	权重
核心论文数量份额（S1）	0.978	0.022	0.632
论文后向引用数量份额（S2）	0.994	0.006	0.183
论文近三年高被引数量份额（S3）	0.994	0.006	0.186

表 5.10　　烧结技术领域科学发展影响力评价指标权重

指标名称	熵值	差异指数	权重
核心论文五年内被引频次份额（S4）	0.978	0.022	0.486
核心论文的施引论文五年内被引频次份额（S5）	0.994	0.006	0.136
科学家五年内高被引频次份额（S6）	0.983	0.017	0.377

表 5.11　　烧结技术领域技术发展热度评价指标权重

指标名称	熵值	差异指数	权重
核心专利数量份额（T1）	0.947	0.053	0.454
专利后向引用数量份额（T2）	0.967	0.033	0.279
专利近三年高被引数量份额（T3）	0.969	0.031	0.267

表 5.12　　烧结技术领域技术发展影响力评价指标权重

指标名称	熵值	差异指数	权重
核心专利五年内被引频次份额（T4）	0.960	0.040	0.413
核心专利的施引专利五年内被引频次份额（T5）	0.967	0.033	0.348
申请人五年内高被引频次份额（T6）	0.977	0.023	0.240

从指标权重计算结果中可看出，核心论文（专利）的数量份额和五年内被引频次份额占比较重要的位置；虽然科学技术发展热度和影响力的评价指标设置的出发点相同，但权重的计算结果存在很大不同，不具备权重归并的条件。指标权重的计算结果也回应了前述选择熵权法开展指标权重确定的出发点，如果选择专家主观确权法，则会将科学发展热度指标与技术发展热度指标界定为相同权重，与本书实际计算结果存在比较大的差异。

（4）科学技术发展指数的计算

基于上述科学技术发展热度（影响力）指标和权重的计算结果，经过指标加权计算后得到烧结技术领域科学技术发展的四类指数测度值（所有国家和地区），如表5.13所示。

表5.13　2000～2020年烧结技术领域科学技术发展指数的测度值（所有国家和地区）

年份	科学发展热度指数	技术发展热度指数	科学发展影响力指数	技术发展影响力指数
2000	0.290	0.226	0.254	0.198
2001	0.300	0.224	0.237	0.236
2002	0.275	0.178	0.161	0.226
2003	0.325	0.240	0.151	0.202
2004	0.311	0.212	0.203	0.300
2005	0.305	0.161	0.202	0.325
2006	0.363	0.229	0.203	0.254
2007	0.350	0.256	0.176	0.237
2008	0.345	0.246	0.245	0.304
2009	0.344	0.254	0.229	0.433
2010	0.353	0.268	0.258	0.467
2011	0.324	0.308	0.304	0.301
2012	0.354	0.289	0.308	0.319
2013	0.335	0.321	0.288	0.345
2014	0.293	0.267	0.219	0.370
2015	0.257	0.287	0.181	0.372
2016	0.235	0.312	0.170	0.323
2017	0.225	0.380	0.170	0.268
2018	0.221	0.316	0.244	0.181
2019	0.245	0.303	0.234	0.137
2020	0.200	0.201	—	—

注：2020年的科学技术发展影响力指数为空，因为该年数据很少。

5.5.2 科学发展热度（影响力）与产业发展关联测度

5.5.2.1 科学发展热度与产业发展关联测度

(1) 全球科学发展热度与产业发展关联测度

令式（5.8）中 $c=0$，$i=1$，$j=2$，$o=s$，测度烧结技术领域所有国家（地区）（$c=0$）的科学发展热度与产业发展关联情况，测度结果如图 5.10 所示。

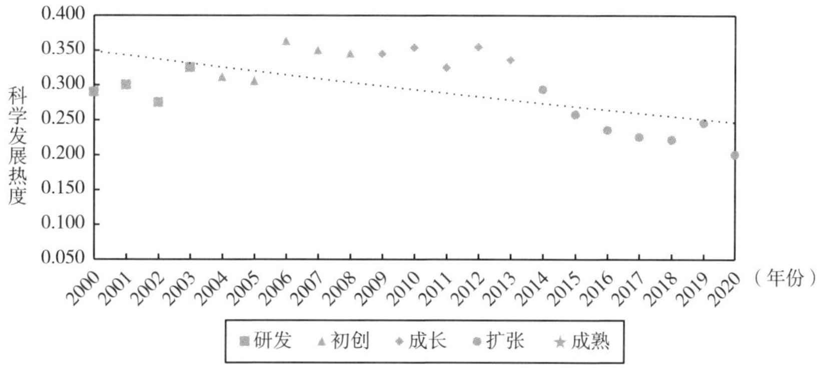

图 5.10 2000～2020 年烧结技术领域科学发展热度与产业发展阶段关联趋势测度(全球)

图 5.10 中的测度信息显示，2000～2003 年烧结技术领域的科学发展热度在研发阶段处于平稳上升期，在科学发展历程上该阶段不是该领域科学研究的开始时期；2004～2013 年为初创阶段和成长阶段，仅有小幅波动但总体平稳；2014～2020 年为扩张阶段，呈下降发展趋势。总体看，该领域科学热度发展为下行趋势，从 2012 年起逐步下降，即烧结技术在 3D 打印技术领域中的科学研究热度呈现逐步下降趋势。

(2) 国家（地区）科学发展热度与产业发展关联测度

令式（5.8）中 $c=30$，$i=1$，$j=2$，$o=s$，测度美国在烧结技术领域的科学发展热度与产业发展关联情况，如图 5.11 所示。

图 5.11 中的测度结果显示，2000～2003 年美国烧结技术领域的科学研究热度在研发阶段呈下降趋势，从 2000 年的最高点逐步下降；美国在该

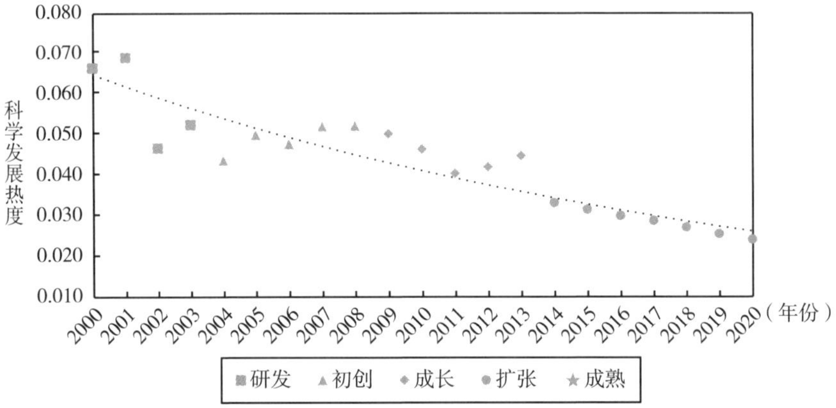

图 5.11　2000～2020 年烧结技术领域科学发展热度与产业发展阶段关联趋势（美国）

领域的科学研究不是始于本阶段，但对比全球科学发展热度的平稳趋势，美国在本阶段没有起到主导作用。2004～2008 年，美国该领域科学发展热度在初创阶段呈上升发展趋势，与全球科学发展热度趋势相同。2009～2018 年，美国该领域科学发展热度在成长阶段和扩张阶段均呈下降走势。与图 5.10 相对比后可以发现，美国的科学发展热度趋势与全球趋势基本一致，但美国的下降速率要更大一些，说明在烧结技术领域科学发展热度方面美国起引领作用的同时，其他国家的发展热度可能呈上升或平稳趋势，使得全球相较美国而言在该领域科学发展热度的下降速率较小。

5.5.2.2　科学发展影响力与产业发展阶段关联趋势测度

（1）全球科学发展影响力与产业发展关联测度

令式（5.9）中 $c=0$，$i=1$，$j=2$，$o=s$，测度烧结技术领域所有国家（地区）的科学发展影响力与产业发展关联情况，如图 5.12 所示。

图 5.12 中的测度信息显示，从全球来看，2000～2003 年烧结技术领域的科学研究影响力在研发阶段呈现下降的趋势；2004～2008 年该领域经过初创阶段，总体发展趋势平稳而略有上升；2009～2013 年的成长阶段出现急速下降后又急速上升，说明本阶段可能出现了有重要影响力的技术替代与转换；2014～2019 年的扩张阶段中间出现小幅波动但总体发展趋势平

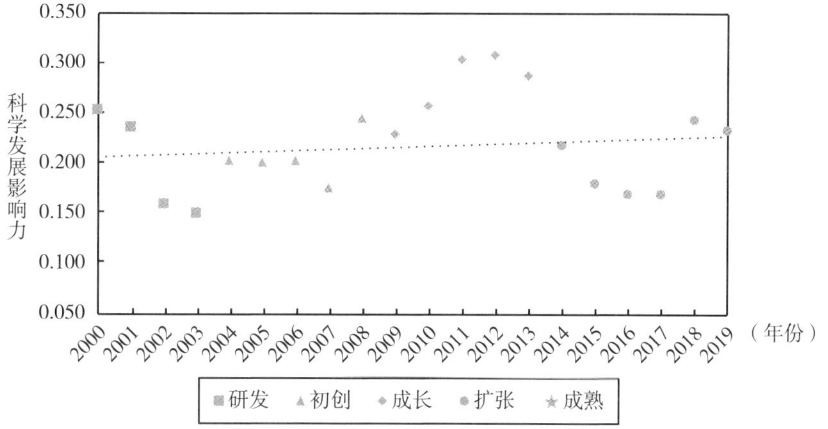

图 5.12　2000～2019 年烧结技术领域科学发展影响力与产业发展阶段关联趋势测度（全球）

稳。总体来看，全球范围内，烧结技术领域的总体科学发展影响力呈平稳上升趋势。另外，由于近期的研究成果被引用信息没有及时发表出来（审稿周期），引用份额值比较低，也存在研究成果的数量增长比较多，引用率被平均数拉低的情况。因此，在利用本模型的分析结论时，同时也需要利用上述科学发展热度、总体发表数量等指标，进行综合判断。

（2）国家（地区）科学发展影响力与产业发展关联测度

令式（5.9）中 $c=30$，$i=1$，$j=2$，$o=s$，测度美国在烧结技术领域的科学发展影响力与产业发展关联情况，如图 5.13 所示。

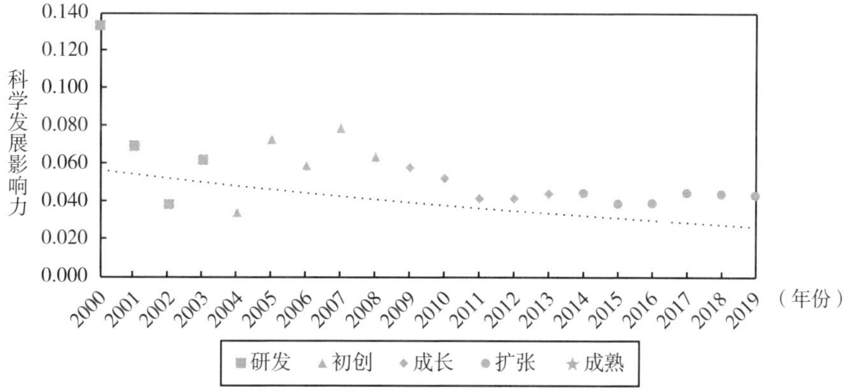

图 5.13　2000～2019 年烧结技术领域科学发展影响力与产业发展阶段关联趋势（美国）

图 5.13 中的测度结果显示，美国在烧结技术领域的影响力呈现减缓下降的趋势，与该领域全球的发展趋势有所不同。监测结果也表明：一方面，全球该领域的科学发展趋势是多个国家参与拟合的结果，美国科学发展影响力逐渐下降，意味着另有其他国家的科学发展影响力起到重要的拉升作用，最终使得全球科学发展影响力呈现平稳上升的趋势。结合科学论文的发表情况来看，起作用的国家可能就是中国。另一方面，科学发展影响力与产业发展阶段关联趋势测度需要结合全球趋势和国家（地区）趋势，进行对比分析，才能更加清晰地掌握更深层次的信息内涵。

5.5.3 技术发展热度（影响力）与产业发展阶段关联测度

5.5.3.1 技术发展热度与产业发展阶段关联测度

(1) 全球技术发展热度与产业发展阶段关联测度

令式（5.8）中 $c=0$，$i=1$，$j=2$，$o=t$，测度烧结技术领域所有国家（地区）的技术发展热度与产业发展关联情况，如图 5.14 所示。

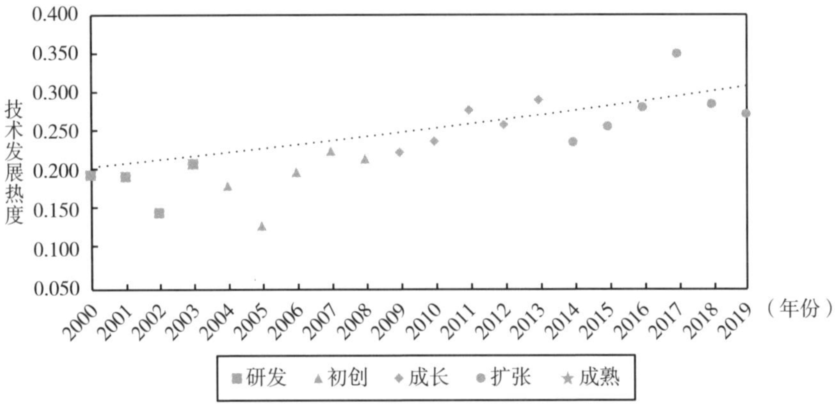

图 5.14 2000～2019 年烧结技术领域技术发展热度与产业发展阶段关联趋势（全球）

图 5.14 中的测度结果显示，全球范围内，2000～2019 年烧结技术领域的技术发展总体上呈现平稳上升趋势，但在扩张阶段（当前统计数据）的中后期则呈现下降趋势。之所以出现扩张阶段技术发展热度上升后又下

降的波动情况，可能是由于3D打印技术领域出现了其他研发热点，另外也需要分析烧结技术领域在此期间是否受到技术“瓶颈”制约。

（2）国家（地区）技术发展热度与产业发展阶段关联测度

令式（5.8）中 $c=0$，$i=1$，$j=2$，$o=t$，测度美国在烧结技术领域的技术发展热度与产业发展关联情况，如图5.15所示。

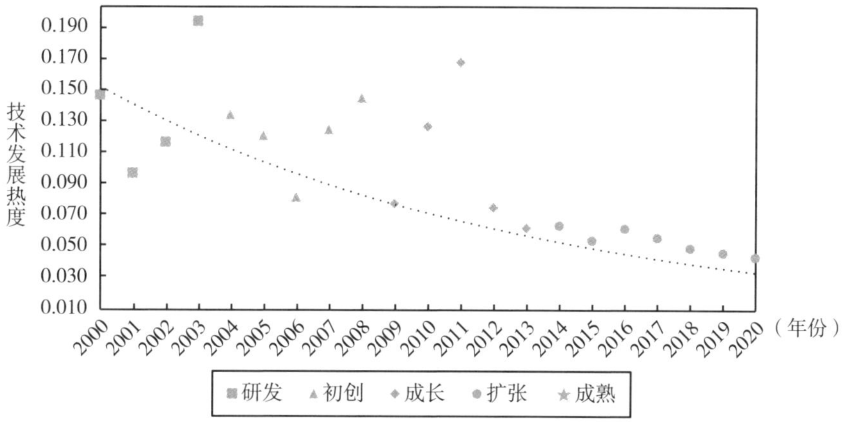

图5.15 2000～2020年烧结技术领域技术发展热度与产业发展阶段关联趋势(美国)

图5.15中的测度结果显示，2000～2020年美国烧结技术领域的技术发展热度在研发阶段、初创阶段、成长阶段和扩张阶段总体上呈现下降趋势，与全球发展趋势有所不同，表明随着时代发展，美国在该领域技术研发的要素投入与产出持续减弱。2000～2011年美国烧结技术领域的技术发展热度在研发阶段、初创阶段、成长阶段呈现较大幅度的波动，表明该期间的研发热点可能出现动态转换，或技术研发的要素投入随外部因素影响而产生变动。

5.5.3.2 技术发展影响力与产业发展阶段关联测度

（1）全球技术发展影响力与产业发展阶段关联测度

令式（5.9）中 $c=0$，$i=1$，$j=2$，$o=t$，测度烧结技术领域所有国家（地区）的技术发展影响力与产业发展关联情况，如图5.16所示。

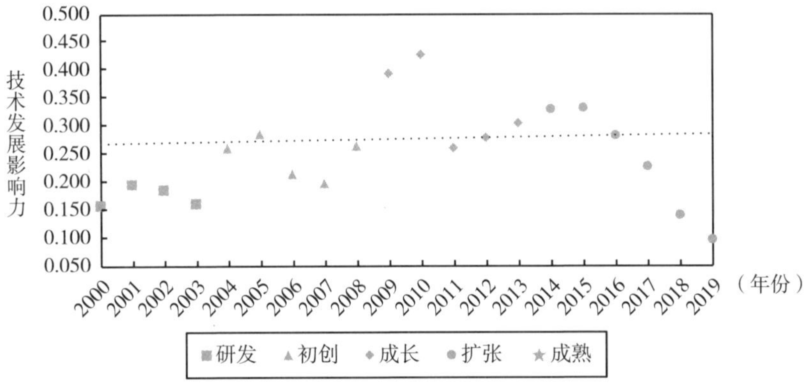

图 5.16 2000～2019 年烧结技术领域技术发展影响力与产业发展阶段关联趋势(全球)

图 5.16 中的测度信息显示，全球范围内，2000～2016 年烧结技术领域的技术发展影响力总体上呈现平稳发展的趋势，该领域起作用的技术发明出现在 2009～2010 年，影响力达到最高点。另外，本书统计的是近五年内被引频次，所以存在 2020～2021 年专利在审而未公开（审查周期）的情况。从被引频次的统计年份来看，2017～2019 年专利被引频次统计年份较少，因为专利的审查周期一般比较长，所以对于 2017～2019 年技术发展影响力呈现的下降趋势要作客观分析。综上，在利用本模型的分析结论时，同时也需要利用上述技术发展热度、总体公开专利数量等指标，进行综合判断。

(2) 国家（地区）技术发展影响力与产业发展阶段关联测度

令式（5.9）中 $c=30$，$i=1$，$j=2$，$o=t$，测度本地数据库中烧结技术领域美国的技术发展影响力与产业发展关联情况，如图 5.17 所示。

图 5.17 中的测度结果显示，2001～2018 年美国烧结技术领域技术发展影响力总体上呈现平稳发展的趋势，与全球发展趋势基本相同；2009 年以后美国该领域的发展趋势主导着全球发展方向，全球该领域的发展趋势是以美国为主动力、其他国家参与拟合的结果。因此，在利用本模型的分析结论时，同时也需要利用上述技术发展影响力（全球）、该国的专利公开数量等指标进行综合判断。

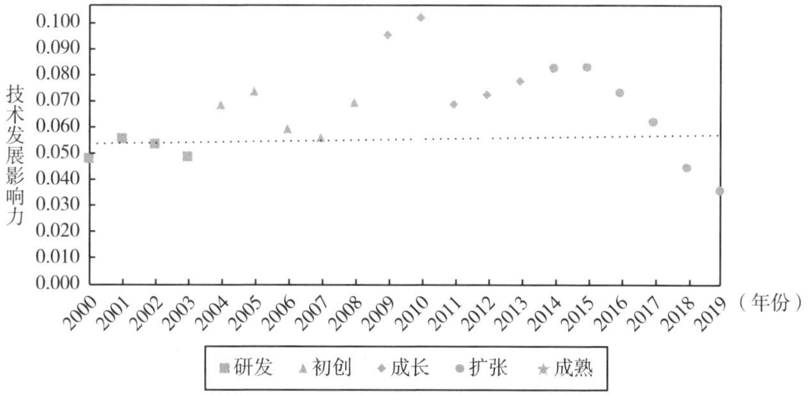

图 5.17 2000～2019 年烧结技术领域技术发展影响力与产业发展阶段关联趋势(美国)

5.5.4 科学技术发展聚类与产业发展关联测度

5.5.4.1 科学技术发展热度聚类与产业发展关联测度

(1) 全球科学技术发展热度聚类与产业发展关联测度

令式（5.10）中 $c=0$，$i=1$，$j=2$，基于科学发展热度、技术发展热度和产业发展阶段测度值，测度烧结技术领域所有国家（地区）的科学技术发展热度聚类与产业发展关联情况，如图 5.18 所示。

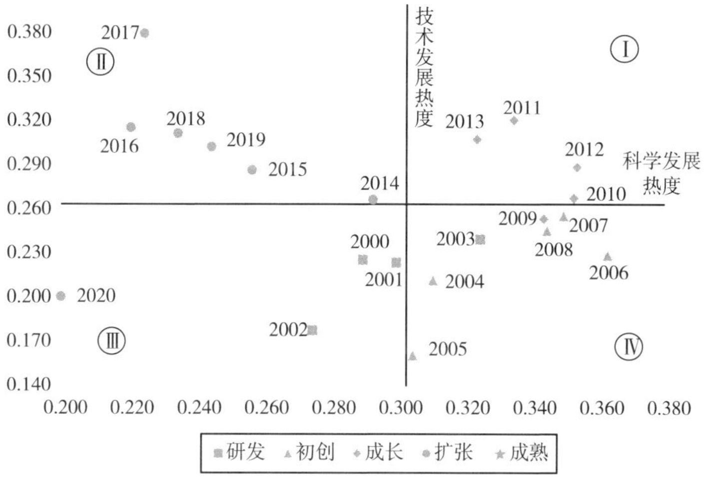

图 5.18 烧结技术领域科学技术发展热度聚类与产业发展关联测度（全球）

从图 5.18 中可以看出如下信息。

① 处于第一象限的科学发展热度强和技术发展热度强的年份包括 2010～2013 年，产业发展阶段包含于成长阶段之中；处于第二象限的科学发展热度弱和技术发展热度强的年份包括 2014～2019 年，产业发展阶段包含于扩张阶段之中；处于第三象限的科学发展热度弱和技术发展热度弱的年份包括 2000～2002 年及 2005 年和 2020 年，产业发展阶段主要包括研发阶段；处于第四象限的科学发展热度强和技术发展热度弱的年份包括 2003～2009 年，产业发展阶段包括初创阶段。

② 产业早期的研发和初创阶段，科技资源在科学研究方面投入相对较多，呈现科学发展强且技术发展弱的现象；迈入成长阶段后，科学发展和技术发展趋于均衡；扩张阶段除 2020 年外其他年份均落在第二象限，从 2014～2019 年的趋势来看，产业发展注重技术向产业的直接转移转化；2020 年处于科学发展和技术发展的转换期，3D 打印技术其他子领域出现了更多的成果。

（2）国家（地区）科学技术发展热度与产业发展聚类关联测度

对于科学技术聚类关联关系的测度，一方面需要测度世界范围内科学发展与技术发展的整体聚类关联情况；另一方面也需要针对 3D 打印技术领先的国家（地区）的聚类关联情况，对于研究科学发展与技术发展均衡性较强国家（地区）的发展途径而言，可以获得比较有效的数据支撑。对于均衡性差异较大的国家（地区），则可以用于分析存在差异的原因。

令式（5.10）中 $c=30$，$i=1$，$j=2$，基于前述科学发展热度、技术发展热度和产业发展阶段的测度值，测度烧结技术领域美国科学发展热度与技术发展热度聚类关联情况，如图 5.19 所示。

从图 5.19 中可以得到如下信息。

① 处于第一象限的科学发展热度强和技术发展热度强的年份包括 2000～2010 年，产业发展阶段包括研发、初创和成长阶段；科学发展热度弱和技术发展热度强的第二象限仅包括 2011 年，但贴近于第一象限，产业发展阶段为成长阶段；处于第三象限的科学发展热度弱和技术发展热度弱

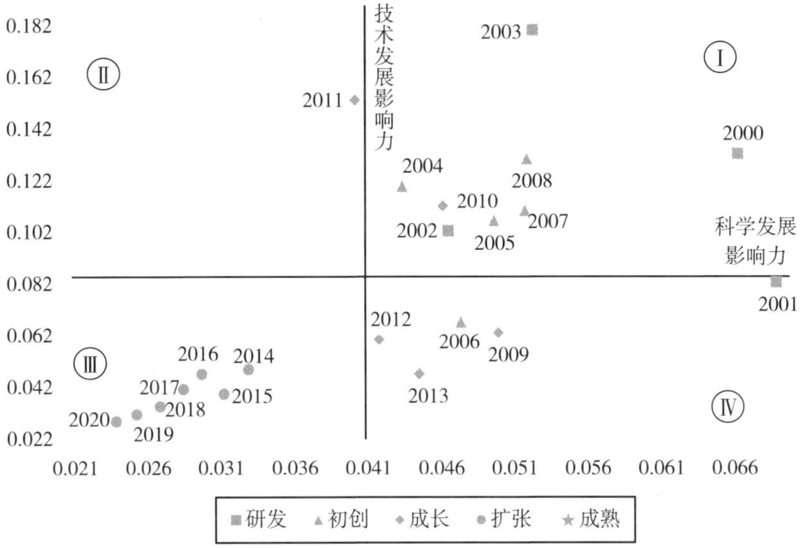

图 5.19　烧结技术领域科学技术发展热度聚类与产业发展关联测度（美国）

的年份主要包括 2014 ~ 2020 年，产业发展阶段为扩张阶段；处于第四象限的科学发展热度强和技术发展热度弱的年份主要包括 5 个不连续的年份，产业发展阶段包括研发、初创和成长阶段，其中 2001 年的散点贴近于第一象限。

② 烧结技术领域在产业早期的研发和初创阶段，科学研究和技术研发投入比较均衡，呈现科学强且技术强的现象。该产业的成长阶段横跨第一象限、第三象限和第四象限，而且呈现下降的趋势，说明该阶段该领域美国的科研投入和研发投入均出现一定程度的下滑，但科学研究较技术研发的投入要多一点。扩张阶段所有年份的散点均落在第三象限，以 2014 ~ 2020 年的趋势来看，在科学研究和技术研发投入的比重逐步减少。2011 年处于成长阶段，该年份落在第二象限但贴近于第一象限，一方面是由于科学研究和技术研发出现热点转换；另一方面该阶段科技成果数量较多，但相对于其他子领域，烧结技术所占比例专家趋少。成长阶段的年份散点主要分布于第四象限，而 2010 年和 2011 年分别分布于第三和第一象限，说明这两个年份的技术研发有了比较大的突破，值得进一步挖掘和分析。

5.5.4.2 科学技术发展影响力聚类与产业发展关联测度

（1）全球科学技术发展影响力聚类与产业发展关联测度

令式（5.11）中 $c=0$，$i=1$，$j=2$，基于前述科学发展影响力、技术发展影响力和产业发展阶段的测度值，测度烧结技术领域全球科学发展影响力与技术发展影响力聚类和产业发展关联情况，如图 5.20 所示。

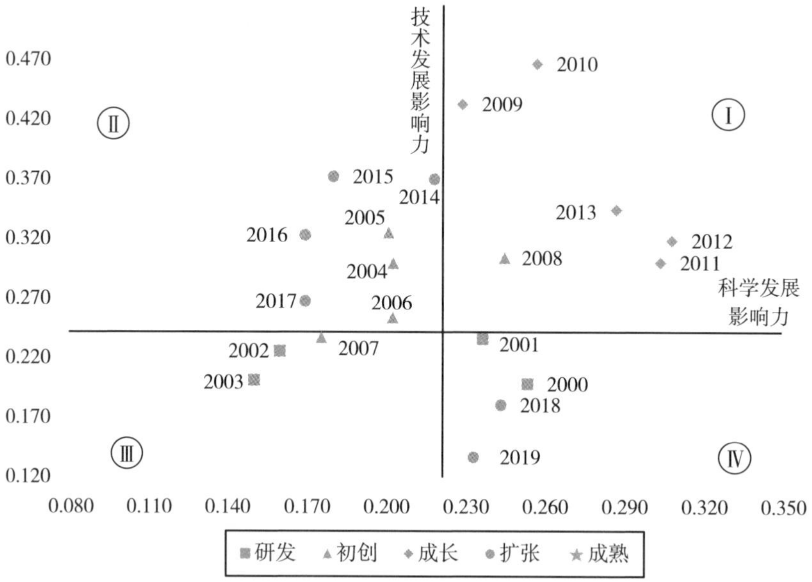

图 5.20 烧结技术领域科学技术发展影响力聚类与产业发展关联监测（全球）

从图 5.20 中可以得到如下信息。

① 处于第一象限的科学发展影响力强和技术发展影响力强的年份包括成长阶段的 2011 ~ 2013 年 3 个年份和初创阶段的 2008 年；处于第二象限的科学发展影响力弱和技术发展影响力强的年份主要包括扩张阶段的 2014 ~ 2017 年 4 个年份和初创阶段 2004 ~ 2006 年的 3 个年份；处于第三象限的科学发展影响力弱和技术发展影响力弱的年份包括 3 个年份，产业发展阶段包括研发和初创阶段；处于第四象限的科学发展影响力强和技术发展影响力弱的年份包括 2000 ~ 2001 年和 2018 ~ 2019 年两个区间。

② 产业在早期的研发阶段，技术研发投入刚刚起步，年份散点分布于

第三和第四象限，呈现技术发展弱现象。初创阶段的年份散点落在第三象限及附近，本阶段没有出现高影响力的科学研究和技术研发成果，主要依赖于前期的科技基础及缓慢进步。成长阶段的年份散点主要分布于第一象限，2009～2013年产业发展呈现科学研究和技术研发的高强度均衡投入。处于初创后期的2008年也分布于第一象限，说明科学研究和技术研发投入强度在初创阶段后期已经和成长阶段紧密结合在一起，早于产业发展。扩张阶段的年份散点主要落于第二象限，技术研发发挥着主要的推动作用。2018～2019年由于专利被引频次受后续专利数据的影响，可以暂不考虑。

（2）国家（地区）科学技术发展影响力聚类与产业发展关联测度

令式（5.11）中 $c=30$，$i=1$，$j=2$，基于前述科学发展影响力、技术发展影响力和产业发展阶段的测度值，图5.21为烧结技术美国科学技术发展影响力聚类与产业发展关联测度结果。

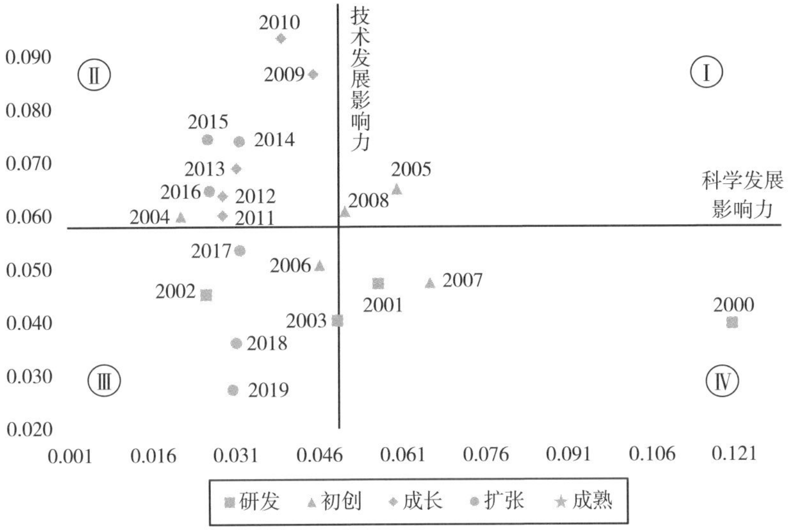

图5.21 烧结技术领域科学技术发展影响力聚类与产业发展关联监测（美国）

从图5.21中可以得到如下信息。

① 处于第一象限的科学发展影响力强和技术发展影响力强的年份包括2005年和2008年2个年份，产业发展阶段为研发阶段；处于第二象限的科学发展影响力弱和技术发展影响力强的年份主要涉及2009～2016年，产

业发展阶段主要包括成长和扩张阶段；处于第三象限的科学发展影响力弱和技术发展影响力弱的年份包括2017～2019年3个年份、2002～2003年2个年份和2006年，产业发展阶段包括研发、初创和扩张阶段；处于第四象限的科学发展影响力强和技术发展影响力弱的年份包括研发阶段的2个年份和初创阶段的2007年。

② 产业发展早期的研发阶段，美国与全球的科学研究和技术研发投入状况基本相同，科学研究影响力在早期起到引领作用（2000年科学影响力最大），随着科学研究的知识扩散，影响力逐渐减弱。产业发展初创阶段的年份散点集中于科学影响力和技术影响力坐标的交叉点附近，说明此阶段的科学研究和技术研发处于均衡发展状态。成长阶段的年份散点均分布于第二象限。扩张阶段的年份散点主要分布于第二象限及附近（2018年和2019年暂不考虑，图5.20已说明）。在2009～2010年出现较高的技术影响力，说明此阶段产业发展和市场需求比较突出，在全球技术研发方面起主导作用。成长和研发阶段集中于科学发展影响力弱和技术发展影响力强的第二象限，表明这两个阶段的产业发展受技术研发推动明显。

5.5.5 实证研究小结

通过上述实证分析，本书有效地监测了烧结技术产业各发展阶段中科学研究和技术研发在3D打印技术领域的聚集程度及影响力程度，即科学技术发展指数与产业发展阶段的关联状态；基于科学技术发展指数的测度值聚类与产业发展阶段的关联，有效监测了科学研究与技术发明的均衡发展状态；基于特定国家的视角，开展了美国烧结技术领域科学技术与产业发展关联测度，以及美国与全球发展状况的比较分析。实证结果整体表明，美国在烧结技术领域的科学技术领先优势明显且起主导作用，与上一章的技术布局分析结论一致。本书在实证过程中虽然只以美国发展情况举例，但其他国家的发展状况可以基于同样的方法模型开展测度，从而开展国家之间发展状况的比较分析。具体来说，基于全创新链的新兴技术领域科学技术与产业关联发展状态测度方法模型，可开展四方面的研究：一是全球视角；二是国家（地区）视角；三是国家（地区）与全球的比较分析；四是国家之间的比较分析。

5.6 本章小结

本章确定了基于全创新链的新兴技术领域科学技术与产业关联发展状态测度的分析维度：科学发展与产业发展关联、技术发展与产业发展关联和科学技术聚类与产业发展关联，全新构建了新兴技术创新发展评价指标体系。基于分析维度和国家（地区）范围的确定、新兴产业发展阶段界定及专家判断过程的设计，构建了基于全创新链的新兴技术领域科学技术与产业关联发展状态测度方法模型，同时兼顾了国家（地区）发展和细分领域发展测度。以烧结技术为实证研究对象，分析烧结技术产业各发展阶段中科学技术发展指数与产业发展阶段关联的发展状态。

实证结果整体表明，本书设计的方法模型有效揭示了烧结技术产业各发展阶段中科学技术与产业发展阶段的关联发展状态、科学研究与技术发明的均衡发展状态；可以实现基于全球和国家视角分析各子领域之间的差异性，基于子领域视角分析国家与全球、国家之间的差异性；美国在烧结技术领域的科学技术领先优势明显，起主导作用。

本章通过构建新兴技术创新发展评价指标体系、确定分析维度和国家（地区）范围、界定新兴产业发展阶段及设计专家判断等过程，构建了基于全创新链的新兴技术领域科学技术与产业关联发展状态测度方法及模型，回应了新兴技术创新发展测度共性问题中的“新兴产业科学研究和技术研发发展状态”“新兴技术及新兴产业处于什么样的发展阶段”“新兴技术和新兴产业的投资机会如何把握”等疑问，最终为多元创新主体投资或配置创新资源决策提供支持。

第6章

基于全创新链的新兴产业创新发展效率测度

本章研究是为了解决第3章中提出的新兴技术创新发展测度的共性问题——“新兴产业创新发展投入产出在哪些方面需要加强”“新兴技术和新兴产业的投资机会如何把握”，最终为多元创新主体投资或配置创新资源决策提供支持。

现有研究主要是基于产业内部的投入产出要素（产业链）进行创新效率测度，基于全创新链视角开展产业创新效率的测度研究还很少见，将创新链前端的高校及科研机构的投入产出要素纳入进来的研究则更少。本书5.1节中提出，科学技术与产业存在不同的关联关系，进而形成不同的产业创新发展模式，因此，不同创新发展模式的产业创新效率测度侧重点也会不同。由此引出了本章的研究目标：基于全创新链视角研究分析新兴技术领域创新效率测度方法模型。

针对这一研究目标，进一步提出本章研究的问题：如何识别新兴产业创新发展模式？如何构建基于全创新链的新兴产业创新效率评价指标体系？如何构建创新效率测度方法模型？如何基于测度结论，制定相应产业政策？上述问题值得深入探讨。

为解决上述研究问题和分析研究目标，本章的结构安排如下：其一，设计新兴产业创新发展模式的识别方法，以分辨新兴技术领域中科学、技术与产业三者之间的关联关系，准确开展产业创新效率测度；其二，新兴产业创新阶段的划分，包括基础研究阶段、技术研发阶段和科技成果转化阶段；其三，基于新兴产业创新阶段的划分，构建新兴产业创新效率测度评价指标体系，包括基础研究和企业研发两个部分；其四，构建新兴产业创新效率测度模型——三阶段共享投入 DEA 模型；其五，选取典型新兴产业开展实证分析，包括创新发展模式的识别、数据获取、实证验证。

笔者前期已发表学术论文（见参考文献［145］），基于共享投入两阶段关联 DEA 模型开展了产业内部创新效率的测度研究，本书在此基础上，重新构建三阶段共享投入 DEA 模型，仍然延续将产业内部创新发展阶段划分为技术研发阶段和科技成果转化阶段的做法；在产业外部引入基础研究工作，完善基于全创新链视角的创新效率测度研究。

6.1 新兴产业创新发展效率测度的研究工作基础

在开展基于全创新链的新兴产业创新效率测度工作之前，需要开展两个方面的基础工作，一是新兴产业创新发展模式的识别，厘清新兴技术领域中科学、技术与产业三者之间的关联关系，这对于新兴产业创新效率测度中评价指标体系在全创新链视角下的选择至关重要；二是新兴产业创新发展阶段的划分，这对于测度模型的结构设计也很重要。

6.1.1 新兴产业创新发展模式的识别方法

（1）科学、技术与产业关联关系分析视角的选择

前面已提出，本书主要基于新兴技术领域中科学、技术与产业三者关系的视角，来分析产业创新发展模式。对于新兴技术领域而言，科学技术的研发是以服务应用于产业为最终目的。对于图5.1中产业（I）处于中间位置的状况，本书认为中间状态的后续发展过程是新一轮科学技术研发的开始。本章进一步限定图5.1中科学、技术与产业的时间先后顺序，对图

5.1 中 A、B 和 C 三类关系进行遴选和合并其中的内部发展关系（如：S →S，T →T，I →I），最终得到用于分析新兴产业创新发展模式的科学、技术和产业的三类关系：A（S →T →I，T →S →I），B（S →I），C（T →I）。因为产业是创新链的末端，本书将视角放在分析产业的科学技术之间的关系上，来识别产业创新发展模式。

A、B 和 C 三类关系中同一时间点存在的科学和技术并不意味着相互排斥，仅仅是相对而言，其中一方占主导地位和主导的程度有差异。因此，在不考虑科学技术内部发展关系的条件下，本书进一步变化关系 B（S →I）和 C（T →I）为 B（S →T * →I）和 C（T →S * →I），其中 S * 和 T * 表示产业创新链中发展比较弱势的环节客观存在但推动创新的作用力比较弱。需要说明的是，基于本书分析科学关联度和技术关联度的视角，模式 B（T * →S →I）和 B（S →T * →I），及模式 C（S * →T →I）和 C（T →S * →I）差别性不大，本书仅选取一种来表示。

基于上面的分析，本章重点研究的三类发展创新模式特征如表 6.1 所示。

表 6.1　本章重点研究的三类发展创新模式特征

类型	特征	作用
S →T * →I	产业创新链不完全依赖于技术研发，依赖于科学原理方法的创新突破	有助于识别具有潜在产业化前景的科学原理方法，以有重点地实施技术转移策略
T →S * →I	产业创新链不完全依赖于科学研究基础，依赖于技术创新	有助于识别具有潜在产业化前景的创新性技术，以有重点地实施技术转移策略
S →T →I 和 T →S →I	产业创新链完整，科技创新及产业化要素齐全，但科学研究和技术创新起不同主导作用	有助于识别能够激发创新的科学技术，并有针对性地完善产业创新链环境

从表 6.1 中可以看出，创新链可以分为两类：一是以科学研究为源头的创新链（S →T * →I，S →T →I）；二是以技术研发为源头的创新链（T →S * →I，T →S →I）。由此，本书提出基于科学和技术间知识流动的分析视角来识别产业创新发展模式的思路。

（2）新兴产业创新发展模式识别方法设计

① 方法基础。基于非专利引文和反向引用，黄等（Huang et al.，2015）运用科学关联度（science linkage）、技术关联度（technology linkage）等指标，分析了燃料电池领域科学与技术的相互作用关系[106]。科学关联度和技术关联度计算见式（6.1）和式（6.2）。

$$SL_i = \sum Rt_i/Pt \tag{6.1}$$

$$TL_i = \sum Rs_i/Ps \tag{6.2}$$

其中，Rt_i 表示专利 i 引用的论文数，Pt 表示专利总数；Rs_i 表示论文 i 引用的专利数，Ps 表示论文总数。

雷家骕等（2019）划分了59个产业，提出“有NPL引用的专利数/有引用的专利数”指数，进行数学变换得到“产业科学关联度指数”（Industry Science Correlation Index，ISCI）[108]，如式（6.3）所示。

$$ISCI_j = 100Sgn\left(\frac{P_{NPL,j}}{P_{total,j}} - \frac{\sum \frac{P_{NPL,i}}{P_{total,i}}}{i}\right)\sqrt{\left(\frac{P_{NPL,j}}{P_{total,j}} - \frac{\sum \frac{P_{NPL,i}}{P_{total,i}}}{i}\right) \times Sgn\left(\frac{P_{NPL,j}}{P_{total,j}} - \frac{\sum \frac{P_{NPL,i}}{P_{total,i}}}{i}\right)} \tag{6.3}$$

其中，$P_{NPL,j}$表示产业 j（$j \leqslant 59$）的非专利引文数，$P_{total,j}$表示产业 j 的专利数，$\frac{P_{NPL,j}}{P_{total,j}}$表示产业 j 的科学关联度；$\frac{\sum \frac{P_{NPL,i}}{P_{total,i}}}{i}$ 表示所有产业科学关联度的平均值［本书认为其中的分母用 $n(n=59)$来代替 i，可能更加合适］。

可以看出，式（6.3）立足于对所有59个产业分类及国际专利分类（international patent classification，IPC）的基础上，并且仅限于非专利文献的引用情况，不适用于单个特定产业的分析，但其提出的“有NPL引用的专利数/有引用的专利数”指数，以及采取开方的方式进行数据变换给了本书极大的启示。

② 具体方法设计。本书在设计识别方法时注意到两个问题。一是对于专利对论文的引用，需要关注单个专利对非专利文献引用量的差异性。例如，专利 A 引用论文 1 篇，专利 B 引用论文 5 篇，则专利 A 和专利 B 均被视为引用论文的专利，2 件专利存在论文引用，专利引用论文数则为 6。因此，本书采用引用论文数作为计量基础指标。对于论文对技术文献的引用，同样采用引用的技术文献数作为计量基础指标。二是对于特定技术领域的专利数量，采用有引用的专利数或总体专利数与否，是有区别的。显然，总体专利数包含有引用的专利数和无引用的专利数。本书采用总体专利数作为计量基础指标，以符合计量群体的完整性。对于论文引用技术文献的计量方面，本书同样采用总体论文数作为计量基础指标。

本书提出的科学关联度（SL）、技术关联度（TL）计算方法见式（6.4）和式（6.5）。

$$SL_{ij} = \sqrt{\frac{\sum RS_{ij}}{Ptotal_{ij}}} \tag{6.4}$$

$$TL_{ij} = \sqrt{\frac{\sum RT_{ij}}{Atotal_{ij}}} \tag{6.5}$$

其中，RS_{ij}表示 i 技术领域 j 年引用的科学论文数（R：Reference，S：Science），$Ptotal_{ij}$表示 i 技术领域 j 年专利总数（P：Patent）；RT_{ij}表示 i 技术领域 j 年引用的技术文献数（T：Technology），$Atotal_{ij}$表示 i 技术领域 j 年科学论文总数（A：Article，不用 Paper 以与 Patent 相区别）；使用开平方根的数学变换，使得计算结果扩大差异性以便区别。SL_{ij}和TL_{ij}的值越大，表明专利引用论文或论文引用的频率越高，与科学或技术的联系越密切。

（3）新兴产业创新发展模式识别方法运用

本书设计新兴产业创新发展模式识别方法基于两个方面的考虑，一是基于式（6.4）和式（6.5）实现科学关联度及技术关联度的测度，识别新兴产业创新发展模式；二是基于科学关联度和技术关联度的测度结果，对专利和科学论文的统计数量赋予新的含义与统计意义——全创新链贡献值。

① 新兴产业创新发展模式识别。本书以科学关联度为横坐标、技术关联度为纵坐标，构建二维坐标系。基于科学关联度和技术关联度测度值的取值范围是（0，1），以科学关联度和技术关联度测度最大值范围的中间交叉点为界，划分为四块区域，该四块区域分别对应表6.1中三类发展模式，识别标准如图6.1所示。

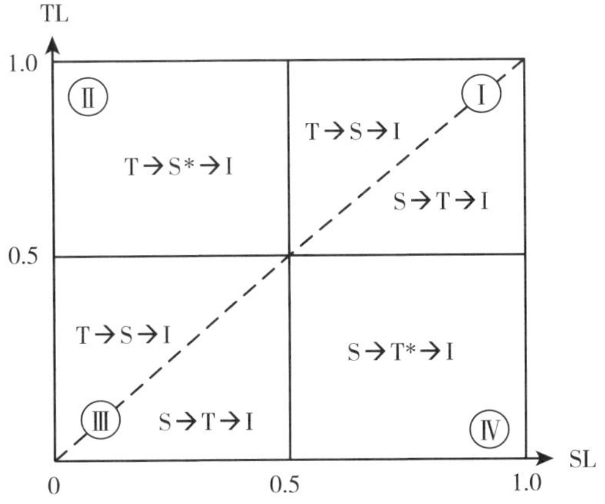

图6.1　新兴产业创新发展模式识别标准

图6.1表明，科学和技术发展过程中并不是相互排斥而独立发展，只不过是相对强势或弱势而已，这与产业创新链发展过程是一致的。雷家骕等的研究成果中提出了基于科学的产业和基于技术的产业[108,199]，图6.1与其思想一致，S→T＊→I模式就可用于表示基于科学的产业，而T→S＊→I模式就可用于表示基于技术的产业。区域I和区域III分别表示科学和技术均表现为强势与弱势的状态，分别对应基于科学技术强势的产业高质量发展状态，以及科学技术弱势的产业初始发展状态；根据强势方不同，又分别划分为两块子区域，分别对应科学和技术相对强弱的状态。

② 全创新链贡献值设计。本书后续开展新兴产业全创新链创新效率测度时，科学论文和专利是其中的核心关键指标之一，以往的研究均直接使用两者的数量作为投入和产出的指标数量。科学论文和专利数量表明了其

在某个时间段、领域等的聚集状态，但该聚集群体对全创新链的贡献程度则需要进一步考虑。科学关联度和技术关联度的测度结果则给全创新链贡献度的测度提供了很好的数据支撑。因此，本书提出综合利用科学论文和专利的统计数量，以及运用科学关联度和技术关联度的测度值，设计科学论文和专利的全创新链贡献值的方法。

式（6.4）和式（6.5）测度出的科学关联度与技术关联度，其取值区间为（0，1）。本书提出，将科学论文、专利的数量值乘以对应科学关联度和技术关联度的比值，从而形成科学论文和专利的全创新链贡献值，如式（6.6）和式（6.7）所示。

$$P\_CV_{ij} = NP_{ij}\frac{SL_{ij}}{TL_{ij}} = NP_{ij}\frac{\sqrt{\dfrac{\sum RS_{ij}}{Ptotal_{ij}}}}{\sqrt{\dfrac{\sum RT_{ij}}{Atotal_{ij}}}} \tag{6.6}$$

$$A\_CV_{ij} = NA_{ij}\frac{TL_{ij}}{SL_{ij}} = NA_{ij}\frac{\sqrt{\dfrac{\sum RT_{ij}}{Atotal_{ij}}}}{\sqrt{\dfrac{\sum RS_{ij}}{Ptotal_{ij}}}} \tag{6.7}$$

其中，i 和 j、TL_{ij}和SL_{ij}的含义与式（6.4）和式（6.5）相同。P_CV 表示专利在全创新链中的贡献值（P：Patent；CV：Contribution Value），NP 表示专利数量（number of patent）；A_CV 表示论文在全创新链中的贡献值（A：Article），NA 表示论文数量（number of paper）。对于专利而言，用$\frac{SL_{ij}}{TL_{ij}}$衡量其相对重要程度，如大于1，则说明专利在全创新链中起到倍增推进效应；如小于1，则说明专利在全创新链中的推进效应要打折扣；如等于1，则说明专利和论文对全创新链的贡献等效。对于论文而言，用$\frac{TL_{ij}}{SL_{ij}}$衡量其相对重要程度，衡量方法与专利相同。

本章在后续开展新兴产业全创新链创新效率测度时，将使用专利在全创新链中的贡献值（以下简称专利贡献值）和论文在全创新链中的贡献值

（以下简称论文贡献值）作为衡量专利与论文水平的评价指标。

6.1.2 新兴技术产业创新发展阶段划分

产业创新活动具有明显的阶段性特点。王晓红等（2015）在深入分析高技术产业创新过程基本特征和创新要素的基础上，将高技术产业创新过程分为技术开发阶段和技术成果转化阶段[200-201]。朱明皓等（2021）将产业创新过程划分为两个阶段：技术研发和技术转化[202]。由此可见，将产业内部创新过程分为技术开发阶段和科技成果转化阶段是比较通常的做法，这也是本书遵循的研究思路之一。也有部分学者提出将产业创新划分为知识创新、研发设计创新和产品创新[151]三个阶段，赵玉林和胡燕（2018）将高技术产业创新过程分为科技成果形成、商业价值形成和规模经济效益形成三个阶段[203]。吉尔哈特和米奇卡（Gearhart & Michieka，2018）则认为，基础研究的主要产出为科学论文和专利，在开展产业内部的创新效率评价时，企业内部基础研究工作的成果不宜被作为要素列入评价指标[204]。

相比于以往仅关注产业内部的创新效率评价工作，本书认为高校和科研机构在基础支撑方面的工作环节应被视为一个独立的阶段，并且高校和科研机构形成的基础性研究成果和培养的科研人才是全创新链的重要影响因素。因而，本书提出基于全创新链视角的新兴技术产业创新发展阶段为三个阶段：基础研究阶段、技术开发阶段和科技成果转化阶段（后续分别称为第一阶段、第二阶段和第三阶段），将产业创新链延伸至产业外部的基础研究和人才培养上。

因此，在此提出本章的研究假设：产业的基础研究工作主要在高校及科研机构，全创新链过程中的基础研究阶段独立于产业外部，但与产业有着知识和人才的联系。

具体来看，第一阶段中的基础研究成果不涉及产业内部的基础研究，但在全创新链视角下，其和人才培养均是此阶段的重要影响因素和重要产出，并且作为第二阶段的投入要素，表现为产业的基础效率。第二阶段即技术研发阶段中产业通过持续的 R&D 投入开发技术，并最终以专利产权形式输出；其作为第三阶段的技术投入，主要体现为产业的技术效率。第三阶段应用第二阶段的专利技术产出，致力于新产品开发，形成产业的经济效率。

6.2 新兴产业创新效率测度评价指标体系构建

6.2.1 指标体系设计原则

在借鉴国内外已有成果的基础上，构建基于全创新链的产业创新效率评价指标体系时，同样须遵循 5.2.1 提到的三个原则：客观性原则、数据可获取性原则和可比性原则。此外，还需遵循基础支撑原则和稳定性原则。关于基础支撑原则，由于在官方统计数据中，第一阶段的投入指标都是针对国家或地域层面或大类产业，没有细分产业的针对性数据，因而对于这一阶段的部分投入指标，本书以国家层面基础支撑性数据来构建相应的指标。关于稳定性原则，即指标所依据的数据应该是稳定不变的。

本书在借鉴前人构建产业创新效率评价指标体系做法的基础上，针对第一阶段产出的论文和专利关联指标数据可以通过统计分析检索的数据而获得；针对第二、第三阶段的投入产出指标数据可以依据官方统计年鉴获得，因而符合客观性原则、数据可获取性原则。本章拟选取 2 ~ 3 个新兴技术领域开展对比研究，同时考虑选择数据变化幅度显著的指标，因而符合可比性原则。在高校和研究机构的基础研究和人才培养方面没有细分行业的指标数据，本书考虑选择国家层面的支撑数据，如通过普通高等学校生均教育经费支出来说明高校培养人才的经费投入等，构建的指标能够起到基础支撑性说明作用。为保证分析的数据在一定时间范围内的稳定性，本书的数据来源于统计年鉴及专业数据库，均为静态数据，符合稳定性原则。

6.2.2　投入产出要素分析

6.2.2.1　基础研究阶段

本书认为，基础研究阶段的投入产出可以按照两条路线推进。一是通过基础研究资金和人员投入，包括基础研究 R&D 人员全时当量和基础研究 R&D 人员 R&D 经费内部支出，产出科学论文和专利（其他类成果无可获取数据来源，暂不考虑）；二是通过高校的培养投入（包括生均教育经费支出和每年毕业生数），产出企业研发人员。

（1）基础研究阶段投入要素

① 基础研究的实施主体选择。本书从《中国科技统计年鉴》（2021）中提取 2020 年全国 R&D 人员全时当量中的基础研究部分和全国 R&D 经费内部支出中的基础研究部分两个指标的数据，统计分析后发现，在基础研究方面高等学校和研发机构的 R&D 全时当量合计占比为 90. 86%，R&D 内部经费支出占比为 88. 53%。这说明我国高等学校和研发机构是基础研究经费支出的执行主体。因此，本书在考虑基础研究经费相关的投入产出要素时，以高等学校和研发机构为实施主体，分析其在基础研究方面的投入产出要素。

② 基础研究 R&D 人员全时当量。衡量高校和科研机构技术研发人员的投入水平，应包括其实际的投入工作量而不仅仅是人员数量和比例，因为高校和科研机构的研发人员可能在短期内或相当长一段时间内从事研发之外的工作，如教学等。因而，R&D 人员全时当量一般被用于考察高校和科研机构 R&D 人员的投入状况。本书在此选择“基础研究 R&D 人员全时当量”作为基础指标。目前，尚无统计年鉴的指标能够支持行业小类基础研究阶段的“基础研究 R&D 人员全时当量”。本书提出，以高校及科研机构的“全国 R&D 人员全时当量的基础研究部分”“全国 R&D 人员全时当量”的比值来计算基础研究阶段的 R&D 人员全时当量水平或强度，如式（6. 8）所示。

$$\text{基础研究 R\&D 人员全时当量强度} = 100 \times \frac{\text{全国 R\&D 人员全时当量的基础研究部分}}{\text{全国 R\&D 人员全时当量}} \tag{6.8}$$

其中，计算式乘以100，用于放大差异性；基础研究 R&D 人员全时当量 = 高校基础研究 R&D 人员全时当量 + 科研机构基础研究 R&D 人员全时当量。

③ 基础研究 R&D 经费内部支出。与“基础研究 R&D 人员全时当量指标”相类似，本书提出以高校及科研机构的“基础研究 R&D 经费内部支出”“全国 R&D 经费内部支出”的比值来计算基础研究阶段的 R&D 经费内部支出水平或强度，如式（6.9）所示。

$$\text{基础研究 R\&D 经费内部支出强度} = 100 \times \frac{\text{全国 R\&D 经费内部支出的基础研究部分}}{\text{全国 R\&D 经费内部支出}} \tag{6.9}$$

其中，计算式乘以100，用于放大差异性；基础研究 R&D 经费内部支出 = 高校基础研究 R&D 经费内部支出 + 科研机构基础研究 R&D 经费内部支出。

④ 普通高等学校在校生。在社会基础条件相同的情况下，基础研究阶段对于研发人员的培养至关重要。在研究构建企业研发人员来源时，本书首先开展调研并排除不符合测度要求的指标，再进行指标的合理选择。

现有数据尚不能支持按学科专业区分企业研发人员，这也与本书以产业分类为主相冲突。本书也分析研究了一些相关指标，发现“全国每年师生比”数据变化不大；高等学校每届招生数与毕业生数缺乏与行业小类中新进入 R&D 人员的对应统计数据。企业研发人员主要来源于高校和科研机构，研究机构一般不培养本专科生，但研发人员的绝大多数是受过高等教育的。《中国科技统计年鉴》（2021）的数据显示全国专科以上研发人员占总体的90%以上，足以说明这一点。

基于前面分析，本书提出以《中国统计年鉴》中“每十万人口高等教育学校平均在校生数（人）”来表示高等教育支持强度，并衡量产出“R&D 人员”的投入要素。

⑤ 普通高校专任教师。前述分析高校毕业生人数及研发人员学历构成

时指出，普通高校的本专科毕业生占研发人员的绝大部分，而培养教育他们无疑是高校专任教师的投入成果。与高校毕业生指标相类似，选择高校专任教师指标时，也不能过于严格地以学科专业区分某个特定领域的专业教师，同时也无可支持的统计年鉴数据。

就培养普通高校本专科学生而言，仅有高校专任教师承担该项工作，而且高校研发人员也是专任教师中的一部分。在衡量基础研究的研发经费支出强度时以研发人员基数为分母，为避免指标重复使用，没有把高校和科研机构的研发人员指标纳入其中。

⑥ 普通高等学校生均教育经费。与高校毕业生指标相类似，选择学生培养经费支出指标时，也不能过于严格地以学科专业区分某个学科领域（且学科领域与技术及产业领域分类一般不一致）的学生培养经费支出，同时也无可支持的数据。教育经费（普通高等学校生均教育经费）主要来源于国家财政（民办学校由举办者投入）、社会捐赠、事业收入及其他，根据在校学生人数，按学生的培养层次及学校所属地域不同拨款有所不同[205]。本书以高等学校生均教育经费为统计指标，不考虑非全日制学生的生均教育经费支出。

（2）基础研究阶段产出要素

① 高校及研究机构科学论文。根据本书前述分析可知，科学论文不宜作为产业内部产出的要素，但在基础研究阶段，其却是非常重要的要素。一方面，科学论文是基础研究 R&D 人员的主要成果；另一方面，科学论文为技术研发提供了理论方法支撑。现有统计年鉴中只能查询到产业大类的科学论文数据，无直接渠道获取行业小类的科学论文数据。基于构建的检索策略（见附表 E、附表 F、附表 G），本书构建了部分新兴技术领域科学论文的本地数据库，通过数据过滤处理［包括数据有效性、国家（地区）、机构类别、年限等］，得到每年的论文发表情况及技术关联度。依据本章 6.1.1 的设计，在此使用“基础研究论文贡献值”作为评价指标。

② 高校及研究机构专利。与高校及研究机构科学论文指标类似，现有统计年鉴中也只能查询到产业大类的专利数据，无直接渠道获取行业小类的专利数据，所以其数据处理思路也与科学论文相似，据此可以获得专利

公开情况及科学关联度。依据本章 6.1.1 的设计，在此使用“基础研究专利贡献值”作为评价指标。

③ 企业 R&D 人员。在不考虑企业 R&D 人员入职后再培训提升的前提下，本书认为企业 R&D 人员是高校和研究机构的产出。一般常用研发人员数量，或技术人员和工程师在研发人员中所占比例衡量研发人员素质[206]，本书直接以研发人员数量作为分析指标。R&D 人员包括从事研究与开发活动的技术人员、从事科技成果管理和转化的管理服务人员。数据来源于《中国高技术产业统计年鉴》中的企业 R&D 人员指标。

6.2.2.2 技术研发阶段

（1）技术研发阶段投入要素

本书确定在技术研发阶段中的研发主体为企业，高校和科研机构发挥产学研协同的作用，不考虑高校和科研机构。主要原因在于三点：一是基于统计年鉴的数据，产业研发的数据指向的是企业；二是虽然高校和科研机构在技术研发阶段中有不同程度的参与，但其投入产出要素在基础研究阶段已经体现；三是本阶段主要考虑的产出要素为专利（后续补充说明），高校及科研机构的专利产出数要远小于企业的专利产出数，即使将两者合计，对于企业的专利数整体统计结果也影响不大。因此，本书将此阶段的研发企业、企业研发人员和企业研发资金作为投入要素，将企业的科学论文和专利作为产出要素[201]，进一步分析明确后，有下述四项指标。

① 有研发活动的企业。《中国科技统计年鉴》从 2018 年开始只针对有 R&D 活动的工业企业开展统计，因为对没有 R&D 活动的企业进行科技创新效率分析实际意义不大。《中国科技统计年鉴》（2021）的统计数据表明，科技企业总量为 399703 家，其中有研发活动的企业为 162394，约占 40.6% 投入研发的企业只是整体产业的一部分，但却是创新投入的关键要素之一，据此，本书选择有研发活动的企业作为评价指标。

② 企业 R&D 人员。本书前面已指出，企业 R&D 人员是基础研究阶段的产出，是构成基础研究阶段产出和技术研发阶段投入关联的关键要素，本书在此将其作为技术研发阶段的投入，其数据来源与基础研究阶段

相一致。

③ 企业 R&D 人员全时当量。企业 R&D 人员全时当量用于衡量企业研发人员的工作量投入，数据来源于官方统计年鉴。采用企业 R&D 人员全时当量衡量企业研发人员的工作量水平，是当前研究产业（企业）创新效率的常用指标。本书采用《中国高技术产业统计年鉴》中的高技术产业企业 R&D 人员全时当量衡量研发人员的工作量水平。

④ 资金投入。本阶段的资金投入主要指技术研发企业为产生新知识、新专利等科技成果而发生的各项费用，主要用于支付技术研发人员的工资、购买设备等，现有研究大多采用的指标是 R&D 经费内部支出。有学者提出，单纯计算 R&D 经费内部支出仍然不是很客观，还需要考察研发经费支出占营业收入的比重，即 R&D 强度[207]。欧盟联合研究中心（JRC）每年发布的《世界研发企业 TOP 2500》就一直使用研发强度指标[208]。但本书经过数据调查分析发现，全国高技术产业研发强度（2011～2020 年）发展趋势是逐年走低的（见附表 R），这与其他指标会出现负相关的情况。因此本书最终没有选择研发强度指标，仍然使用“R&D 经费内部支出”作为指标。

（2）技术研发阶段产出要素

技术研发阶段的产出一般包括科学论文、专利和技术秘密。本书没有将论文产出作为产业内部的重要要素，有两个方面的考虑：一是企业研发人员很少考虑将其技术研发成果写成学术论文发表，论文数据量少而统计数据不显著；二是对于研发人员而言，在高水平期刊上发表论文是比较困难和耗费时间的事情，这也与企业快速将开发成果转化为产品的原则相冲突。由于技术秘密也不易统计，本书也没有将其纳为重要要素。所以本书仅选择将专利作为技术研发阶段的产出要素。

专利申请包含实用新型专利、发明专利、外观设计专利三类，三者都是创新思想和方法的展现，所以本书将专利申请数作为研发阶段的产出要素之一。开展创新效率评价分析时，单纯使用专利申请量有其局限性，因为专利在申请之后，可能被驳回，或者授权后因为维持费用、转让许可、授权期限等原因而被取消。因此，仅使用专利申请量不能准确反映产业技术创新的真实情况。所以，本书增加有效发明专利数作为专利质量水平的评价指标。

依据本章6.1.1的设计，在此使用企业专利申请贡献值和企业有效发明专利贡献值作为评价指标。

6.2.2.3 科技成果转化阶段

(1) 科技成果转化阶段投入要素

本阶段将前面技术研发阶段产生的科技成果转化为产业化的产品，通过市场销售获得利润。本阶段的投入要素主要包括专利技术、转化资金和R&D人员；产出要素主要是新产品。

① 技术投入。本阶段技术投入为技术研发阶段的产出，依据前述分析，本阶段投入指标采用专利申请数和有效发明专利数。

② 资金投入。本阶段与技术研发阶段在资金投入目的上有所不同，科技成果转化阶段的资金投入是以市场需求为导向的，是为了尽快将科技成果（专利或其他无形资产形式的科技成果）转化为市场竞争力；研发阶段的资金投入则主要是为了产生新的科技成果。此外依据本书共享投入的思想，研发阶段的企业R&D经费内部支出有一部分是要分摊到本阶段的。因此，本阶段选取新产品研发经费指标和企业R&D经费内部支出指标。

③ 人员投入。科技成果转化阶段的人员主要包括从事科技活动的人员和工程技术人员等。与技术研发阶段人员投入不同的是，在此阶段科技活动人员起主要作用，负责将专利和非专利等技术形成新产品并推向市场。依据本书共享投入的思想，研发阶段的企业R&D投入有一部分是要分摊到本阶段的。因此，本阶段仍然选取企业R&D人员及其全时当量衡量其工作量水平。

(2) 科技成果转化阶段产出要素

本阶段产出的重要要素就是新产品，其面向国内市场也面向国际市场，一般采用新产品的收益性指标，即采用新产品销售收入为产出要素；同时，由于新产品出口额能够反映国际竞争力，所以本书选择新产品销售收入、新产品出口额两个指标作为产出要素。

6.2.3 各阶段投入产出要素的重要性分析

本书在5.2.4节介绍了指标体系的重要性及相关性筛选方法，本章在此沿用该方法开展各阶段投入产出要素（指标）的重要性分析，结果如表6.2所示（只展示有要素被剔除的两个阶段的部分指标）。

表6.2 基于变异系数的产业创新投入产出指标重要性判断

指标分类	指标名称	均值	标准差	变异系数	处理
基础研究阶段投入指标	基础研究 R&D 人员全时当量	3.79	0.88	0.23	√
	基础研究 R&D 经费内部支出	3.83	0.76	0.20	√
	普通高校专任教师数	3.03	0.92	0.30	×
	普通高等学校生均教育经费支出	3.46	0.82	0.24	√
	每十万人口高等教育学校平均在校生数	3.63	0.81	0.22	√
技术研发阶段投入指标	有研发活动的企业数	3.09	1	0.32	×
	企业 R&D 人员数	3.93	0.86	0.22	√
	企业 R&D 经费内部支出	3.81	0.67	0.18	√
	企业 R&D 人员折合全时当量	3.36	0.88	0.26	√
	基础研究论文数	3.09	0.77	0.25	√
	基础研究专利数	3.09	0.75	0.24	√

从表6.2中可以看出，“普通高校专任教师数”“有研发活动的企业数”两个指标被剔除出指标体系；表6.2的变异系数只涉及基本指标，不涉及基于基本指标而衍生出来的指标，如“基础研究论文贡献度”是从“基础研究论文数”衍生而来。

6.2.4 技术研发阶段与科技成果转化阶段共享投入要素

基于前述新兴产业创新投入产出的要素分析，各要素之间关联关系如图6.2所示。

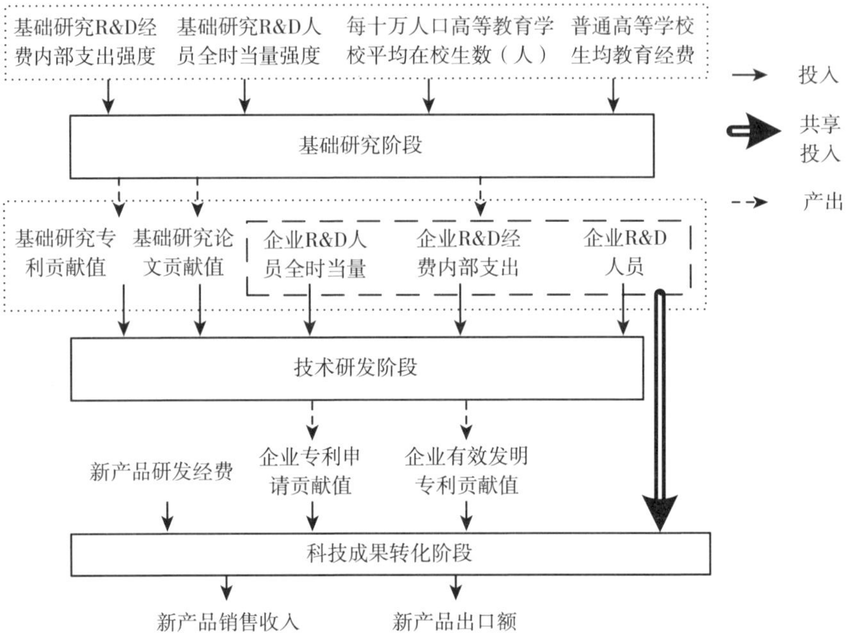

图 6.2　新兴产业创新投入产出要素关联关系

关于共享投入要素的问题，从图 6.2 中可以看出两点：一是本书将 R&D 人员及其全时当量作为第二阶段和第三阶段的共享投入。现有研究大多将企业 R&D 人员及其全时当量作为第二阶段的投入，而根据本书对投入产出要素进行的分析，在第二阶段和第三阶段 R&D 人员均有参与。二是现有研究大多认为 R&D 经费内部支出也是第二和第三阶段的关键投入指标。就企业 R&D 经费内部支出而言，将 R&D 经费内部支出单纯作为第二阶段投入与实际情况不符，应该扩大到第三阶段。因此，本书将企业 R&D 人员、企业 R&D 人员全时当量和 R&D 经费内部支出作为第二和第三阶段的共享投入，如图 6.2 中粗虚线框内列示的要素。

图 6.2 中，为区别高校科研机构与企业均具备的要素，如专利、研发经费内部支出等，在指标前加定语进行了明确，与统计年鉴中的指标有所不同；基础研究论文贡献值以高校及科研机构论文数为基数，按式（6.6）计算获得；基础研究专利贡献值以高校及科研机构专利数为基数，按式（6.7）计算获得；企业专利申请贡献值和企业有效发明专利贡献值的计算

方式与之类似。

6.2.5 评价指标体系构建

基于上述投入产出要素分析，构建新兴产业投入产出评价指标体系如表6.3所示。

表6.3　新兴产业创新发展投入产出指标体系

阶段	指标大类	指标（计量单位）	数据来源
基础研究阶段	投入指标	基础研究R&D人员全时当量强度①	中国科技统计年鉴
		基础研究R&D经费内部支出强度②	中国科技统计年鉴
		普通高等学校生均教育经费支出（万元）	中国教育经费统计年鉴
		每十万人口高等教育学校平均在校生数（人）	中国统计年鉴
	产出指标	基础研究论文贡献值③	WOS数据库
		基础研究专利贡献值④	智慧芽专利数据库
		企业R&D人员数（人）	中国高技术产业统计年鉴
技术研发阶段	投入指标	企业R&D经费内部支出（亿元）	中国高技术产业统计年鉴
		企业R&D人员折合全时当量（人年）	中国高技术产业统计年鉴
		基础研究论文贡献值③	WOS数据库
		基础研究专利贡献值④	智慧芽专利数据库
		企业R&D人员数（人）	中国高技术产业统计年鉴
	产出指标	企业专利申请贡献值④	中国高技术产业统计年鉴
		企业有效发明专利贡献值④	中国高技术产业统计年鉴
科技成果转化阶段	投入指标	企业R&D经费内部支出（亿元）	中国高技术产业统计年鉴
		企业R&D人员数（人）	中国高技术产业统计年鉴
		企业R&D人员折合全时当量（人年）	中国高技术产业统计年鉴
		企业专利申请贡献值④	中国高技术产业统计年鉴
		企业有效发明专利贡献值④	中国高技术产业统计年鉴
		新产品开发经费支出（亿元）	中国高技术产业统计年鉴
	产出指标	新产品销售收入（亿元）	中国高技术产业统计年鉴
		新产品出口额（亿元）	中国高技术产业统计年鉴

注：① 在获取“基础研究R&D人员全时当量”“全国R&D人员全时当量”统计数据的基础上，按式（6.8）计算“基础研究R&D人员全时当量强度”；② 在获取“基础研究R&D经费内部支出”“全国R&D经费内部支出”统计数据的基础上，按式（6.9）计算“基础研究R&D经费内部支出”；③ 在获取论文数据的基础上，按式（6.6）计算获得对应的论文贡献值数据；④ 在获取专利数据的基础上，按式（6.7）计算获得对应的专利贡献值数据。

后续论述时不再在指标名称尾部标识各指标的计量单位；《中国高技术产业统计年鉴》（2018）缺失，该年数据来源于《中国科技统计年鉴》。

6.3 新兴产业创新效率测度模型

6.3.1 新兴产业创新效率测度模型选择

基于本书在前面相关研究进展中对 SFA 和 DEA 模型的分析可知，两者都是通过构造前沿面，使用定量化方法和数据测度效率[209]。SFA 模型首先设计投入产出之间的函数来构造效率前沿面，计算投入产出要素的回归系数，最终达到评价效率水平的目的[210-211]。DEA 模型基于线性规划的方法构造效率前沿面，在不需要明确界定投入与产出之间函数关系的情况下，开展多投入多产出的效率测度[212]。

基于对上述两种模型的对比分析，本书拟选用 DEA 模型开展产业创新效率评价。原因在于以下三点：其一，创新过程投入和产出之间的关系通常是非线性的、不确定的[213]，强行构造函数确定各要素之间的关系，不符合客观实际情况。其二，SFA 方法需要对误差项进行假定，要求误差项满足分布假定，DEA 模型不需要考虑这种假设条件[166]。其三，SFA 模型要求各个自变量相互独立，但在产业创新投入过程中部分要素之间存在关联关系，如 R&D 经费和 R&D 人员是线性相关的，不满足 SFA 的前提条件[214]。

DEA 模型可以划分为传统 DEA 模型和网络 DEA 模型，本书拟选用网络 DEA 模型进行效率评价。传统 DEA 模型在评价创新效率时，认为不需要将创新过程各环节理顺得非常清楚，只需要考虑创新过程中各阶段的投入产出情况即可[152]。网络 DEA 模型的优点是重视中间要素的投入及分配，客观反映要素在各阶段中的重要程度。因此，运用网络 DEA 模型开展多阶段创新效率测度具有显著的优势。严太华等（2015）提出共享投入关联 DEA 模型是网络 DEA 模型的一种，能够定量测度基于共享投入的两阶段创新效率[215]。

DEA 模型还有两个特点：一是只要求指标数据的单位统一，改变指标数据的权重系数不会影响效率结果；二是能适应比例数据和非比例数据并存的情况，即指标数据中比例数据和非比例数据同时存在的情况下，只要求数据能够反映指标的真实属性。

因此，本书选择共享投入关联 DEA 模型为本书的创新效率测度方法。

6.3.2 三阶段共享投入关联 DEA 模型构建

假设 1：存在某企业，对应为 n 个决策单元，设为$DMU_j(j=1,2,\cdots,n)$，每个决策单元DMU_j 在第一阶段有 m 项初始投入，记为 $X_{ij}(i=1,2,\cdots,m)$；$Y_{sj}(s=1,2,\cdots,S)$作为第二阶段和第三阶段的共享投入，按照一定比例在两阶段分配：第二阶段为$\alpha_s Y_{sj}$，第三阶段为$(1-\alpha_s)Y_{sj}(0\leqslant\alpha_s\leqslant1)$；第三阶段有 G 项额外中间投入，记为 $Z_{gj}(g=1,2,\cdots,G)$；第一阶段有 C 项产出，记为 $U_{cj}(c=1,2,\cdots,C)$，同时也将作为第二阶段的投入；中间阶段有 D 项产出，记为 $V_{dj}(d=1,2,\cdots,D)$，同时也将作为第三阶段的投入；第三阶段有 E 项产出，记为 $W_{ej}(e=1,2,\cdots,E)$。

假设 2：用决策变量 k_{i1} 和 k_{i2} 分别表示初始投入和额外中间投入在各自阶段的权重；用决策变量 h_{s1} 和 h_{s2} 分别表示共享投入 Y_{sj} 在第二阶段和第三阶段的权重且 $h_{s1}=h_{s2}$；用决策变量 g_{c1} 和 g_{c2} 分别表示第一阶段产出 U_{cj} 在第一阶段直接流出系统及作为第二阶段投入的权重；用决策变量 t_{c1} 和 t_{c2} 分别表示中间产出 V_{dj} 在第二阶段产出及作为第三阶段投入的权重；用 f_{ej} 表示最终产出 W_{ej} 的权重。

则DMU_j 第一阶段的总投入为 $\sum_1^m k_{i1}X_{ij}$，第二阶段的总投入为 $\sum_1^S h_{s1}\alpha_s Y_{sj}+\sum_1^C g_{c2}U_{cj}$，第三阶段总投入为 $\sum_1^S h_{s2}(1-\alpha_s)Y_{sj}+\sum_1^D t_{d2}V_{dj}+\sum_1^G k_{i2}Z_{gj}$，$DMU_j$ 总投入为 $\sum_1^m k_{i1}X_{ij}+\sum_1^S h_{s1}\alpha_s Y_{sj}+\sum_1^C g_{c2}U_{cj}+\sum_1^S h_{s2}(1-\alpha_s)Y_{sj}+\sum_1^D t_{d2}V_{dj}+\sum_1^G k_{i2}Z_{gj}$；第一阶段产出为 $\sum_1^C g_{c1}U_{cj}$，第二阶

段产出为 $\sum_1^D t_{d1}V_{dj}$，第三阶段产出为 $\sum_1^E f_{ej}W_{ej}$，整个 DMU_j 的总产出为 $\sum_1^C g_{c1}U_{cj} + \sum_1^D t_{d1}V_{dj} + \sum_1^E f_{ej}W_{ej}$。

基于上述假设，本书提出三阶段共享投入关联 DEA 的概念模型，如图 6.3 所示。

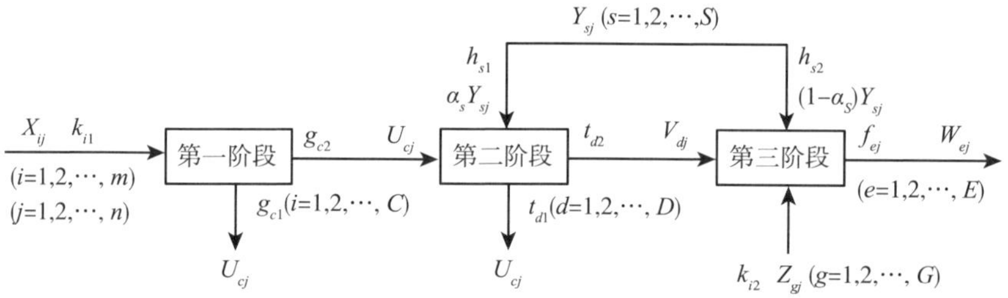

图 6.3　三阶段共享投入关联 DEA 的概念模型

假设 3： 规模报酬（收益）不变。第一阶段的基础效率 $E_j^1 = \dfrac{\sum_1^C g_{c1}U_{cj}}{\sum_1^m k_{i1}X_{ij}}$，第二阶段的技术研发效率（技术效率）$E_j^2 = \dfrac{\sum_1^D t_{d1}V_{dj}}{\sum_1^S h_{s1}\,\alpha_s Y_{sj} + \sum_1^C g_{c2}U_{cj}}$，第三阶段的科技成果转化效率（经济效率）$E_j^3 = \dfrac{\sum_1^E f_{ej}W_{ej}}{\sum_1^S h_{s2}(1-\alpha_s)Y_{sj} + \sum_1^D t_{d2}V_{dj} + \sum_1^G k_{i2}Z_{gj}}$，整个决策单元 DMU_j 的创新效率 $E_j = \dfrac{\sum_1^C g_{c1}U_{cj} + \sum_1^D t_{d1}V_{dj} + \sum_1^E f_{ej}W_{ej}}{\sum_1^m k_{i1}X_{ij} + \sum_1^S h_{s1}\,\alpha_s Y_{sj} + \sum_1^C g_{c2}U_{cj} + \sum_1^S h_{s2}(1-\alpha_s)Y_{sj} + \sum_1^D t_{d2}V_{dj} + \sum_1^G k_{i2}Z_{gj}}$。

据此，本书构建决策单元 DMU_j 的创新效率计算式如下。

$$E_j = max\frac{\sum_1^C g_{c1}U_{cj} + \sum_1^D t_{d1}V_{dj} + \sum_1^E f_{ej}W_{ej}}{\sum_1^m k_{i1}X_{ij} + \sum_1^S h_{s1}\,\alpha_s Y_{sj} + \sum_1^C g_{c2}U_{cj} + \sum_1^S h_{s2}(1-\alpha_s)Y_{sj} + \sum_1^D t_{d2}V_{dj} + \sum_1^G k_{i2}Z_{gj}} \tag{6.10}$$

$$\text{s. t. } \frac{\sum_1^C g_{c1}U_{cj} + \sum_1^D t_{d1}V_{dj} + \sum_1^E f_{ej}W_{ej}}{\sum_1^m k_{i1}X_{ij} + \sum_1^S h_{s1}\alpha_s Y_{sj} + \sum_1^C g_{c2}U_{cj} + \sum_1^S h_{s2}(1-\alpha_s)Y_{sj} + \sum_1^D t_{d2}V_{dj} + \sum_1^G k_{i2}Z_{gj}} \leqslant 1$$

$$\frac{\sum_1^C g_{c1}U_{cj}}{\sum_1^m k_{i1}X_{ij}} \leqslant 1, \frac{\sum_1^D t_{d1}V_{dj}}{\sum_1^S h_{s1}\alpha_s Y_{sj} + \sum_1^C g_{c2}U_{cj}} \leqslant 1$$

$$\frac{\sum_1^E f_{ej}W_{ej}}{\sum_1^S h_{s2}(1-\alpha_s)Y_{sj} + \sum_1^D t_{d2}V_{dj} + \sum_1^G k_{i2}Z_{gj}} \leqslant 1$$

$$\sum_1^C g_{c1}U_{cj} \geqslant 0, \sum_1^D t_{d1}V_{dj} \geqslant 0, \sum_1^E f_{ej}W_{ej} \geqslant 0$$

$$0 \leqslant \alpha_s \leqslant 1; k_{i1}, k_{i2}, h_{s1}, h_{s2}, g_{c1}, g_{c2}, t_{d1}, t_{d2}, f_{ej} \geqslant 0; j = 1, \cdots, n; i = 1, \cdots, m$$

假设4： 整个决策单元的效率 E_j 是根据三个相互关联阶段效率值的加权平均值计算的，用 w_j^1、w_j^2 和 w_j^3 分别代表三个阶段的权重，并且 $w_j^1 + w_j^2 + w_j^3 = 1$，那么整个决策单元的效率 $E_j = w_j^1 \times E_j^1 + w_j^2 \times E_j^2 + w_j^3 \times E_j^3$。

w_j^1、w_j^2 和 w_j^3 分别代表每个阶段的效率在整个决策单元效率中的权重，由各阶段的投入占整个DMU_j 的总投入的比率决定，本书对其定义如下。

$$w_j^1 = \frac{\sum_1^m k_{i1}X_{ij}}{\sum_1^m k_{i1}X_{ij} + \sum_1^S h_{s1}\alpha_s Y_{sj} + \sum_1^C g_{c2}U_{cj} + \sum_1^S h_{s2}(1-\alpha_s)Y_{sj} + \sum_1^D t_{d2}V_{dj} + \sum_1^G k_{i2}Z_{gj}} \geqslant \beta$$

$$w_j^2 = \frac{\sum_1^S h_{s1}\alpha_s Y_{sj} + \sum_1^C g_{c2}U_{cj}}{\sum_1^m k_{i1}X_{ij} + \sum_1^S h_{s1}\alpha_s Y_{sj} + \sum_1^C g_{c2}U_{cj} + \sum_1^S h_{s2}(1-\alpha_s)Y_{sj} + \sum_1^D t_{d2}V_{dj} + \sum_1^G k_{i2}Z_{gj}} \geqslant \gamma$$

$$w_j^3 = \frac{\sum_1^S h_{s2}(1-\alpha_s)Y_{sj} + \sum_1^D t_{d2}V_{dj} + \sum_1^G k_{i2}Z_{gj}}{\sum_1^m k_{i1}X_{ij} + \sum_1^S h_{s1}\alpha_s Y_{sj} + \sum_1^C g_{c2}U_{cj} + \sum_1^S h_{s2}(1-\alpha_s)Y_{sj} + \sum_1^D t_{d2}V_{dj} + \sum_1^G k_{i2}Z_{gj}} \geqslant \theta$$

其中，$\sum_1^m k_{i1}X_{ij} + \sum_1^S h_{s1}\alpha_s Y_{sj} + \sum_1^C g_{c2}U_{cj} + \sum_1^S h_{s2}(1-\alpha_s)Y_{sj} + \sum_1^D t_{d2}V_{dj} +$

$\sum_1^G k_{i2}Z_{gj}$ 表示三个阶段投入资源的总量，且该式中包含了共享投入和额外中间投入的部分；$\sum_1^m k_{i1}X_{ij}$，$\sum_1^S h_{s1}\alpha_s Y_{sj}+\sum_1^C g_{c2}U_{cj}$，$\sum_1^S h_{s2}(1-\alpha_s)Y_{sj}+\sum_1^D t_{d2}V_{dj}+\sum_1^G k_{i2}Z_{gj}$ 分别代表每个阶段投入要素的总量。为了避免出现0或1的极值，本书对取值范围进行了约束：$w_j^1\geqslant\beta$、$w_j^2\geqslant\gamma$ 和 $w_j^3\geqslant\theta$，其中 β、γ 和 θ 代表三个阶段的最小权重来计算整体效率，且存在 $\beta+\gamma+\theta=1$，及 β、γ 和 θ 均大于等于0。

令 $\dfrac{1}{\sum_1^m k_{i1}X_{ij}+\sum_1^S h_{s1}\alpha_s Y_{sj}+\sum_1^C g_{c2}U_{cj}+\sum_1^S h_{s2}(1-\alpha_s)Y_{sj}+\sum_1^D t_{d2}V_{dj}+\sum_1^G k_{i2}Z_{gj}}=l$，借助 Charnes-Cooper 变换，可以得到等价的线性规划模型公式（6.11）。

$$E_j=\max\left(\sum_1^C G_{c1}U_{cj}+\sum_1^D T_{d1}V_{dj}+\sum_1^E F_{ej}W_{ej}\right) \tag{6.11}$$

$$\text{s.t.}\ \sum_1^m K_{i1}X_{ij}-\sum_1^C G_{c1}U_{cj}\geqslant 0$$

$$\sum_1^S H_{s1}\alpha_s Y_{sj}+\sum_1^C G_{c2}U_{cj}-\sum_1^D T_{d1}V_{dj}\geqslant 0$$

$$\sum_1^S H_{s2}Y_{sj}-\sum_1^S H_{s2}\alpha_s Y_{sj}+\sum_1^D T_{d2}V_{dj}+\sum_1^G K_{i2}Z_{gj}-\sum_1^E F_{ej}W_{ej}\geqslant 0$$

$$\sum_1^m K_{i1}X_{ij}+\sum_1^C G_{c2}U_{cj}+\sum_1^S H_{s2}Y_{sj}+\sum_1^D T_{d2}V_{dj}+\sum_1^G K_{i2}Z_{gj}=1$$

$$\sum_1^C G_{c1}U_{cj}\geqslant 0,\sum_1^D T_{d1}V_{dj}\geqslant 0,\sum_1^E F_{ej}W_{ej}\geqslant 0$$

$$\sum_1^m K_{i1}X_{ij}\geqslant\beta$$

$$\sum_1^S H_{s1}\alpha_s Y_{sj}+\sum_1^C G_{c2}U_{cj}\geqslant\gamma$$

$$\sum_1^S H_{S2}Y_{sj}-\sum_1^S H_{s2}\alpha_s Y_{sj}+\sum_1^D T_{d2}V_{dj}+\sum_1^G K_{i2}Z_{gj}\geqslant\theta$$

$$0\leqslant\alpha_s\leqslant 1;K_{i1},K_{i2},H_{s1},H_{s2},G_{c1},G_{c2},T_{d1},T_{d2},F_{ej}\geqslant 0;j=1,\cdots,n;i=1,\cdots,m$$

$$K_{i1}=lk_{i1};K_{i2}=lk_{i2};H_{s1}=lh_{s1};H_{s2}=lh_{s2};G_{c1}=lg_{c1};$$

$$G_{c2}=lg_{c2};T_{d1}=lt_{d1};T_{d2}=lt_{d2};F_{ej}=lf_{ej}$$

假设最优值的最小边界值为无穷小 ε，令 $R_{s1}=H_{s1}\alpha_s$，$R_{s2}=H_{s2}\alpha_s$，等价线性规划模型如式（6.12）所示。

$$E_j = \max\left(\sum_1^C G_{c1} U_{cj} + \sum_1^D T_{d1} V_{dj} + \sum_1^E F_{ej} W_{ej}\right) \tag{6.12}$$

$$\text{s.t.} \ \sum_1^m K_{i1} X_{ij} - \sum_1^C G_{c1} U_{cj} \geqslant 0$$

$$\sum_1^S R_{s1} Y_{sj} + \sum_1^C G_{c2} U_{cj} - \sum_1^D T_{d1} V_{dj} \geqslant 0$$

$$\sum_1^S H_{s2} Y_{sj} - \sum_1^S R_{s2} Y_{sj} + \sum_1^D T_{d2} V_{dj} + \sum_1^G K_{i2} Z_{gj} - \sum_1^E F_{ej} W_{ej} \geqslant 0$$

$$\sum_1^m K_{i1} X_{ij} + \sum_1^C G_{c2} U_{cj} + \sum_1^S H_{s2} Y_{sj} + \sum_1^D T_{d2} V_{dj} + \sum_1^G K_{i2} Z_{gj} = 1$$

$$\sum_1^C G_{c1} U_{cj} \geqslant 0, \sum_1^D T_{d1} V_{dj} \geqslant 0, \sum_1^E F_{ej} W_{ej} \geqslant 0$$

$$\sum_1^m K_{i1} X_{ij} \geqslant \beta$$

$$\sum_1^S R_{s1} Y_{sj} + \sum_1^C G_{c2} U_{cj} \geqslant \gamma$$

$$\sum_1^S H_{S2} Y_{sj} - \sum_1^S R_{s2} Y_{sj} + \sum_1^D T_{d2} V_{dj} + \sum_1^G K_{i2} Z_{gj} \geqslant \theta$$

$$H_{s2} \geqslant R_{s2} \geqslant \varepsilon; R_{s1}, K_{i1}, K_{i2}, G_{c1}, G_{c2}, T_{d1}, T_{d2}, F_{ej} \geqslant 0; j = 1, \cdots, n; i = 1, \cdots, m$$

$$K_{i1} = lk_{i1}; K_{i2} = lk_{i2}; H_{s1} = lh_{s1}; H_{s2} = lh_{s2}; G_{c1} = lg_{c1};$$

$$G_{c2} = lg_{c2}; T_{d1} = lt_{d1}; T_{d2} = lt_{d2}; F_{ej} = lf_{ej}$$

将式（6.12）得出的最优变量值代入第一阶段的创新效率 $E_j^1 = \dfrac{\sum_1^C g_{c1} U_{cj}}{\sum_1^m k_{i1} X_{ij}}$ 可得第一阶段效率值，代入 $E_j^2 = \dfrac{\sum_1^D t_{d1} V_{dj}}{\sum_1^S h_{s1} \alpha_s Y_{sj} + \sum_1^C g_{c2} U_{cj}}$ 可得第二阶段效率值，代入 $E_j^3 = \dfrac{\sum_1^E f_{ej} W_{ej}}{\sum_1^S h_{s2} (1 - \alpha_s) Y_{sj} + \sum_1^D t_{d2} V_{dj} + \sum_1^G k_{i2} Z_{gj}}$ 可得第三阶段效率值。

据此，本书基于 MATLAB 2021 设计了三阶段共享投入关联 DEA 程序（见附表 X），为后续产业创新效率的研究分析提供了数据支持。

总体来看，本模型综合考虑了新兴产业创新效率测度特点和需求，能够比较客观地计算新兴产业分产业的基础研究效率、技术效率和经济效率。基于统计年鉴面板数据和本书独特的基础数据，本书设计了总体效率和三阶段效率的计算方式，可以对我国的新兴产业小类行业进行创新效率分析。

6.4 新兴产业创新效率测度实证分析

6.4.1 实证领域选择及其产业创新发展模式的识别

6.4.1.1 实证领域选择

基于全创新链视角开展新兴产业创新效率测度研究，需要产业创新要素投入产出数据的支持，笔者调研分析《战略性新兴产业分类（2018）》《中国科技统计年鉴》《中国高技术产业统计年鉴》等数据资料后发现，集成电路技术领域既有作者积累的研究基础支撑，又能得到官方统计年鉴的数据支撑，因而初步选择集成电路制造产业作为研究对象。进一步，集成电路制造业属于“电子器件制造”行业中类下的小类（见附表Q），因而有必要对同属于该中类下的其他产业开展比较分析。从附表Q中可以看出，该中类下还有电子真空器件制造、半导体分立器制造和光电子器件制造三个小类，其中光电子器件制造业为2018年新增统计对象，只有2018~2020年的数据，有效数据不足，本书没有将其纳为研究对象。因而，本章最终选择集成电路制造、电子真空器件制造和半导体分立器制造三个产业为实证研究对象。

6.4.1.2 科学关联度和技术关联度的计算

（1）整体数据分析

本书针对实证研究的三个新兴技术领域，基于构建的检索策略（见附表E、附表F和附表G），从WOS数据库的SCIE和CPCI-S子辑中检索科学论文数据（时间范围是2010年1月1日~2020年12月31日），如表6.4所示；从智慧芽专利数据库中检索专利数据［专利类型为发明专利申请和授权发明专利；时间范围为2010年1月1日~2020年12月31日；受理局为全球所有国家（地区）］，如表6.5所示。

表 6.4 实证领域反向引用情况（2010 ~ 2020 年）

名称	新兴技术领域		
	①集成电路	②半导体分立器	③电子真空器件
论文总数（篇）	62029	11213	29600
有引用的论文数（篇）	61189	11180	29398
有反向引用的论文数（篇）	2714	558	1341
被引用专利数累计（件）	54710	10320	25340
有反向引用的论文引用均值（件）	20. 2	18. 5	18. 9
总体论文反向引用均值（件）	0. 9	0. 9	0. 9
专利文献引用最大值（件）	810	280	530
有反向引用的论文数/有引用的论文数	0. 0444	0. 0499	0. 0456
有反向引用的论文数/论文总数	0. 0438	0. 0498	0. 0453
技术关联度	0. 2092	0. 2231	0. 2128

从表 6. 4 中可以看出，没有发生引用的论文很少，论文数与发生引用的论文数差别很小；三个产业中涉及均值的数据基本上相同，说明这三个产业受技术发明驱动的影响比较一致，技术关联度均在 0. 21 左右，是技术发明驱动力不显著的表现。

表 6. 5 实证领域引用非专利文献情况（2010 ~ 2020 年）

名称	新兴技术领域		
	①集成电路	②半导体分立器	③电子真空器件
专利族总数（组）	213090	38011	86888
有引用的专利族数（组）	92564	25416	36491
引用非专利文献的专利族（组）	35537	10153	15466
被引用非专利文献累计（篇）	229990	197621	455515
有引用的专利族引用均值（篇）	6. 5	19. 5	29. 5
总体专利族引用均值（篇）	1. 1	5. 2	5. 2
非专利文献引用最大值（篇）	1172	888	1216
引用非专利文献的专利族数/有引用的专利族数	0. 3839	0. 39947	0. 4238
引用非专利文献的专利族数/专利族总数	0. 1668	0. 26711	0. 1780
科学关联度	0. 4502	0. 5168	0. 4219

从表 6.5 中可以看出，总体而言，三个产业的科学关联度都比较高，表明这三个产业受科学原理和方法的驱动力比较显著；虽然半导体分立器制造业的专利族数比较少，但其科学关联度要比其他两个产业高；从有引用的专利族引用均值和总体专利族引用均值来看，集成电路领域的非专利引用（0.3839 和 0.1668）没有其他两个领域高，其大量高引用的情况（引用非专利文献的专利族数为 35537）被引用少的情况平均化了，因而比较低。

（2）产业创新发展模式识别

据表 6.4 和表 6.5 的技术关联度与科学关联度计算结果，可以得出各产业在图 6.1 中的位置，如图 6.4 所示。

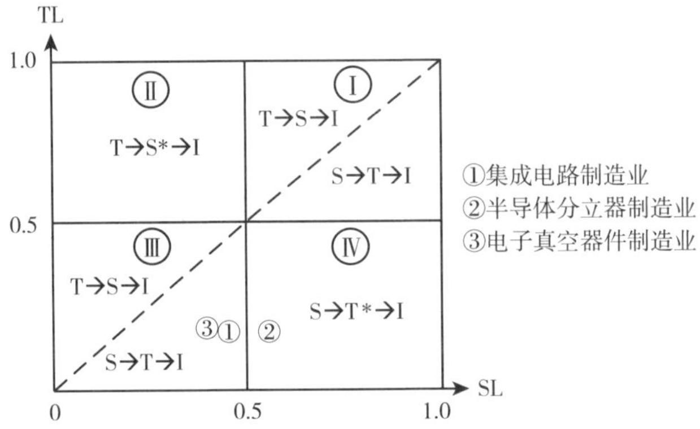

图 6.4　实证领域产业创新发展模式识别结果

从图 6.4 中可以看出，三个产业的创新发展模式基本相同，也存在部分差别。半导体分立器制造业位于第 IV 区间，可以称之为基于科学的产业；集成电路制造业和电子真空器件制造业则位于第 III 区间，属于科学推动技术、技术再应用于产业发展的模式；三个产业都以科学原理方法为创新源头。这与世界电子及通信设备制造业的发展状况相吻合：产业创新依赖于科学原理方法的发现，然后再在工艺流程上不断创新，促进产品向小型化、集成化方向发展。这也与雷家骕等（2019）对“电子信息”“电子与基本电子电路”的产业发展模式的判断一致[108]。

6.4.2　数据来源及相关性检验

(1) 数据来源

本书在表6.3中已对各指标的数据来源做了标注，其中的数据来源分为两类。一是基础性数据，来源于官方统计年鉴，包括《中国科技统计年鉴》《中国教育统计年鉴》《中国教育经费统计年鉴》《中国高技术产业统计年鉴》；二是分析性数据，是本书在检索专业数据库（WOS数据库和智慧芽专利数据库）的基础上，编写程序或利用工具软件形成的数据。有四点需要说明：第一，各年鉴中产业涉及对象为规模以上工业企业（年收入在2000万元以上的工业企业）；第二，本书获得的数据时间范围均是2010～2020年；第三，部分指标在一个年鉴中可能存在数据缺失，需要参考其他年鉴，如2018年没有发布《中国高技术产业统计年鉴》，需要参考《中国科技统计年鉴》；第四，截至本书成稿前，2021年度的统计年鉴数据还未正式发布。本书获得最终数据见附表S～附表V。

要素的投入产出之间存在一定的时间差，因而对创新过程进行效率分析需要考虑其时间间隔，构造数据集时不能使用同一年的投入产出数据。时间间隔的选取随产业、R&D主体等发生变化，且其对创新效率的影响不稳定且长度不固定[216]。各类统计活动中对R&D活动多采用1年的时间间隔作为统计标准[162]，据此，本书选取时间间隔为1年，即基础研究阶段投入指标选取2010～2017年数据，基础研究阶段产出指标选取2011～2018年数据；技术开发阶段投入指标选取2011～2018年数据，技术开发阶段产出指标选取2012～2019年数据；科技成果转化阶段投入指标选取2012～2019年数据，产出指标选取2013～2020年数据。

(2) 投入产出变量相关性检验

投入与产出变量的相关性检验是三阶段共享投入DEA模型运行的前提条件，即要验证评价指标的同向性问题，若投入与产出变量呈现正相关，才能开始正式的DEA评估。本书在5.2.4.2节已使用Pearson相关系数方法进行了相关性检验，本章仍然采用此方法，检验结果（见附表W）显示，各投入产出指标间具有显著的正相关性。因此，DEA 模型是适用的。

6.4.3 创新效率测度结果

基于本书构建的三阶段 DEA 模型，在 MATLAB 2021 软件中输入数据并运算，得到三个新兴产业 2010～2020 年创新效率的评分，其中包括产业整体效率、基础效率、技术效率和经济效率四类。由于选定时间间隔为 1 年，每一年度的投入产出数据是独立统计的，所以第二和第三阶段的中间决策变量 $h_{s1}=h_{s2}$。计算结果如表 6.6 所示。

表 6.6　实证领域产业创新效率评分（2010～2020 年）

产业名称	效率分类	2010 年	2011 年	2012 年	2013 年	2014 年	2015 年	2016 年	2017 年	2018 年	2019 年	2020 年
总体产业	整体效率	—	—	0.798	0.732	0.697	0.705	0.725	0.691	0.722	—	—
	基础效率	0.890	0.932	0.933	0.886	0.924	0.876	0.868	0.866	0.914	—	—
	技术效率	—	0.711	0.876	0.742	0.746	0.807	0.822	0.828	0.616	0.815	—
	经济效率	—	—	0.634	0.668	0.554	0.583	0.619	0.547	0.803	0.603	0.730
集成电路制造业	整体效率	—	—	0.877	0.872	0.565	0.671	0.737	0.619	0.776	—	—
	基础效率	0.890	0.900	0.910	0.877	0.918	0.873	0.870	0.853	0.970	—	—
	技术效率	—	0.602	0.910	0.828	0.337	0.541	0.950	0.646	0.474	0.926	—
	经济效率	—	—	0.812	0.910	0.440	0.599	0.392	0.357	0.885	0.551	0.703
半导体分立器制造业	整体效率	—	—	0.715	0.550	0.643	0.635	0.735	0.551	0.575	—	—
	基础效率	0.834	0.960	0.920	0.889	0.902	0.876	0.910	0.918	0.883	—	—
	技术效率	—	0.552	0.856	0.522	0.950	0.940	0.823	0.918	0.506	0.781	—
	经济效率	—	—	0.519	0.537	0.477	0.539	0.873	0.318	0.837	0.512	0.725
电子真空器件制造业	整体效率	—	—	0.801	0.775	0.882	0.809	0.703	0.905	0.815	—	—
	基础效率	0.946	0.937	0.970	0.891	0.950	0.879	0.824	0.827	0.889	—	—
	技术效率	—	0.980	0.863	0.876	0.950	0.940	0.692	0.920	0.868	0.740	—
	经济效率	—	—	0.570	0.556	0.746	0.609	0.592	0.967	0.688	0.744	0.764

注：表中“—”表示该效率值没有实际意义，不表示其不存在。

6.4.4 实证结果分析

(1) 创新效率总体分析

基于表 6.6 所示的实证产业创新效率总体分析结果，本书用折线图描述总体产业在基础研究、技术研发、科技成果转化阶段的时间变化趋势，图 6.5 为 2012 ~ 2018 年三个实证产业总体的效率值。

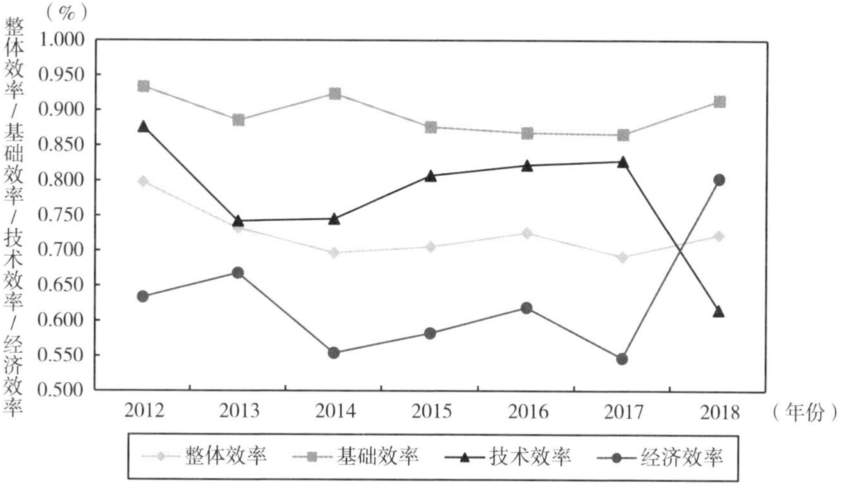

图 6.5　实证产业总体创新效率折线示意（2012 ~ 2018 年）

从图 6.5 中可看出以下信息。

① 整体效率一直处于经济效率和基础效率（含技术效率）的中间区域，而且波动幅度不大，说明技术效率向上的决定性影响力不够，也即尚未出现突破性技术成果。这说明电子器件制造业仍然遵循摩尔定律；新一代半导体材料虽然已经出现，但完全取代硅晶芯片还为时过早。

② 基础效率总体较高，始终分布在基础效率、技术效率和经济效率之上，而且波动幅度不大（0.10 左右），维持在 0.85 ~ 0.97 之间。这主要是因为高校和科研机构充分发挥基础研究的带头作用，产生了比较丰富的基础研究成果并培养了专业人才；同时也与持续科技政策和科技评价的导向性有关。

③ 技术效率的总体趋势平稳，在持续性小幅增长的趋势下，突然掉头向下，说明技术研发过程中可能遇到突发性事故或障碍，这与当时美国加大对中国技术封锁的国际背景相吻合。

④ 经济效率总体趋势向上，在 2018 年出现与技术效率走势相反的情况。经济效率在持续性小幅波动的情况下，突然向上急剧拉升，说明产品市场需求急剧增长。这在于两个方面的国际背景：一是与 2018 年中美贸易

摩擦背景相吻合，由于工业基础雄厚及完善的供应链支撑，这一期间中美贸易额不降反升；二是虽然技术研发没有出现大的突破，但依赖于前期技术积累，产品实现产业化，市场需求旺盛，因而经济效率较高。

（2）实证产业创新效率比较分析

① 创新效率的分类分析。表 6.6 从创新效率的四个视角进行了分类统计，本节在此将各行业的创新效率值取均值并排序，得到三个实证产业的整体创新效率、基础创新效率、技术创新效率和经济创新效率的统计数据，如表 6.7 所示。

表 6.7　　实证产业创新效率排名（2012～2018 年）

产业名称	整体效率	排序	基础效率	排序	技术效率	排序	经济效率	排序
集成电路制造业	0.748	2	0.899	1	0.678	3	0.667	1
半导体分立器制造业	0.611	3	0.892	3	0.722	2	0.633	3
电子真空器件制造业	0.806	1	0.894	2	0.878	1	0.647	2

本书设定了创新效率的分类标准，根据表 6.6 中的统计数据（2012～2018 年），首先计算平均值并四舍五入及千分位取 0 得到 0.750；其次，计算高于 0.750 的平均值并四舍五入得到 0.870；最后，根据数据分布情况，将最小值定义为 0.320、最大值定义为 1.000，将数值范围划分为 0.320～0.750、0.750～0.870 和 0.870～1.000 三个区间，分别对应创新效率低、中和高三个层次。

整体效率分析。根据表 6.7 中各产业的排序，电子真空器件制造业的整体效率最高，半导体分立器制造业整体效率最低，集成电路制造业的整体效率居中。按照前述对创新效率三个层次的划分标准，集成电路制造业和电子真空器件制造业的整体创新效率属于中等层次水平，半导体分立器制造业整体效率属于低层次水平。

基础效率分析。表 6.7 中各产业基础创新效率的值基本相等，这与基础研究阶段各投入要素的取值一致有关系，而各产出要素因为产业不同而有所不同，从而导致细小的差异性。按照前述对创新效率三个层次的划分标准，三个产业的基础效率属于高层次水平。

技术效率分析。根据表 6.7 中各产业排序，电子真空器件制造业的技术效率最高，集成电路制造业技术效率最低，半导体分立器件制造业的技术效率居中。按照前述对创新效率三个层次的划分标准，集成电路制造业和半导体分立器制造业的技术创新效率属于低层次水平，电子真空器件制造业技术效率属于高层次水平。

经济效率分析。表6.7中各产业经济创新效率的值相差不大，按照前述对创新效率三个层次的划分标准，三个产业的经济效率属于低层次水平。结合国际国内市场来看，国内企业在三个产业的全球供应链中占据中低端位置，大部分收入来自密集型劳动付出，而不是代表技术成果的知识产权收益，原因在于自主创新的技术成果不充足或转化进程缓慢等，从而导致各产业经济创新效率处于较低层次。

② 技术效率与经济效率的聚类分析。由于三个产业的基础创新差异性小，本书在此只分析经济效率和技术效率之间的关联关系。就经济效率和技术效率而言，不同产业在创新的不同阶段表现不同，如电子真空器件制造业技术效率较高、经济效率较低，集成电路制造业经济效率较高、技术效率较低。本书以技术效率为横坐标系和经济效率为纵坐标系构建二维坐标系，以效率均值（0.750）为坐标系的交叉点（0.750，0.750），将二维坐标系分为四个板块，结果如图6.6所示。

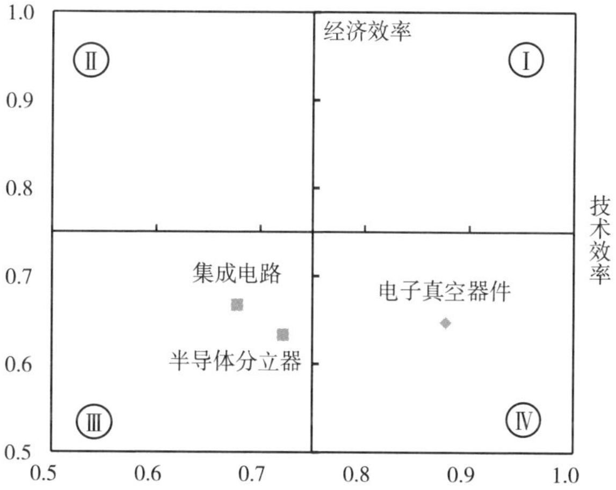

图6.6　各产业技术和经济效率聚类分析

注：不同区域内产业的图标不同，以示区分。

值得说明的是，虽然由于条件限制，本章仅选择了三个典型产业开展实证分析，但这并不影响本章所提方法分析其他产业的适用性；同时，创新效率的比较分析，与被分析的产业群体有关。在整体产业创新效率高而自身创新效率水平低的产业，其创新效率可能高于整体产业创新效率低而自身创新效率水平高的产业。

Ⅰ类产业——高技术效率、高经济效率。由于本章实证对象少，无产业落在本区域内，但并不影响对可能落在本区域内产业的客观分析。本区域内的产业比较早地开展双链融合，拥有持续稳定的科学技术供给来源；这些产业能够充分利用早期的技术积累而持续进行研发投入，产生比较丰富的科技成果；基于完善的产业链，生产经营成本最小化而利润最大化，为研发创新和市场巩固拓展提供经济支撑。

Ⅱ类产业——低技术效率、高经济效率。与Ⅰ类产业相类似，无产业落在本区域内，仍然可以引用类似产业开展分析。本区域内产业与创新链前端的高校和科研机构联系不紧密，缺乏基础研究带来的科技创新原动力，现阶段主要采用技术引进、消化吸收的形式，形成局部区域的技术优势；市场空间比较广阔，这也是企业开展原始创新动力缺乏的原因之一。

Ⅲ类产业——低技术效率、低经济效率。集成电路制造业和半导体分立器制造业属于这一类型。本区域内产业在基础研究和科技成果转化方面加强了投入，但投入量相对主营业务收入而言还不够，原因在于产业链和创新链的建设及融合水平还不能引领技术创新和高端市场。不唯这两个产业，中国科技产业整体大而不强，根本原因在于高端技术的科技攻关投入不足；发达国家在高端市场长期占据领导（垄断）地位，改变这种状况需要长期的科技创新和市场开拓的积累。加强在重点领域重大科技攻关项目上的投入，充分发挥我国科技体制优势开展科技创新；同时，加大投入完善产业链和创新链的融合机制，是解决产业低技术效率、低经济效率的途径之一。

Ⅳ类产业——高技术效率、低经济效率。真空电子器件制造业属于这一类型，该产业的实际情况是，拥有大量的科技成果，但是没有形成强大的市场占有率，产业发展维持着粗放型生产水平。需要在维持和继续提高基础研究的投入水平的条件下，加强科技成果转化，促进产业化水平的提高，也即产业链末端的建设还需要加大投入。

③ 产业创新发展模式与创新效率关系分析。可以从图 6.4 和图 6.6 的对比中看出三方面信息。其一，三个实证产业的技术创新效率整体不高，受产业创新发展模式影响较大，很大程度在于受制于科学研究发现向产业化的转移过程不畅，或受制于科学研究发现“技术研发”产业化的渐进过程不畅。其二，三个实证产业的创新发展模式和创新效率的差异性并不大，说明产业创新发展模式和创新效率之间存在一定的正向关联关系。其三，三个实证产业的创新链和产业链融合发展还需要进一步提高，加速以科学研究发现为源头的技术创新和完善产业链布局，能有效提高产业的创新效率。需要说明的是，产业创新发展模式与创新效率之间的影响及正相关关系的具体机制和程度，需要后续进一步展开分析研究。

6.4.5 实证结论

通过实证分析研究，本书得出以下几方面结论。第一，电子器件制造业整体效率一直处于经济效率和基础效率（含技术效率）之间，而且波动幅度不大，实际产业表现为尚未出现突破性技术成果。第二，基础效率总体较高，始终分布在整体效率、技术效率和经济效率之上，而且波动幅度不大（0.100 左右），维持在 0.850 ~ 0.970 之间。实际产业表现为创新链前端的高校和科研机构充分发挥基础研究的带头作用，产生了比较丰富的基础研究成果并培养了专业人才。第三，技术效率的总体趋势平稳，但在 2018 年突然下挫，与当时美国加大对中国技术封锁的国际背景相吻合。第四，经济效率在维持低效率的情况下总体趋势向上，在 2018 年突然向上急剧拉升，说明产品市场需求急剧增长。这在于两个方面的背景：一是由于工业基础雄厚及完善的供应链支撑，2018 年中美贸易摩擦期间中美贸易额不降反升；二是依赖于前期技术积累，基础工业产品形成产业化，市场需求旺盛，因而经济效率较高。第五，实证对象中各产业创新效率差异不大；创新效率整体表现较好的产业，技术效率均优于其他产业、经济效率差异也不大。可见，产业创新效率的决定性影响力来自技术创新。第六，产业创新发展模式与创新效率存在一定的正向关联关系。

6.5 本章小结

本章提出了新兴产业创新发展模式的识别方法及界定标准，将新兴产业全创新链创新发展过程划分为基础研究、技术研发和科技成果转化三个阶段；分析和遴选了各阶段的创新发展关键投入产出要素；将新兴产业发展模式识别方法中的科学关联度和技术关联度计算方法，运用于论文和专利相关的评价指标之中，构建了新兴产业全创新链创新效率评价指标体系；基于构建的评价指标体系，提出了三阶段共享投入关联 DEA 模型；以电子器件制造产业下辖的三个产业为研究对象开展实证研究，分析了其全创新链创新效率的发展特征。

研究结果表明：第一，本书构建的创新效率评价指标体系和三阶段共享投入关联 DEA 模型是有效和适用的。第二，基于全创新链视角开展产业创新效率测度研究，科研主体的科技成果和人才培养是基础研究阶段重要的投入产出要素。第三，基于引文分析的科学论文技术关联度和专利科学关联度的方法模型，可以有效识别判断产业创新发展的模式。第四，构建测度评价指标体系，可以充分运用科学关联度和技术关联度计算方法丰富指标的含义，也需要充分考虑数据的可获得性、重要性和相关性。第五，本书设计的三阶段共享投入关联 DEA 模型可以满足基础研究阶段投入产出要素与产业内部投入产出创新要素有效结合而开展创新效率测度的需要；该模型设计了三阶段的效率权重的自动计算方法，克服了以往人工进行权重赋值的主观性。

本章通过识别新兴产业创新发展模式，构建了新兴产业全创新链创新效率评价指标体系，提出了三阶段共享投入关联 DEA 模型，回应了新兴技术创新发展测度共性问题中的“新兴产业创新发展投入产出在哪些方面需要加强”“新兴技术和新兴产业的投资机会如何把握”问题，为多元创新主体投资或配置创新资源提供了决策支持，也回应了“围绕产业链部署创新链”的国家科技战略需求。

第7章

总结与展望

7.1 主要研究结论

(1) 理论框架体系设计方面

一是提出了包括全创新链和新兴技术创新发展内涵界定、问题凝练、解决方案设计及评价、测度过程设计等基于全创新链的新兴技术创新发展测度理论和方法框架体系，形成本书的整体框架思路。二是提出了包括引文网络颠覆度量化计算、关键信息的数据集合处理与分析、基于引文网络颠覆度的网络收缩和主路径提取等方法，形成了基于全创新链的新兴技术创新发展路径测度方法思路。三是提出了包括科学技术与产业关联维度确定、新兴技术领域科学技术发展评价指标体系设计、科学技术与产业关联发展状态测度方法及模型设计，形成了基于全创新链的新兴技术领域科学技术和产业关联发展状态测度方法思路。四是提出了包括新兴产业创新发展模式识别、新兴产业创新发展阶段划分、新兴产业创新效率测度指标体系构建、新兴产业创新效率测度等的方法模型设计，形成了基于全创新链的新兴产业创新效率测度方法思路。

(2) 方法和模型构建方面

一是基于现有网络三元组及颠覆度量化方法，提出了网络三元组和颠覆度量化方法与计算模型的改进设计，有利于实现新兴技术创新发展路径的提取和分析；提出了引文网络提取和收缩方法，缩小数据集规模，有利于提高技术主路径的提取效率。二是构建了基于全创新链的新兴技术领域科学技术与产业关联发展状态测度方法及模型，其中包括科学技术与产业关联维度的确定方法、以科学技术发展热度指数和影响力指数为核心的评价指标体系构建方法及权重确定方法，使得科学技术与产业关联发展状态测度目标清晰并具有强有力的指标数据支撑。三是提出了基于改进设计的科学关联度和技术关联度模型的新兴产业创新发展模式识别方法；提出了新兴产业创新效率测度指标的构建方法；构建了新兴产业创新效率测度模型，涵盖各创新主体的投入产出，适应基于全创新链的新兴产业创新效率测度的需要。

(3) 数据分析和处理方面

本书利用多源数据整合分析，开展了计量基础上的数据挖掘，涉及的数据有三类：一是在进行量化评价分析时，采用能够方便获取的数据来源并以其作为评价指标，如官方的统计年鉴数据、论文专利数据库下载的特征信息数据等。二是本书也采用了一些定性与定量相结合的数据，如基于专家对新兴技术细分领域对应的产业发展阶段判断，将专家的意见数据化。三是基于构建的检索策略下载原始数据后，运用一定理论和方法获取目标数据，如颠覆度量化数据、科学技术发展指数数据、产业的科学关联度和技术关联度等。所有数据选择和指标体系的构建，均来源于对数据的认识和把握，是有能力获取数据的直接体现；相反，选择其他指标显然会减弱研究的客观性和有效性。第三类数据是本书研究的核心基础，由于没有现成的工具软件加工原始数据，基于数据库软件工具开展数据的加工处理能力则成为重中之重。笔者能够熟练掌握 MS SQL Server 数据库软件，能从海量数据中充分挖掘高价值信息，且设计了提取分析方法（见附表 I ~ 附表 K)，才得以获得研究需要的数据。

(4) 实证研究的重要结论方面

① 基于全创新链科学技术计量分析的新兴技术创新发展路径测度。一是改进设计了三元组专利引文网络方法和颠覆度量化方法，可以有效测度新兴技术的颠覆性创新程度。二是基于数据集合的思想和三元组引

文网络的分类方法，可有效收缩引文网络的规模，提高引文网络提取的运算效率。三是在引文网络计算方法和主题词提取算法精确的情况下，基于引文网络提取的技术发展路径与基于主题词提取的技术发展轨迹存在相通之处，也间接反映了本书设计的基于颠覆度引文网络计算模型的有效性。四是在数据量足够大的支持下，年度颠覆度平均值趋近于取值范围的中点（0.5）；专利数量的增长与颠覆度大小无直接关系，真正决定技术成果颠覆度的是高水平专利（个体或群体）的引用量；烧结技术发展主题演化路径以粉末聚合物研制为基础、以聚丙烯树脂类制备为主方向、以聚氨酯复合粉末和尼龙复合粉末制备为侧翼方向；关键技术的专利技术来源和目标市场国家（地区）中，中国和美国居于领先地位，远远超过其他区域。

② 基于全创新链的新兴技术领域科学技术与产业关联发展状态测度。一是基于全创新链的科学技术与产业关联发展测度方法模型，可以有效测度新兴产业各发展阶段中科学技术的聚集程度和影响力程度，以及科学技术发展指数与产业发展阶段的关联发展状态；可以用于开展特定技术领域全球、国家（地区）、国家（地区）与全球以及国家（地区）之间四个视角的发展状态比较分析。二是本书在实证过程中虽然只以美国举例，但其他国家（地区）的发展状况同样可以基于同样的方法模型开展测度，从而开展国家（地区）之间发展状况的比较分析。实证结果整体表明，美国在烧结技术领域的科学技术领先优势明显，起主导作用，与前面的技术布局分析结论一致。

③ 基于全创新链的新兴产业创新效率测度。一是本书构建的创新效率评价指标体系和三阶段共享投入关联 DEA 模型是有效与适用的。二是基于全创新链视角开展产业创新效率测度研究，基础科研主体的科技成果和人才培养是基础研究阶段重要的投入产出要素。三是基于引文分析的科学论文技术关联度和专利科学关联度的方法模型，可以有效识别判断产业创新发展的模式。四是构建创新效率评价指标体系，可以充分运用科学关联度和技术关联度计算方法来丰富指标的含义，也需要充分考虑数据的可获得性、重要性和相关性。五是电子器件制造业整体效率一直处于经济效率和

基础效率（含技术效率）之间，而且波动幅度不大，实际产业表现为尚未出现突破性技术成果；基础效率总体较高，始终分布在整体效率、技术效率和经济效率之上，而且波动幅度不大（0.100 左右），维持在 0.850 ~ 0.970 之间，实际产业表现为创新链前端的高校和科研机构充分发挥基础研究的带头作用，产生了比较丰富的基础研究成果并培养了专业人才；受美国技术封锁和中美贸易摩擦的影响，2018 年技术效率突然下挫而经济效率向上急剧拉升，与我国工业基础雄厚及完善的供应链支撑高度相关；实证对象中各产业创新效率差异不大，但产业创新效率的决定性影响力来自技术创新。

7.2 基于全创新链的新兴技术创新发展政策建议

新兴技术的出现很大程度上将对未来产业发展产生重大影响，如市场重构等，研究新兴技术创新发展的特征和发展规律有助于促进新兴技术和新兴产业的发展，实现产业链和创新链的充分融合，实现社会整体价值增值。本书通过构建新兴技术创新发展测度理论和方法框架体系，设计基于全创新链和科学计量的新兴技术创新发展路径测度、基于全创新链的新兴技术领域科学技术与产业关联发展状态测度、基于全创新链的新兴产业创新效率测度方法模型，形成了一些有意义和有价值的研究发现。基于此，提出以下促进新兴技术和新兴产业发展的建议。

（1）推动双链融合创新体系建设

促进新兴技术和新兴产业创新良性发展，推动其创新链和产业链融合发展是有效途径之一。创新链和产业链不是天然形成的，是科学技术形成创新性、颠覆性突破及成功实现科技成果产业化之后逐渐形成的。新兴技术和新兴产业创新发展的程度不同，涉及的创新链和产业链的成熟度也不同，如松散状态或紧密状态、完整状态或不完整状态等，进而双链融合的状态也不同。科技创新处于弱势的企业担任创新链核心主体时，政府政策在双链融合过程中要起到支撑和助力作用；科技创新处于强势的企业担任创新链核心主体时，其本身具备吸引力、号召力和推动力，基于双链融合推动新兴技术和新兴产业发展的需求是做大做强，所需要的支撑政策又有所不同。同时，在支撑双链融合的过程中，还需要制定规范性政策，促进创新链相关主体的创新发展齐头并进。

在双链融合创新体系中，全方位调动各类创新主体的积极性是一件非常难的事情。在推动双链融合创新体系建设方面，有五个方面的着力点。一是加快新型科研主体和转化平台及支撑环境的建设。打造或加强新型科研机构和转化机构，在破解经济和科技“两张皮”困境方面能够起到关键作用。对于双链融合创新体系中的制度环境、基础研究的投入，政府政策应在科技创新链主体缺失等问题上及时补位，特别要改善关键共性技术转化的薄弱环节。二是推动高效的产学研协同创新联盟建设。目前的产学研合作远没有达到当前政策制定的目的，企业并不是都在积极开拓和寻求科研主体的合作，或者缺乏合作的战略需求和目标。此时，就需要有平台、政策支持和双链融合环境牵线搭桥推动产学研协同创新联盟的建设。三是推动研发人才在创新链主体间的流动机制建设。企业研发人才队伍不强一直是产业链做大做强的制约因素之一，吸引和推动研发人才向最需要的产业链流动，是人才流动政策的重要目标之一。四是在创新链中高校和科研机构对基础科研人才和企业科研人才的培养与输送至关重要。一方面要动态调整学科培养体系建设，使其与人才需求紧密衔接；另一方面要拓宽研发人才的创新训练、再教育和继续教育的渠道，同时也要加快培养学科交叉复合型人才。五是在新规划建设的科技研发和转化平台开展先行先试，探索成功经验，完善政策制度，进一步推动双链融合体系的改革和优化。

（2）继续加强基础研究支持力度

加强基础研究的支持力度，是国家科技战略的要求，也是创新链发展和双链融合发展的需求。科研主体为创新链输送高价值科学研究和技术发明成果的案例有很多，但相比新兴技术和新兴产业创新发展的需求而言，存在两个方面的问题：一是高价值的基础研究成果总量不多；二是许多高价值成果未被产业链主体及时挖掘出来，或分析能力不足而发现不了。加强基础研究的支持力度，一方面可以提升高价值基础研究成果的总体数量和质量；另一方面能够提高科技成果的产业化机会，如支撑形成良好的实验验证中试平台和环境及转化平台，提高产业链对新兴技术的可见性，进而加速新兴技术的创新发展。

(3) 继续加强科技成果转化推进力度

① 提升研发质量并注重“量质并重”。通过分析总体创新效率可见，我国新兴产业技术创新效率总体趋势下降，其中有外部的影响因素存在，如国外的高技术封锁等，也有内部的影响因素存在。当前，我国的科技政策逐渐由追求专利数量转向数量与质量并重，同时执行严格的专利审查制度，撤回不以技术创新发展为目的的专利申请及授权。但这些还远远不够，需要从以下三个方面加大力度：一是设置与专利转化率相关的考核指标，实施后评价制度，对科技成果转化率高的创新主体继续实施补贴或税收减免；二是完善科技成果质量的评价体系，加强对科技成果质量的审查工作；三是加大重点领域和重大科技攻关项目的研发投入，培育和发展颠覆性技术，集中力量攻克“卡脖子”技术。

② 加强科技成果转化投入和优化创新投入结构。本书提出应从五个方面入手：一是要加强调研梳理，分行业分区域找出科技成果转化方面存在的问题。二是分析诊断现行科技政策解决问题的能力及需要优化完善之处，如奖励政策和税收政策等。三是提高产业链和创新链融合能力及水平，完善科技成果转化支撑环境的建设。创新链的参与主体除了企业及基础科研主体外，还包括金融机构、中介服务组织和政府管理部门等，创新环境也包括区域科创中心、创新平台、产业集聚区等，这些创新环境的建设无疑对科技成果转化会起到至关重要的作用。四是产业链内部要完善科技成果转化的激励制度，激励或奖励有影响力的绩效成果，激发研发人员及其他科技服务人员在科技成果转化活动中的创造力。五是对创新主体的支持政策要分类完善。根据创新链主体的能力水平不同，政策支持的方向要有清晰的把握。科技创新处于弱势的企业担任创新链核心主体时，政府管理部门在全创新链中起支撑和助力作用；科技创新处于强势的企业担任创新链核心主体时，政府管理部门在全创新链中起

疏导作用。

(4) 结合行业特点制定针对性政策

本书根据新兴产业创新效率的差异，将其划分为分布于不同象限的四类（见图6.6），毋庸置疑，不同产业的创新发展差异性导致需求也会不同，制定分类政策是必由之路。

Ⅰ类产业：该类型产业无疑在双链融合中表现比较突出，但要对标发达国家的高端技术及产业，加大跟跑速度及能力，主攻方向应该是尖端科技的研发，以及产业链和创新链的前瞻布局。要加强该产业的示范引导作用，推广该产业的成功经验，包括政策经验和管理经验，带动其他产业或区域的创新发展。

Ⅱ类产业：该类型产业的高经济效率不在于科技成果转化能力强大，而在于市场空间巨大，在不需要加大研发投入的情况下，也能获取较大的经济效益。因而，该类型产业实际上在技术研发和科技成果转化能力建设方面都需要加强投入，需要政策引导企业提高研发投入占主营业务收入的比重（研发强度），以及转化的力度。

Ⅲ类产业：该类型产业除了需要加强研发强度和研发力度之外，还需要加强在重点领域重大科技攻关项目上的投入，充分发挥我国科技体制的优势，开展科技创新；同时，加大投入完善产业链和创新链的融合机制，针对性解决该产业效率双低的问题。

Ⅳ类产业：该类型产业有大量科技成果存量，但是没有形成强大的市场占有率，其中的大部分科技成果沉淀于高校和科研机构的库存之中，因而加强科技成果转化是重中之重。一方面，需要加大投入，积极挖掘科技成果的转化潜力；另一方面，需要加强企业的外部创新环境建设，推动科技成果的转化。

本书第5章中关于新兴技术领域科学技术聚类与产业关联发展状态的测度结果也采用了二维坐标系的分类方法，对不同的科学技术聚类与产业关联发展状态进行了分类分析，分布于不同象限的产业其发展支持政策也应有所不同。其分类制定政策的思路及内容，与上述创新效率分类分析及政策制定类似，在此不再赘述。

7.3 研究展望

本书对新兴技术创新发展测度方法的研究，虽然取得了一定的成果，但有些方面还有待进一步完善。

(1) 对于一些非公开或需要购买的专业行业数据，高校研究人员可获取的渠道和来源存在一定的局限性。实际情况是许多论文的 DOI 码不完整，部分论文数据无法使用，导致论文数据不完整。

(2) 在实际的引用过程中，申请人和发明人及其所属国家（地区）不同，则专利的影响力会有很大不同，被引概率也会有很大不同，在很大程度上会影响三元组引文网络关系的测度，需要进一步开展区分权重大小的研究。

(3) 本书仅考虑了投入产出要素，没有考虑产业创新效率评价的部分关键影响因素，如创新政策、区域创新环境和技术创新环境等。在进行产业内部投入产出要素分析时，没有区分产业内部研发在基础研究、应用研究和试验发展三方面的全时工作量和内部研发经费支出的差异性，此方面的研究也需要进一步加强。

综合本书的研究内容，未来可改进提高之处主要有三个方面：一是进一步完善评价指标体系；二是提高数据的完整性；三是开展以专利池或技术簇为节点的技术路径分析。

(1) 进一步完善评价指标体系

本书在基于全创新链的新兴技术领域科学技术与产业关联发展状态测度和产业发展创新效率测度方面，均构建了相对完善的评价指标体系。受笔者认识的深入程度及支撑的数据资源可获得性方面的限制，在完整性和客观性上存在一定的不足，在进行学术研究方面可以继续探讨，但要运用于实际企业研发指导或产业发展评估，就需要作进一步深入调查研究，丰富和完善评价指标体系。

（2）提高数据的完整性

本书的测度数据来源渠道包括 WOS 数据库、智慧芽专利数据库、统计年鉴和专家调查等。对于科学、技术和产业的研究而言，仅凭上述数据来源是无法全面了解和把握其真正核心内涵的，还必须深入特定领域的科学研究群体、企业、管理机构等，调查了解科学、技术和产品本身的内在本质、关联关系、发展背景及趋势、制约和影响因素等，这也侧面回应了本书数据的局限性及需要继续提高之处。

（3）开展以专利池或技术簇为节点的技术路径分析

以单一专利（组）为网络节点刻画技术发展主路径略显不足，因为技术发展过程中出现颠覆性创新，往往是多个专利（标准专利或技术簇）综合作用的结果。本书基于同族专利的归并思路，对专利池（标准专利或技术簇）的归并提供了方法思路，在未来研究中可进一步探讨。特定领域在没有出现标准专利池的情况下，研究人员可采用聚类方法实现技术簇内专利的归并，进一步实现颠覆性创新识别与主路径分析研究。

参 考 文 献

［1］ Ju Y, Luo C, Ma J, Wang A. Some q-Rung Orthopair Fuzzy 2 – Tuple Linguistic Muirhead Mean Aggregation Operators and Their Applications to Multiple-Attribute Group Decision Making ［J］. International Journal of Intelligent Systems, 2020, 35 (1): 184 – 213.

［2］ 辞海编辑委员会. 辞海 ［M］. 上海: 上海辞书出版社, 2019.

［3］ 李德庆, 张秋华. 纳古镇回族刀具加工产业发展与销售的关键因素研究 ［J］. 江苏商论, 2015 (7): 27 – 29.

［4］ 李仕明, 李平, 肖磊. 新兴技术变革及其战略资源观 ［J］. 管理学报, 2005, 2 (3): 304 – 306, 361.

［5］ 肖汉平. 以完善国家科技创新体系赋能新兴产业 ［J］. 国家治理, 2021 (19): 43 – 48.

［6］ 陈劲. 新兴技术与产业创新研究的有益探索 ［J］. 中国软科学, 2020 (6): 192.

［7］ 陆菊春, 段文璐, 钟珍, 等. 战略新兴产业内在需求与技术创新互动机制及周期异质性研究 ［J］. 软科学, 2019, 33 (7): 1 – 7, 14.

［8］ Lin S, Xiao L, Wang X. Does Air Pollution Hinder Technological Innovation in China? A Perspective of Innovation Value Chain ［J］. Journal of Cleaner Production, 2020, 278 (1). DOI: 10.1016/j.jclepro.2020.123326.

［9］ 孟梓涵, 武建龙. 基于产业联盟的高新技术产业自主创新能力提升路径研究 ［J］. 科技与管理, 2014, 16 (2): 44 – 48.

［10］ 史璐璐, 江旭. 创新链: 基于过程性视角的整合性分析框架

[J]. 科研管理, 2020, 41 (6): 56-64.

[11] 内蒙古宏观经济研究中心课题组. 产业链内涵及对内蒙古的启示 [J]. 北方经济, 2021 (10): 18-21.

[12] 孟泉. 新业态产业链企业用工问题及治理策略——基于广东省的调查 [J]. 社会治理, 2020 (8): 17-21.

[13] 周敏. 产业链式发展, 区域经济新布局 [J]. 科技智囊, 2008 (2): 18-29.

[14] Rostow Walt Whitman. The stages of economic growth [M]. Lundon: Cambridge University Press, 1990.

[15] 眭纪刚. 创新发展时代需要构建创新发展理论体系 [J]. 经济导刊, 2020 (8): 76-78.

[16] 侯光明, 景睿, 石秀. 中国新能源汽车企业协同创新模式的创新绩效及作用路径研究 [J]. 技术经济, 2021, 40 (11): 13-22.

[17] 乌力吉图, 周威. 日本护理机器人 "产学官" 协同创新实践模式——以 PALRO 护理机器人为例 [J]. 日本问题研究, 2021, 35 (1): 21-31.

[18] 王海花, 王蒙怡, 刘钊成. 跨区域产学协同创新绩效的影响因素研究: 依存型多层网络视角 [J]. 科研管理, 2022, 43 (2): 81-89.

[19] 李志珍, 韩瑛, 闫碧芸, 等. 金融支持关中协同创新发展研究 [J]. 西部金融, 2021 (8): 88-93.

[20] Etzkowitz H, Leydesdorff L. The Triple Helix: University-Industry-Government Relations: A Laboratory for Knowledge Based Economic Development [J]. EASST Review, 1995, 14 (1): 14-19.

[21] 李进兵. 战略性新兴产业创新系统演化进程与驱动力 [J]. 科学学研究, 2016, 34 (9): 1426-1431.

[22] 董坤. 基于 STI 知识关联分析的科技成果转化模式研究 [D]. 北京: 中国科学院大学, 2018.

[23] 魏春艳, 李兆友. 基于三螺旋理论的产业共性技术创新研究 [J]. 东北大学学报 (社会科学版), 2020, 22 (2): 9-16.

[24] Dosi G. Technological Paradigms and Technological Trajectories: A

Suggested Interpretation of the Determinants and Directions of Technical Change [J]. Research Policy, 1982, 11 (3): 147 - 162.

[25] 李玉花, 简泽. 从渐进式创新到颠覆式创新: 一个技术突破的机制 [J]. 中国工业经济, 2021 (9): 5 - 24.

[26] 罗仲伟, 任国良, 焦豪, 等. 动态能力、技术范式转变与创新战略——基于腾讯微信"整合"与"迭代"微创新的纵向案例分析 [J]. 管理世界, 2014 (8): 152 - 168.

[27] Hargrave, T J, Ven D V. Integrating Dialectical and Paradox Perspectives on Managing Contradictions in Organizations [J]. Organization Studies, 2017, 38 (3): 319 - 339.

[28] 何菲, 王京安. 演化经济学视角下的技术范式转换预见探讨 [J]. 科技管理研究, 2016 (16): 108 - 113.

[29] 董铠军. 产业技术范式: 概念、结构及演进机制辨析 [J]. 科技进步与对策, 2018 (16): 59 - 66.

[30] 孙秀, 程士国. 机会窗口、产业技术范式转换与现代冷链物流体系构建 [J]. 企业经济, 2021, 40 (8): 147 - 153.

[31] 李滋阳, 李洪波, 范一蓉. 基于"教育链—创新链—产业链"深度融合的创新型人才培养模式构建 [J]. 高校教育管理, 2019, 13 (6): 95 - 102.

[32] 王世停, 陈明, 俞新美. 海门让人才与产业共长"高" [N]. 新华日报, 2022 - 03 - 23 (1).

[33] 范晓. 上海生物医药产业链、创新链、人才链融合建议 [J]. 科技中国, 2021 (8): 25 - 29.

[34] 国务院办公厅. 国务院办公厅关于深化产教融合的若干意见 [EB/OL]. (2017 - 12 - 19) [2022 - 03 - 27]. http://www.gov.cn/zhengce/content/2017 - 12/19/content_5248564.htm.

[35] 王玉冬, 刘雪蕾, 李思泓. 高新技术产业创新链与资金链融合机理综述 [J]. 财会通讯, 2021 (12): 19 - 23, 48.

[36] 郑文范, 刘明伟. 围绕创新链完善 R&D 投入资金链的研究

[J]. 东北大学学报（社会科学版），2019，21（6）：559－566.

[37] 张志伟. 推动产业链与创新链、资金链、政策链有机融合[N]. 证券日报，2021－03－10（B1）.

[38] 李上，鲁鹏，姜立嫚，等. 产业链、创新链与标准链“三链融合”的理论与实践[J]. 财经界，2020（35）：22，80.

[39] 韩江波. 产业链和创新链融合研究——基于理论逻辑及其机制设计[J]. 技术经济与管理研究，2017（12）：32－36.

[40] 陈雄辉，陈铭聪，孙熹寰，等.“四链”融合发展水平评价研究——以广东地区为例[J]. 中国科技论坛，2021（7）：107－114.

[41] 王玉冬，张博，武川，等. 高新技术产业创新链与资金链协同度测度研究——基于复合系统协同度模型[J]. 科技进步与对策，2019，36（23）：63－68.

[42] 郭红兵，徐淑一，曾玉叶. 基于复合系统协同度模型的科技金融“三链协同”研究——北京、上海和广东的一个比较实证分析[J]. 南京财经大学学报，2019（5）：23－33.

[43] 梁文良，黄瑞玲. 江苏高技术产业“三链”融合度的测度与评价——基于复合系统协同度模型的实证研究[J]. 现代管理科学，2022（1）：51－60.

[44] 刘丽. 中国高技术产业高质量发展路径研究——以产业链为视角[J]. 技术经济与管理研究，2021（11）：25－29.

[45] 王大庆，张宝生，郭明明，曾祥亮. 关于北大荒集团推动粮食产业链、供应链、创新链、价值链“四链融合”的研究[J]. 农场经济管理，2022（2）：3－5.

[46] 杨明，林正静. 用创新生态理论和“四链”融合研究建设粤港澳大湾区国际科技创新中心[J]. 科技管理研究，2021，41（13）：87－93.

[47] 孔祥年. 基于产业链和创新链融合的产业技术研究院运行机制及建设路径[J]. 中国高校科技，2019（10）：86－89.

[48] 刘家树，石洪波，周梦琦. 创新链与资金链融合影响经济高质量发展的效应研究[J]. 经济与管理评论，2022，38（1）：103－115.

［49］高洪玮．推动产业链创新链融合发展：理论内涵、现实进展与对策建议［J］．当代经济管理，2022（3）：1－10.

［50］胡乐明．产业链与创新链融合发展的意义与路径［J］．人民论坛，2020（31）：72－75.

［51］匡茂华，邓宜娇，刘青．长株潭城市群产业链和创新链融合发展的路径研究［J］．城市学刊，2021，42（1）：19－26.

［52］宫汝娜，张涛．区域高质量发展的内涵与测度研究——九大国家中心城市的实证分析［J］．技术经济与管理研究，2021（1）：105－110.

［53］霍国庆，李捷，张古鹏．我国战略性新兴产业技术创新理论模型与经典模式［J］．科学学研究，2017，35（11）：1623－1630.

［54］王贻芳，白云翔．发展国家重大科技基础设施 引领国际科技创新［J］．管理世界，2020，36（5）：172－188，17.

［55］唐菊，华莎，张松，等．公司股权结构对企业技术创新的影响探究［J］．全国流通经济，2021（13）：90－92.

［56］许中科．创新，改革开放的主旋律［J］．科学大观园，2018（23）：80.

［57］杨启国．创新发展论［D］．北京：中共中央党校，2010.

［58］Junmo K，Juneseuk S. Mapping Extended Technological Trajectories：Integration of Main Path，Derivative Paths，and Technology Junctures［J］. Scientometrics，2018，116（7）：1439－1459.

［59］刘向，万小萍，马费成．基于专利信息的科技创新趋势探测：理论与方法［J］．情报科学，2015，33（12）：20－26.

［60］Batagelj V. On fractional approach to analysis of linked networks［J］. Scientometrics，2020，123（2）：621－633.

［61］Liu J，Lu L. An Integrated Approach for Main Path Analysis：Development of the Hirsch Index as an Example［J］. Journal of the American Society for Information Science and Technology，2012，63（3）：528－542.

［62］刘向，万小萍，闫肖婷，等．基于引文路径叠加网络的主路径分析［J］．情报学报，2019，38（8）：807－814.

[63] Gwak J H, Sohn S Y. A Novel Approach to Explore Patent Development Paths for Subfield Technologies [J]. Journal of the Association for Information Science and Technology, 2018, 69 (3): 410 – 419.

[64] 雷鸣, 孟菊园, 杨雪梅, 汪雪锋. 基于 SAO 结构的知识演化路径分析: 以医疗机器人领域为例 [J]. 情报工程, 2018, 4 (6): 51 – 61.

[65] 隗玲, 方曙. 引文网络主路径研究进展评述及展望 [J]. 情报理论与实践, 2016, 39 (9): 128 – 133.

[66] Watanabe I, Takagi S. Technological Trajectory Analysis of Patent Citation Networks: Examining the Technological Evolution of Computer Graphic Processing Systems [J]. The Review of Socionetwork Strategies, 2021, 15 (1): 1 – 25.

[67] Kumar V, Lai K, Chang Y, et al. A Structural Analysis Approach to Identify Technology Innovation and Evolution Path: A Case ff M-Payment Technology Ecosystem [J]. Journal of Knowledge Management, 2020, 25 (2): 477 – 499.

[68] 刘云, 桂秉修, 王小黎. 基于引文网络的颠覆性技术发展路径研究 [J/OL]. (2021 – 12 – 01) [2022 – 08 – 15]. http: //kns. cnki. net/kcms/detail/11. 1567. G3. 20211022. 1555. 004. html.

[69] Park H, Magee C. Tracing Technological Development Trajectories: A Genetic Knowledge Persistence-Based Main Path Approach [J]. PLoS ONE, 2017, 12 (1). DOI: 10. 1371/journal. pone. 0170895.

[70] 克莱顿·克里斯坦森. 创新者的窘境 [M]. 胡建桥, 译. 北京: 中信出版社, 2014.

[71] 荆象新, 锁兴文, 耿义峰. 颠覆性技术发展综述及若干启示 [J]. 国防科技, 2015, 36 (3): 11 – 13.

[72] Coccia M. Asymmetry of the Technological Cycle of Disruptive Innovations [J]. Technology Analysis & Strategic Management, 2020, 32 (12): 1462 – 1477.

[73] Pan X, Song M, et al. Blockchain Technology and Enterprise Opera-

tional Capabilities: An Empirical Test [J]. International Journal of Information Management, 2020, 52 (6). DOI: 10.1016/j. ijinfomgt. 2019.05.002.

[74] 苏敬勤，刘建华，王智琦，等．颠覆性技术的演化轨迹及早期识别——以智能手机等技术为例 [J]. 科研管理，2016，37 (3): 13-20.

[75] Vaska S, Massaro M, Bagarotto E M, et al. The Digital Transformation of Business Model Innovation: A Structured Literature Review [J]. Frontiers in Psychology, 2021, (11). DOI: 10.3389/fpsyg. 2020.539363.

[76] Zanni T. The Changing Landscape of Disruptive Technologies in 2017: Global Technology Innovation Hubs [R]. KPMG International, 2017.

[77] 曹晓阳，魏永静，李莉，等．DARPA 的颠覆性技术创新及其启示 [J]. 中国工程科学，2018，20 (6): 122-128.

[78] 刘柳，吴新年．颠覆性技术识别方法研究进展述评 [J]. 数字图书馆论坛，2022 (1): 2-9.

[79] 王安，孙棕檀，等．国外颠覆性技术识别方法浅析 [J]. 中国工程科学，2017，19 (5): 79-84.

[80] Chandra P, Dong A. The Relation Between Knowledge Accumulation and Technical Value in Interdisciplinary Technologies [J]. Technological Forecasting and Social Change, 2018, 128 (3): 235-244.

[81] 吕一博，朱雨晴，鲍丽宁．内向型开放式创新与突破性创新绩效——网络位置的调节效应 [J]. 管理科学，2020，33 (5): 86-100.

[82] Wu L, Wang D, Evans J A. Large Teams Develop and Small Teams Disrupt Science and Technology [J]. Nature, 2019, 566 (2): 378-282.

[83] Gui B, Ju Y, Liu Y. Mapping technological development using patent citation trees: An analysis of bogie technology [J]. Technology Analysis & Strategic Management, 2019, 31 (2): 213-226.

[84] 白胜．Christensen 颠覆性创新理论新进展：反常问题视角 [J]. 中国科技论坛，2021 (12): 118-124，133.

[85] 白光祖，郑玉荣，吴新年，等．基于文献知识关联的颠覆性技术预见方法研究与实证 [J]. 情报杂志，2017，36 (9): 38-44.

［86］张晓林．美国 NRC 颠覆性技术持续预测系统浅析［J］．中国工程科学，2018，20（6）：117－121.

［87］Dotsika F，Watkins A. Identifying Potentially Disruptive Trends by Means of Keyword Network Analysis［J］．Technological Forecasting and Social Change，2017，119（7）：114－127.

［88］Momeni A，Rost K. Identification and Monitoring of Possible Disruptive Technologies by Patent－Development Paths and Topic Modeling［J］．Technological Forecasting and Social Change，2016，104（3）：16－29.

［89］Cheng Y，Huang L，Li X，et al. Forecasting of Potential Impacts of Disruptive Technology in Promising Technological Areas：Elaborating the SIRS Epidemic Model in RFID Technology［J］．Technological Forecasting and Social Change，2017，117（4）：170－183.

［90］清华大学互联网产业研究院．云计算与人工智能产业应用白皮书 2018［R］．北京：清华大学互联网产业研究院，2018.

［91］中国人工智能学会，国家工信安全中心，华夏幸福产业研究院，思宝环球．人工智能产业创新评估白皮书 2018［R］．北京：中国人工智能学会，2018.

［92］王瑶，邓迪凡，杨凤，等．基于 5G 与新兴技术的智慧校园构建［J］．信息技术与信息化，2021（7）：200－203.

［93］李炎炎，高山行．中国生物医药产业发展现状分析——基于 1995—2015 年统计数据［J］．中国科技论坛，2016（12）：42－47，97.

［94］Yang X，Yu X，Liu X. Obtaining a Sustainable Competitive Advantage from Patent Information：A Patent Analysis of the Graphene Industry［J］．Sustainability，2018，10（12）．DOI：10. 3390/su10124800.

［95］李召卿，曹杨．语音识别专利技术发展现状与未来趋势［J］．中国发明与专利，2017，14（S1）：57－61.

［96］周晟颐．深度学习技术综述［J］．科技传播，2018，10（20）：116－118.

［97］中国信息通信研究院，Gartner. 2018 世界人工智能产业发展蓝皮

书（2018 年）［R］. 北京：中国信息通信研究院，Gartner，2018.

［98］董珏，杨眉，郭晶，等. 面向高校科技转化效率评估的“科学—技术”关联性实证研究［J］. 大学图书馆学报，2016，34（5）：38－45.

［99］Gerrero-Bote V，Sanchez-Jimenez R，De-Moya-Anegon F. The Citation from Patents to Scientific Output Revisited：A New Approach to The Matching Patstat / Scopus［J］. Profesional De La Informacion，2019，28（4）. DOI：10. 3145/epi. 2019. jul. 01.

［100］叶梦竹. 基于专利和论文互引的科学—技术关联研究［D］. 武汉：华中师范大学，2017.

［101］宁子晨，魏来. 专利主体视角下专利文献与学术论文关联关系发现研究——以“数据挖掘”主题为例［J］. 图书情报工作，2020，64（12）：106－117.

［102］田丽娜，杨祖国. 基于“反向引用”视角的中国专利技术与世界科学关联分析［J］. 图书情报工作，2017，61（2）：107－113.

［103］刘嘉龙，丁晟春. 产业领域前沿专利技术识别方法研究——以人工智能领域为例［J］. 信息资源管理学报，2021，11（6）：95－104，115.

［104］Chi P，Glänzel W. An Empirical Investigation of The Associations among Usage，Scientific Collaboration and Citation Impact［J］. Scientometrics，2017，112（1）：403－412.

［105］王素斌. 试论中国研究型大学国际合作对科研的推动作用——以华东师范大学在“自然指数”排名的大幅提升为例［J］. 世界教育信息，2017，30（1）：57－61.

［106］Huang M，Yang H，Chen D. Increasing Science and Technology Linkage in Fuel Cells：A Cross Citation Analysis of Papers and Patents［J］. Journal of Informetrics，2015，9（2）：237－249.

［107］Kapoor R，Karvonen M，Mohan A，et al. Patent Citations as Determinants of Grant and Opposition：Case of European Wind Power Industry［J］. Technology Analysis & Strategic Management，2016，28（8）：950－964.

［108］雷家骕，张庆芝，张鹏，等. 创新植入增长——基于科学的产业

的技术赶超与自主创新［M］. 北京：清华大学出版社，2019.

［109］李扬，樊霞，章熙春. 产业科学关联度视角下的产学研合作关系强度及创新质量研究［J］. 科学学与科学技术管理，2017，38（12）：12－25.

［110］Kirchberger M A，Pohl L. Technology Commercialization：A Literature Review of Success Factors and Antecedents Across Different Contexts［J］. The Journal of Technology Transfer，2016，41（5）：1077－1112.

［111］姜南，李济宇. 企业持续创新与产业技术影响力的关系研究——以我国可再生能源产业为例［J］. 管理现代化，2019，39（4）：36－40.

［112］李剑敏. 基于产业技术路线图的产业关键技术识别及其创新模式研究［D］. 广州：暨南大学，2015.

［113］武川，王宏起，李玥，等. 战略性新兴产业前沿技术领域预测与合作潜力——基于主题相似网络关系的分析视角［J］. 系统工程，2021，39（4）：151－158.

［114］王倩，李天柱. 大数据产业共性技术路线图研究［J］. 中国科技论坛，2018（4）：73－82，111.

［115］戚芸榛. 创新高新技术成果转化模式探析［J］. 中国市场，2019，992（1）：171－171.

［116］王超，许海云，董坤，等. 基于创新链的产业竞争情报分析框架与应用研究——以国内基因工程疫苗产业为例［J］. 情报理论与实践，2018，41（1）：87－93.

［117］贾建林，樊霞，杨世明. 基于技术与基于科学的产业转化关系研究［J］. 科学学研究，2019，37（4）：634－642.

［118］Jones E D，Bsl E. Ancient Human DNA：A History of Hype（Then and Now）［J］. Journal of Social Archaeology，2021，21（2）：236－255.

［119］张远汀，龚伟伟，叶钰，等. 应用机器学习技术预测强雨雪天气过程中的积雪［J］. 科学技术与工程，2019，19（15）：58－69.

［120］Sánchez-Torres J M，Miles I. The Role of Future-Oriented Technology Analysis in E-Government：A Systematic Review［J］. European Journal of Futures Research，2017，5（1）：1－18.

［121］ Shanmugam K, Zainal N K, Gnanasekaren C. Technology Foresight in the Virtual Learning Environment in Malaysia ［C］ //Journal of Physics: Conference Series. IOP Publishing, 2019, 1228 (1). DOI: 10.1088/1742 - 6596/1228/1/012068.

［122］ Santos C, Araujo M, Correia N. A Methodology for the Identification of Strategic Technological Competences: An Application in the Sheet Metal Equipment Industry ［J］. Futures, 2017, 90 (6): 31 -45.

［123］ 方伟，曹学伟，高晓巍．技术预测与技术预见：内涵、方法及实践［J］．全球科技经济瞭望，2017，32（3）：46－53.

［124］ Pant P, Gupta V B, Khanna A, et al. Technology Foresight Study on Assistive Technology for Locom-otor Disability ［J］. Technology and Disability, 2018, 29 (4): 163 -171.

［125］ 汪雪锋，张硕，韩晓彤，等．技术预测研究现状与未来展望［J］．农业图书情报，2019，31（6）：4－11.

［126］ 刘怡汝，孙会军．非专利引文在“科学—技术”关联研究中的应用和方法研究综述［J］．农业图书情报，2019，31（2）：11－19.

［127］ 李睿，周维，王雪．引文生态视角下标准必要专利的引文特征研究［J］．情报学报，2018，37（9）：26－33.

［128］ 郜梦蕊．基于专利引文的人工智能领域科学—技术关联分析［D］．南京：南京大学，2019.

［129］ 张玲玲，张宇娥，杜丽．基于期刊文献与专利文献的科学技术互关联研究方法对比分析［J］．情报杂志，2017，36（7）：116－121.

［130］ 高继平，姚长青，马峥，等．论文专利互引分析方法的应用及其不足——在科学技术关联分析方面［J］．科学学与科学技术管理，2014，35（12）：39－44.

［131］ 吴伟，姜天悦，余敏杰．我国高水平大学基础研究与世界一流水平的群体性差距——基于学科规范化的引文影响力分析［J］．现代教育管理，2017（4）：23－28.

［132］ Guerrero-Bote V, Moed H, Moya-Anegon F. New Indicators of the

Technological Impact of Scientific Production [J]. 数据与情报科学学报：英文版，2021，6（4）：36－61.

[133] Tahmooresnejad L，Lorenzen M. The Importance of Collaborative Networks in Canadian Scientific Research [J]. Industry and Innovation，2018，25（10）：990－1029.

[134] 陈钰芬，王科平. 基于专利技术共现网络的人工智能跨领域融合模式识别 [J]. 情报杂志，2021，40（7）：8－15，29.

[135] 刘小玲，谭宗颖，张超星. 国内外“科学—技术关系”研究方法述评——聚焦文献计量方法 [J]. 图书情报工作，2015，59（13）：142－148.

[136] 曲佳彬，欧石燕. 基于主题过滤与主题关联的学科主题演化分析 [J]. 现代图书情报技术，2018，2（1）：64－75.

[137] 何贤敏，李茂西，何彦青. 基于孪生 BERT 网络的科技文献类目映射 [J]. 计算机研究与发展，2021，58（8）：1751－1760.

[138] 马晓萌，徐峰，刘清民，等. 基于 Doc2 vec 的专利与行业类目映射研究 [J]. 情报探索，2020（6）：67－74.

[139] 王黎萤，王佳敏，虞微佳. 区域专利密集型产业创新效率评价及提升路径研究——以浙江省为例 [J]. 科研管理，2017，38（3）：29－37.

[140] 杨玉桢，杨铭. 两阶段高技术产业创新效率及其影响因素研究——基于随机前沿模型的实证分析 [J]. 管理现代化，2019，39（5）：37－41.

[141] 崔维军，王进山，陈凤，等. 中国与发达国家企业研发投入的国际比较——基于研发投入 50 强的实证分析 [J]. 科学学与科学技术管理，2015，36（8）：128－139.

[142] 陈银娥，李鑫，李汶. 中国省域科技创新效率的影响因素及时空异质性分析 [J]. 中国软科学，2021（4）：137－149.

[143] 李健，马晓芳. 京津冀城市绿色创新效率时空差异及影响因素分析 [J]. 系统工程，2019，37（5）：51－61.

[144] 孙磊，陈伟，刘锦志，等. 中国专利密集型产业技术创新效率评价 [J]. 科技管理研究，2016（19）：52－55，69.

[145] Wang X，Liu Y，Chen L. Innovation Efficiency Evaluation Based

on a Two-Stage DEA Model with Shared-Input: A Case of Patent-Intensive Industry in China [J]. IEEE Transactions on Engineering Management, 2021, (12). DOI: 10.1109/TEM.2021.3068989.

[146] Ribeiro V, Varum C, Daniel A. Introducing Microeconomic Foundation in Data Envelopment Analysis: Effects of The Ex-Ante Regulation Principle on Regional Performance [J]. Journal of the Knowledge Economy, 2020, 12 (3): 1215 - 1244.

[147] Cho Y, Yoon SP, Kim KS. An Industrial Technology Roadmap for Supporting Public R&D Planning [J]. Technological Forecasting and Social Change, 2016, 107 (6): 1 - 12.

[148] Fahmy-Abdullah M, Sieng L W, Ridzuan S. Data Envelopment Analysis (DEA) Two Stages in Identify Determinant Factor of Efficiency Techniques for Transport in Manufacturing Firms [J]. Sains Malaysiana, 2019, 48 (4): 901 - 908.

[149] Kalantaridis C, Kuttim M, Govind M, et al. How to Commercialise University-Generated Knowledge Internationally? A Comparative Analysis of Contingent Institutional Conditions [J]. Technological Forecasting and Social Change, 2017, 123 (10): 35 - 44.

[150] 李宏宽, 何海燕, 单捷飞, 蔡静静. 剔除非管理性因素影响的我国集成电路产业技术创新效率研究: 基于广义三阶段 DEA 和 Tobit 模型 [J]. 管理工程学报, 2020, 34 (2): 60 - 70.

[151] Khanna R, Sharma C. Testing the Effect of Investments in IT and R&D on Labour Productivity: New Method and Evidence for Indian Firms [J]. Economics Letters, 2018, 173 (12): 30 - 34.

[152] 李培哲, 菅利荣. 区域高技术产业创新过程效率研究 [J]. 科学学研究, 2021 (12): 1 - 16.

[153] 尹洁, 刘玥含, 李锋. 创新生态系统视角下我国高新技术产业创新效率评价研究 [J]. 软科学, 2021, 35 (9): 53 - 60.

[154] 毕重人, 赵云, 季晓南. 基于创新价值链的区域海洋产业创新

能力提升路径分析［J］. 大连理工大学学报（社会科学版），2019，40（6）：66－73.

［155］范德成，谷晓梅. 高技术产业技术创新效率关键影响因素分析——基于 DEA-Malmquist 和 BMA 方法的实证研究［J］. 科研管理，2022，43（1）：70－78.

［156］李柏洲，王雪，苏屹，等. 我国战略性新兴产业研发—转化两阶段创新效率［J］. 系统工程，2019，37（4）：48－56.

［157］Piao Z，Xiao Z，Miao B，et al. Innovation Performance and Influencing Factors of Expansive Listed Companies［J］. Eurasia Journal of Mathematics Science and Technology Education，2017，13（12）：7755－7769.

［158］Jang H，Lee S，Suh E，et al. A Comparative Analysis of the Change in R&D Efficiency：A Case of R&D Leaders in the Technology Industry［J］. Technology Analysis & Strategic Management，2016，28（8）：886－900.

［159］周小刚，林睿，陈晓，陈熹. 系统思维下中国高等教育投入产出效率评价研究——基于三阶段 DEA 和超效率 DEA 的实证［J/OL］. 系统科学学报，2022（4）：58－62.

［160］吴传清，黄磊，文传浩. 长江经济带技术创新效率及其影响因素研究［J］. 中国软科学，2017（5）：160－170.

［161］龚日朝，刘俞希，潘芬萍. 带权重约束的 DEA 超效率评价模型及其应用研究［J］. 中国管理科学，2020，28（4）：164－173.

［162］杨敏，费锡玥，魏宇琪，等. 基于资源共享与子系统交互的两阶段 DEA 评价方法——兼对我国"一流大学"科研绩效的评价［J］. 中国管理科学，2022，30（2）：256－263.

［163］Jradi S，Parmeter C F，Ruggiero J. Quantile Estimation of the Stochastic Frontier Model［J］. Economics Letters，2019，182（9）：15－18.

［164］Cengiz M，Dunder E，Senel T. Energy Performance Evaluation of OECD Countries Using Bayesian Stochastic Frontier Analysis and Bayesian Network Classifiers［J］. Journal of Applied Statistics，2018，45（1）：1－9.

［165］Nguyen Q，Pascoe S，Coglan L，et al. The Sensitivity of Efficiency

Scores to Input and Other Choices in Stochastic Frontier Analysis: An Empirical Investigation [J]. Journal of Productivity Analysis, 2021, 55 (1): 31-40.

[166] 张春勤，隽志才，景鹏．所有权结构与城市公交运营效率：基于面板数据和SFA模型的实证研究 [J]. 管理工程学报, 2018, 32 (2): 44-52.

[167] 岳意定，刘贯春，杨立．同时考虑环境因素和统计噪声的四阶段SFA模型——在我国省际技术效率和政府管理绩效中的应用 [J]. 系统工程理论与实践, 2014, 34 (9): 2283-2294.

[168] 赵霄伟，杨白冰．顶级"全球城市"构建现代产业体系的国际经验及启示 [J]. 经济学家, 2021 (2): 120-128.

[169] 俞荣建，李海明，项丽瑶．新兴技术创新：迭代逻辑、生态特征与突破路径 [J]. 自然辩证法研究, 2018, 34 (9): 27-30.

[170] 卢小宾，杨冠灿，徐硕，等．计量与演化视角下的新兴技术识别研究进展评述 [J]. 情报学报, 2020, 39 (6): 651-661.

[171] 史良，乔玉婷，曾立，等．培育经济发展新动能的技术、产业、政策机理研究 [J]. 科技进步与对策, 2021, 38 (14): 21-29.

[172] 欧阳安．增材制造从产业培育步入推广应用新阶段——《增材制造产业发展行动计划（2017-2020）》解析 [J]. 中国机械工程, 2018, 29 (23): 2895-2897.

[173] 李赛赛，陈宏平．中国集成电路产业技术创新能力测度与评价 [J]. 科技创新与应用, 2020 (7): 28-31.

[174] 栾春娟，程昉．技术的市场潜力测度与预测——基于技术颠覆潜力与技术成熟度综合指标 [J]. 科学学研究, 2016, 34 (12): 1761-1768.

[175] Cagnin C, Havas A, Saritas O. Future-oriented technology analysis: Its potential to address disruptive transformations [J]. Technological Forecasting & Social Change, 2013, 80 (3): 379-385.

[176] Dereli T, Altun K. A novel approach for assessment of candidate technologies with respect to their innovation potentials: Quick innovation intelligence process [J]. Expert Systems with Applications, 2013, 40 (3): 881-891.

[177] 桂秉修．颠覆性技术创新测度研究 [D]. 北京：北京理工大

学，2020.

［178］沃特·德·诺伊，安德烈·姆尔瓦，弗拉迪米尔·巴塔盖尔吉，等．蜘蛛：社会网络分析技术［M］．北京：世界图书出版公司，2012.

［179］Paliwal V，Baroody A J．Fostering the Learning of Subtraction Concepts and the Subtraction-As-Addition Reasoning Strategy［J］．Early Childhood Research Quarterly，2020，51（2）：403－415.

［180］刘娜，沈江，于鲲鹏，等．基于改进节点收缩法的加权供应链网络节点重要度评估［J］．天津大学学报（自然科学与工程技术版），2018，51（10）：1056－1064.

［181］隗玲，刘春江，许海云，等．基于文献关联属性的引文网络主路径识别——以合成生物学领域为例［J］．情报学报，2018，37（4）：351－361.

［182］刘懿，周丽英．主路径分析方法研究进展［J］．数字图书馆论坛，2019（10）：8－15.

［183］De Nooy，Mrvar A，Batagelj V．Exploratory Social Network Analysis with Pajek：Revised and Expanded Edition for Updated Software［M］．Cambridge：Cambridge University Press，2018.

［184］黄颖．基于专利文献的技术演化路径识别方法研究［D］．北京：北京理工大学，2018.

［185］李凌英，闵超，孙建军．引文波峰的量化与分布探究［J］．情报学报，2019，38（7）：697－708.

［186］Jiang X，Hai Z，Egghe L．Forward Search Path Count as An Alternative Indirect Citation Impact Indicator［J］．Journal of Informetrics，2019，13（4）．DOI：10.1016/j.joi.2019.100977.

［187］周秋菊，冷伏海．中美科研实力比较研究：基于《2019 研究前沿》的分析［J］．中国科学基金，2021，35（1）：112－121.

［188］孙运涛，莫京．科睿唯安 2021 年度全球百强创新机构——十周年纪念版报告［J］．科学观察，2021，16（3）：78－92.

［189］刘红煦，唐莉．获评高被引学者会提升学术产出与影响力吗？——来自整体与个体层面的双重验证［J］．科学学研究，2021，39

(2): 212-221.

[190] 陈鹏宇. 多指标综合评价的一种新合成法及其检验 [J]. 统计与决策, 2021, 37 (14): 33-37.

[191] 唐洁, 曾静静. 应用变异系数识别睡美人文献研究 [J]. 图书情报工作, 2021, 65 (6): 93-101.

[192] Aparicio J, Monge J F, Ramón N. A New Measure of Technical Efficiency in Data Envelopment Analysis Based on the Maximization of Hypervolumes: Benchmarking, Properties and Computational Aspects [J]. European Journal of Operational Research, 2021, 293 (1): 263-275.

[193] 许丹, 徐爽, 杨颖. 科技论文评价指标相关性比较分析 [J]. 中华医学图书情报杂志, 2019, 28 (11): 41-48.

[194] 闫哲. 国家和区域视角下新兴产业专利质量测度及影响因素研究 [D]. 北京: 北京理工大学, 2018.

[195] 侯一民, 周慧琼, 王政一. 深度学习在语音识别中的研究进展综述 [J]. 计算机应用研究, 2017, 34 (8): 2241-2246.

[196] 徐海龙, 王宏伟. 科技型中小企业全生命周期金融支持研究——基于风险特征的分析视角 [J]. 科学管理研究, 2018, 36 (3): 56-59.

[197] 郑飞, 石青梅, 李腾, 等. 财政补贴促进了企业创新吗——基于产业生命周期的经验证据 [J]. 宏观经济研究, 2021 (2): 41-52, 161.

[198] 李琳, 邓如. 产业生命周期视角下多维邻近性对集群创新的动态影响——以中国电子信息产业集群为例 [J]. 软科学, 2018, 32 (8): 24-27, 62.

[199] 胥和平, 雷家骕. 前瞻布局基于科学的产业创新 [J]. 经济导刊, 2021 (4): 32-35.

[200] 王晓红, 陈范红. 基于 HM 指数的中国高技术产业创新效率分析 [J], 产业经济研究, 2015 (6): 91-98, 110.

[201] 赵志叶. 我国专利密集型产业创新效率评价研究 [D]. 北京: 北京理工大学, 2018.

[202] 朱明皓, 张志博, 杨晓迎, 等. 推进产业基础高级化的战略与对

策研究［J］. 中国工程科学，2021，23（2）：122－128.

［203］赵玉林，胡燕．高技术产业创新绩效的累积效应——基于阶段性和滞后期的实证分析［J］. 中国科技论坛，2018（10）：101－110.

［204］Gearhart RS，Michieka NM. A Comparison of The Robust Conditional Order-M Estimation and Two Stage DEA in Measuring Healthcare Efficiency among California Counties［J］. Economic Modelling，2018，73（6）：395－406.

［205］岳昌君，邱文琪．面向2035的我国高等教育规模、结构与教育经费预测［J］. 华东师范大学学报（教育科学版），2021，39（6）：1－16.

［206］冯志军，陈伟．中国高技术产业研发创新效率研究——基于资源约束型两阶段DEA模型的新视角［J］. 系统工程理论与实践，2014，34（5）：1202－1212.

［207］段天宇，张希，胡毅．R&D强度与中国医药制造业上市公司绩效的门限效应研究［J］. 管理评论，2020，32（9）：142－152.

［208］Grassano N，Hernandez G H，Fako P，et al. The 2021 EU Industrial R&D Investment Scoreboard［EB/OL］.（2021－12－17）［2022－12－30］. https：//iri. jrc. ec. europa. eu/scoreboard/2021-eu-industrial-rd-investment-scoreboard.

［209］Jradi S，Ruggiero J. Stochastic Data Envelopment Analysis：A Quantile Regression Approach to Estimate the Production Frontier［J］. European Journal of Operational Research，2019，278（2）：385－393.

［210］Nazarko J，Chodakowska E. Labour Efficiency in Construction Industry in Europe Based on Frontier Methods：Data Envelopment Analysis and Stochastic Frontier Analysis［J］. Journal of Civil Engineering and Management，2017，23（6）：787－795.

［211］Haider S，Mishra PP. Does Innovative Capability Enhance the Energy Efficiency of Indian Iron and Steel Firms? A Bayesian Stochastic Frontier Analysis［J］. Energy Economics，2021，95（1）：105－128.

［212］Olesen O B，Petersen N C. Stochastic Data Envelopment Analysis—A Review［J］. European Journal of Operational Research，2016，251（1）：2－21.

[213] Koengkan M, Fuinhas J, Kazemzadeh E, et al. Measuring the Economic Efficiency Performance in Latin American and Caribbean Countries: An Empirical Evidence from Stochastic Production Frontier and Data Envelopment Analysis [J]. International Economics, 2022, 169 (C): 43 - 54.

[214] 孟凡生，邹韵．基于 PP - SFA 的能源生态效率动态评价——以我国 30 个省市自治区为例 [J]．系统工程，2018，36 (5)：47 - 56.

[215] 严太华，刘松涛，刘焕鹏．中国高技术产业动态效率测度与收敛性分析：基于产出导向 DSBM 模型的实证 [J]．管理工程学报，2015，29 (3)：222 - 230.

[216] Jiang T, Ji P, Shi Y, et al. Efficiency Assessment of Green Technology Innovation of Renewable Energy Enterprises in China: A Dynamic Data Envelopment Analysis Considering Undesirable Output [J]. Clean Technologies and Environmental Policy, 2021, 23 (3): 1509 - 1519.

附　录

表 A　主要国家（地区）或组织的 3D 打印技术领域政策性文件（部分）

主要经济体	新材料发展规划	重点方向
美国	未来工业材料计划、国家纳米技术计划、光电子计划、光伏计划、下一代照明光源计划、先进汽车材料计划、建筑材料计划、材料基因组计划战略规划、先进伙伴制造计划、纳米材料研究战略等	保持新材料领域的全球领导地位，重点发展生命科学、信息技术、环境科学、航空航天和纳米技术
欧盟	地平线 2020 计划、欧洲冶金计划、尤里卡计划、第七科技框架计划等	着力推动催化剂、光学材料及光电材料、有机电子、磁性材料、仿生学、纳米生物技术、超导体、复合材料、生物医学材料及智能纺织材料等十大领域的发展
俄罗斯	2030 年前材料与技术发展战略等	一方面力求保持在航空航天、能源、化工等材料领域的领先地位；另一方面大力发展对促进国民经济和提高国防实力有重要影响的电子信息、通信设施、计算机产业等所用的关键新材料
日本	科学技术基本计划、纳米材料计划、21 世纪之光计划、超级钢铁材料开发计划等	注重实用性，考虑环境、资源的协调发展；重点开发资源与环境协调性的材料以及减轻环境污染且有利于再生利用的材料
韩国	新增长动力规划及发展战略、2025 规划	重点发展为了建立产业竞争力必需的材料及制造技术：高密度存储、生态、生物、纳米材料、碳材料、高性能结构材料等

表 B　　中国 3D 打印技术领域的主要政策性文件（部分）

序号	政策性文件名称（年份）	发文单位
1	《中华人民共和国国民经济与社会发展第十四个五年规划纲要》（2021）	国务院
2	《政府工作报告》（2021）	国务院
3	《新材料产业“十三五”发展规划》（2016）	工信部等
4	《“十三五”国家战略性新兴产业发展规划》（2016）	国务院
5	《新材料产业发展指南》（2016）	工信部、发改委等
6	《稀土行业发展规划（2016－2020 年）》（2016）	工信部
7	《关键材料升级换代工程实施方案》（2014）	发改委、财政部等
8	《高端智能再制造行动计划（2018－2020 年）》（2017）	工信部
9	《增材制造（3D 打印）产业发展行动计划》（2017）	工信部、发改委等
10	《增强制造业核心竞争力三年行动计划（2018－2020 年）》	发改委

注：同机构来源的政策文件，只标识最新版本。国务院各部委使用简称，下同。

表 C　　3D 打印技术分类有关文献（部分）

序号	文献名称	来源
1	《战略性新兴产业专利检索手册》（第二版）	陈仲伯
2	《国家重点支持的高新技术领域》2011－2018	科技部、财政部、国家税务总局
3	《战略性新兴产业重点产品和服务指导目录》（2016）	发改委
4	*Wohlers Report 2020*：*3D Printing and Additive Manufacturing Global State of the Industry*	Wohlers Associates, Inc.

表 D　　3D 打印技术检索式

二级领域	末级领域	检索式
固化技术(Curing Technology)	固化技术(Curing Technology)	(("material increase manufactur*" or "fast form*" or "rapid form*" or "binder jetting" or "directed energy deposition" or "material extrusion" or "material jetting" or "powder bed fusion" or "sheet lamination" or "vat photopolymerization" or "3d bioprinting" or "fused deposition modeling" or "stereo lithography apparatus" or "laser sintering" or "rapid prototyping" or "standard tessellation language" or "3d scanning" or "3d digitizing" or "laminated object manufacture") and ("Stereo lithigraphy Appara*" or "Stereo lithigraphy" or "stereolithography" or "Stereo Lithography" or "Digital Light Processing" or "Beam Interference Solidification" or "Ultrasonic Consolidation" or "SLA" or "SL"))
烧结技术(Sintering Technology)	烧结技术(Sintering Technology)	("Selective Laser Sintering" or "Metal powder sintering technology" or "Laser Engineered Net Shaping" or "laser cladding" or "Direct metal laser sintering" or "Beam Interference Solidification" or "Selective Laser Melting" or "Selective heat sintering" or "Selective Laser Sintering" or "Metal powder sintering technology" or "plastic powder sintering technology" or "ceramic powder sintering" or "Laser Engineered Net Shaping" or "Layer* manufactur*" or "Laser Sinter*" or "Layered Form*" or "Laser Rapid Forming" and ("material increase manufactur*" or "fast form*" or "rapid form*" or "binder jetting" or "directed energy deposition" or "material extrusion" or "material jetting" or "powder bed fusion" or "sheet lamination" or "vat photopolymerization" or "3d bioprinting" or "fused deposition modeling" or "stereo lithography apparatus" or "laser sintering" or "rapid prototyping" or "standard tessellation language" or "3d scanning" or "3d digitizing" or "laminated object manufacture"))
粘结技术(Bonding Technology)	喷射粘结技术(Spray Bonding)	(((powder and (bind* or bond)) or (powder and ("spray head*" or "sprinkler head*" or "blow head*" or nozzle)) or (shell and (cast* or found*))) and ("fast form*" or "rapid form*" or "binder jetting" or "directed energy deposition" or "material extrusion" or "material jetting" or "powder bed fusion" or "sheet lamination" or "vat photopolymerization" or "fused deposition modeling" or "stereo lithography apparatus" or "laser sintering" or "rapid prototyping" or "3d digitizing" or "laminated object manufacture"))
	线材熔化粘结技术(Wire Melt Bonding)	(((((fusi* or liquate or melt*) and (deposit* or sludging or sedimentation or extrasion or extru* or squeeze or "mouthpiece pressing" or spray or jet or inject* or spurt or eject* or mould* or wire or rod or coil)) or ((quick or fast or rapid) and (response or recation))) and ("material increase manufactur*" or "fast form*" or "rapid form*" or "binder jetting" or "directed energy deposition" or "material extrusion" or "material jetting" or "powder bed fusion" or "sheet lamination" or "vat photopolymerization" or "3d bioprinting" or "fused deposition modeling" or "stereo lithography apparatus" or "laser sintering" or "rapid prototyping" or "standard tessellation language" or "3d scanning" or "3d digitizing" or "laminated object manufacture"))

续表

二级领域	末级领域	检索式
	丝材熔化粘结技术（Silk Melt Bonding）	((((fusi * or liquate or melt *) and (deposit * or sludging or sedimentation or extrasion or extru * or squeeze or "mouthpiece pressing" or spray or jet or inject * or spurt or eject * or mould * or silk or filum or fila *)) or ((quick or fast or rapid) and (response or recation) and (fabrica * or manufactur *))) and ("material increase manufactur * " or "fast form * " or "rapid form * " or "binder jetting" or "directed energy deposition" or "material extrusion" or "material jetting" or "powder bed fusion" or "sheet lamination" or "vat photopolymerization" or "3d bioprinting" or "fused deposition modeling" or "stereo lithography apparatus" or "laser sintering" or "rapid prototyping" or "standard tessellation language" or "3d scanning" or "3d digitizing" or "laminated object manufacture"))
	粉末/粒状材料熔化粘结技术（Powder or Granular Melt Bonding）	((((fusi * or liquate or melt *) and (deposit * or sludging or sedimentation or extrasion or extru * or squeeze or "mouthpiece pressing" or spray or jet or inject * or spurt or eject * or mould * or powder or granule)) or ((quick or fast or rapid) and (response or recation) and (fabrica * or manufactur *))) and ("material increase manufactur * " or "fast form * " or "rapid form * " or "binder jetting" or "directed energy deposition" or "material extrusion" or "material jetting" or "powder bed fusion" or "sheet lamination" or "vat photopolymerization" or "fused deposition modeling" or "stereo lithography apparatus" or "laser sintering" or "rapid prototyping" or "standard tessellation language" or "3d scanning" or "3d digitizing" or "laminated object manufacture"))
沉积技术（Deposition Technology）	能量沉积（Energy Deposition）	(("deposition" or "Laser engineer * " or "laser clad * " or "powder fed" or "DED") and ("material increase manufactur * " or "binder jetting" or "directed energy deposition" or "material extrusion" or "material jetting" or "powder bed fusion" or "sheet lamination" or "vat photopolymerization" or "3d bioprinting" or "fused deposition modeling" or "stereo lithography apparatus" or "laser sintering" or "rapid prototyping" or "standard tessellation language" or "3d scanning" or "3d digitizing" or "laminated object manufacture"))
	粉末床融合沉积（Powder Bed Fusion）	(("Powder bed and inkjet head" or "powdered polymer * " or "Plaster Electron-beam melt * " or "EBM" or "Selective laser melt * " or "SLM" or "Titanium alloy" or "cobalt Chrome alloys" or "Stainless Steel" or "Selective heat sinter * " or "SHS" or "Thermoplastic powder" or "Selective laser sinter * " or "SLS" or "Thermoplastic * " or "metal powder" or "ceramic powder" or "Direct metal laser sintering" or "DMLS" or "PBF") and ("material increase manufactur * " or "binder jetting" or "directed energy deposition" or "material extrusion" or "material jetting" or "powder bed fusion" or "sheet lamination" or "vat photopolymerization" or "3d bioprinting" or "fused deposition modeling" or "stereo lithography apparatus" or "laser sintering" or "rapid prototyping" or "standard tessellation language" or "3d scanning" or "3d digitizing" or "laminated object manufacture"))

续表

二级领域	末级领域	检索式
板材层合技术（Plate Laminated）	板材层合技术（Plate Laminated）	(("Laminated Object Manufacturing" or "selective area laser deposition" or "Dispersed Forming" or "Accumulated Forming" or "Ultrasonic welding" or "solid freeform fabrication") and ("material increase manufactur * " or "fast form * " or "rapid form * " or "binder jetting" or "directed energy deposition" or "material extrusion" or "material jetting" or "powder bed fusion" or "sheet lamination" or "vat photopolymerization" or "fused deposition modeling" or "stereo lithography apparatus" or "laser sintering" or "rapid prototyping" or "standard tessellation language" or "3d scanning" or "3d digitizing" or "laminated object manufacture"))
还原光聚合（Vat Photopoly Merization）	还原光聚合（Vat Photopoly Merization）	(("Continuous Liquid Interface Product * " or "CLIP" or "Scan, Spin and Selectively" or "Photocure Technology" or "3SP" or "Solid Ground Cur * " or "SGC" or "Stereolithography * "or "SL" or "SLA" or "Two-Photon Polymerization" or "2PP" or "liquid resin" or "UV laser" or "digital light process * " or "DLP" or "UV light bulb filtered" or "SGC" "LCD screen" or "CLIP" or "VPH") and ("material increase manufactur * " or "binder jetting" or "directed energy deposition" or "material extrusion" or "material jetting" or "powder bed fusion" or "sheet lamination" or "vat photopolymerization" or "fused deposition modeling" or "stereo lithography apparatus" or "rapid prototyping" or "standard tessellation language" or "3d digitizing" or "laminated object manufacture"))
其他（Others）	生物打印技术（3D Bioprinting）	(("pre-bioprint * " or "bioprint * " or "bio-print * " or "post-bioprint * " or "bioreactor" or "biomimicry" or "bioorgan" or "biocell" or "bioskin" or "biobone" or "biomuscle" or "autonomous self-assembly" or "mini-tissue building block" or "bio-ink" or "biomaterial" or "inkjet" or"bio-reactor" or "bio-mimicry" or "bio-organ" or "bio-cell" or "bio-skin" or "bio-bone" or "bio-muscle") and ("material increase manufactur * " or "fast form * " or "rapid form * " or "binder jetting" or "directed energy deposition" or "material extrusion" or "material jetting" or "powder bed fusion" or "sheet lamination" or "vat photopolymerization" or "3d bioprinting" or "fused deposition modeling" or "stereo lithography apparatus" or "laser sintering" or "rapid prototyping" or "standard tessellation language" or "3d digitizing" or "laminated object manufacture"))
	食品打印技术（3D Food Printing）	(((("liquid"or"Liquefaction"or"Liquefaction")and("stock"or"feedstock"or"raw materials")) or ("food"and"3D")) and ("material increase manufactur * " or "fast form * " or "rapid form * " or "binder jetting" or "directed energy deposition" or "material extrusion" or "material jetting" or "powder bed fusion" or "sheet lamination" or "vat photopoly * " or "fused deposition modeling" or "stereo lithography * " or "rapid prototyping" or "standard tessellation language" or "3d digitizing" or "laminated object manufacture"))

表 E　　集成电路制造技术检索式

二级领域	末级领域	检索式
清洗技术（Cleaning Technology）	清洗技术（Cleaning Technology）	((IC OR "integrated circuit *" OR semiconductor) AND (cleaning * OR "plasma cleaning" OR "plasma-cleaned" OR (megasonic * AND cleaning) OR "Laser cleaning" OR "laser-clean *"))
光刻技术（Lithography Technology）	光刻技术（Lithography Technology）	((IC OR "integrated circuit *" OR semiconductor) AND ("lithograph *" or (X-ray AND Lithograph *) OR XRL OR ((FIB OR "focused ion beam" OR "focused-ion-beam") AND (Lithograph * OR FIBL)) OR (("EUV OR "Extreme Ultraviolet Lithography" OR "Extreme-Ultraviolet-Lithography") AND (Lithograph * OR EUVL)) OR NIL OR "Nanoimprint lithography" OR "Nanoimprint-lithography" OR EPL OR "Electron Projection Lithograph *" OR "Electron-Projection-Lithograph *"))
刻蚀技术（Etching Technology）	刻蚀技术（Etching Technology）	((IC OR "integrated circuit *" OR semiconductor) AND ("etch *" OR "wet chemical etching" OR "Plasma Etching" OR PE OR "Reactive Ion Etching" OR RIE OR "Inductively coupled plasma etching" OR ICP))
薄膜技术（Thin Film Technology）	薄膜淀积技术（Thin Film Deposition Technology）	((IC OR "integrated circuit *" OR semiconductor) AND ("Thermal-Oxidated" OR "thermal oxidation" OR "Physical Vapor Deposition" OR "Physical-Vapor-Deposition" OR PVD OR "Chemical Vapor Deposition" OR "Chemical-Vapor-Deposition" OR CVD OR Electroplate))
	薄膜外延技术（Thin Film Epitaxy Technology）	((IC OR "integrated circuit *" OR semiconductor) AND ("epitax *" OR "vapor phase epitax *" OR "vapor-phase-epitax *" OR VPE OR "molecular beam epitax *" OR "molecular-beam-epitax *" OR MBE OR "Complementary Metal Oxide Semiconductor"))
掺杂技术（Doping Technology）	掺杂技术（Doping Technology）	((IC OR "integrated circuit *" OR semiconductor) AND ("Ion-Implant *" OR "Ion Implant *" OR diffusion))
退火技术（Annealing Technology）	退火技术（Annealing Technology）	((IC OR "integrated circuit *" OR semiconductor) AND ("anneal *" OR "rapid thermal anneal *" OR "rapid-thermal-anneal *" OR RTA OR "Laser Anneal *" OR "Laser-Anneal *"))
平坦化技术（Planarization Technology）	平坦化技术（Planarization Technology）	((IC OR "integrated circuit *" OR semiconductor) AND (polish * OR "Chemical Mechanical Polish *" OR "Chemical-Mechanical-Polish *" OR CMP OR "stress-free polish *" OR "stress free polish *" OR SFP))

续表

二级领域	末级领域	检索式
封装技术 (Interconnect & Packaging)	互连技术 (Interconnect Technology)	((IC OR "integrated circuit *" OR semiconductor) AND ("interconnect *" OR "Cu interconnect *" OR "Copper interconnect *" OR "low k dielectric *" OR "Optical interconnect *" OR "carbon nanotube *" OR CNT OR "through silicon via" OR TSV))
	封装技术 (Packaging Technology)	((IC OR "integrated circuit *" OR semiconductor) AND ("Packag *" OR "Ball Grid Array" OR "Ball-Grid-Array" OR BGA OR "Chip Size Package" OR "Chip-Size Package" OR CSP OR "Multi Chip Package" OR "Multi-Chip Package" OR MCP OR "Wafer Level Package" OR "Wafer-Level Package" OR WLP OR "flip chip packag *" OR "flip-chip packag *" OR "Product In Packag *" OR "Product-In Packag *" OR PIP OR "System on packag *" OR "system in packag *" OR SIP OR SOP OR "3D Packag *" OR "Pin Gird Array Package *" OR "Pin-Gird-Array Packag *" OR PGA))

附表 F　　真空电子器件制造技术检索式

二级领域	末级领域	检索式
电子管 (Electron Tube)	普通电子管 (Ordinary Electron Tube)	((Electronic and (deviece or Tube)) and (((Receiving or Amplification) and (Diode or Triode or Quadrupole or Pentode)) or Rectifier or Emitter or Microwave and (Triode or Quadrupole)))
	电子束管 (Electron Beam Tube)	(Electron Beamand (deviece or Tube) and (Oscilloscope Tube or Radar Positioning Tube or Picture Tube or Computer Display Tube or Camera Tube or Storage Tube))
	光敏管 (Photosensitive Tube)	((Photosensitive and (deviece or Tube)) and(Phototube or Photomultiplier or (Image and (Convert * or Intensif *)) or X-Ray Intensifier))
微波管 (Microwave Tube)	传统微波管 (Traditional Microwave Tube)	(Microwaveand (deviece or Tube) and (Klystron or Magnetron or "Backward Wave" or "Traveling Wave" or "Inflatable Microwave Switch" or "Forward Wave Amplifier" or "Orthogonal Sound" or Noise or Microwave (Triode or Quadrupole) or Oscillator))
	新型微波管 (Novel Microwave Tube)	(Microwaveand (deviece or Tube) and ((Gyrotron or Relativistic) or (Oscillat * and (Magnetic Insulat * or "Diffract * Radiat *" or Oro or "Virtual Cathode") or "Relativistic" or "High Power Microwave") or "Pulsed Power" or "Electron Laser"))
气体放电管 (Gas Discharge Tube)	气体放电管 (Gas Discharge Tube)	((("Gas Discharge" or Ion) and (deviece or Tube)) and (Switching or Thyristor or Antenna or Glow Discharge or Arc Discharge or Cesium or Xenon or Plasma Display or Light Source or Heavy Current Discharge or "Voltage Regulator"))

续表

二级领域	末级领域	检索式
电光源(Electric Light Source)	电光源(Electric Light Source)	(Electric Light Source and (Thermal Radiat * and (Incandescent or "Tungsten Halogen" or Halogen) or ((" Gas Discharge" and " Low Pressure") and (Fluorescent or Energy-Saving) or (Glow or Sodium)) or (Discharge and ((High Pressure or Ultra-High Pressure) or (" High Pressure Mercury" or " Metal Halide" or " High Pressure Sodium" or Xenon))) or UVLED or LED or LCD or " Light Radiation" or Electron or Ion))
其他器件(Other Devices)	真空开关管(Vacuum Switch Tube)	((Vacuum Switchand (deviece or Tube) or Vacuum Circuit Breaker) and (Vacuum or Arc Extinguishing or " Insulat * Medium" or " Circuit Breaker"))
	X射线管(X-Ray Tube)	(X-Rayand (deviece or Tube) and (High-Energy or Anode or Glass or Ceramic or High-Voltage or Rotary or Ball or Fixed))
	计数管(Counter Tube)	(Counterand (deviece or Tube) and (Proportional or Geiger or Scintillation))

附表 G　　半导体分立器制造技术检索式

二级领域	检索式
半导体二极管(Semiconductor diode)	(" semiconductor" and (" diode" or " two-electrode valve"))
半导体三极管(Semiconductor triode)	(" semiconductor" and (" triode" or " aerotron") or " bipolar * transistor" or " crystal triode")
特种器件及传感器(special & sensitive device)	(" semiconductor" and (" special * device" or (" senssor" or " sensing element" or " transducer" or " pickup")))
敏感器件(Sensitive device)	(" semiconductor" and (" sensitive" and (" device" or " apparatus" or " appliance" or " component") and (" pressure" or " magnetic" or (" Hall device" and " Hall circuit") or " gas" or " humidity" or " ion" or " sound" or " ray" or " biological" or " electrostatic")))
压电晶体和专用零件(Asymmetric crystal & special parts)	(" semiconductor" and (" special * part * " or " Asymmetric * crystal" or " piezoelectric * crystal"))

表 H 3D 打印技术专利和论文发展数量前 30 名国家（地区）

序号	国家（地区）	专利数排序	论文数排序	排序之和
1	美国	1	1	2
2	中国	2	2	4
3	英国	9	3	12
4	加拿大	7	5	12
5	韩国	3	10	13
6	澳大利亚	6	9	15
7	德国	11	4	15
8	日本	5	12	17
9	印度	8	11	19
10	中国台湾	10	13	23
11	西班牙	17	6	23
12	法国	18	8	26
13	新加坡	15	19	34
14	巴西	19	17	36
15	意大利	31	7	38
16	以色列	16	25	41
17	荷兰	28	15	43
18	瑞典	21	23	44
19	俄罗斯	13	32	45
20	芬兰	20	26	46
21	土耳其	33	16	49
22	波兰	30	21	51
23	马来西亚	27	24	51
24	奥地利	25	27	52
25	墨西哥	23	30	53
26	瑞士	35	18	53
27	新西兰	22	34	56
28	希腊	34	22	56
29	丹麦	26	31	57
30	挪威	24	35	59

注：3D 打印技术、集成电路技术和人工智能技术三大领域的论文及专利发展数量前 30 名国家（地区）有所不同；数据统计时间范围：1981 年 1 月 1 日 ~2020 年 12 月 31 日。

表 I　　核心论文参考文献（CR）分割程序

```
declare @m int,@i int,@n int,@j int
declare @CR varchar(max),@UT varchar(50)
set @m = (select count(*) from Sintering_Technology)
set @i = 1
while @i <= @m
begin
set @UT = (select UT from Sintering_Technology where PAPER_ID = @i)
set @CR = (select CR from Sintering_Technology where PAPER_ID = @i)
set @j = 1
set @n = len(@CR) - len(replace(@CR,';','')) + 1
while @j <= @n
    begin
     if CHARINDEX(';',@CR) >0
       begin
        insert into UT_CR(CR,UT) values(substring(@CR,1,charindex(';',@CR) - 1),@UT)
        set @CR = substring(@CR,charindex(';',@CR) + 1,len(@CR) - charindex(';',@CR))
       end
    else
       begin
        insert into UT_CR(CR,UT) values(@CR,@UT)
       end
     set @j = @j + 1
    end
  set @i = @i + 1
  end
```

注：本程序的运行环境是 Microsoft SQL Server；Sintering_Technology 是烧结技术的英文名称，CR 是参考文献字段，UT 是 WOS 的论文入藏号，PAPER_ID 是论文的 ID 号；运行结果导入 UT_CR 数据表；英文状态下的分号"；"是字段值中的间隔符号。

本程序适用于具有一定分布规律特征的字段值的分割处理，如专利数据，具体运用时可以将对应的数据表、字段名称、分割符号替换，略作修改即可。

表 J　　9-030T 型（j 型）引文关系的提取与计算程序

（1）提取 9-030T 型引文关系的查询语句

```
SELECT BackwardCitationPatent, CorePatent, ForewardCitationPatent
into Network9030T
from TransitiveCitationRelation_back
where BackwardCitationPatent + '-' + ForewardCitationPatent in (
        SELECT distinct BackwardCitationPatent + '-' + ForewardCitationPatent
        from TransitiveCitationRelation_back
        where CorePatent in (select CorePatent from CorePatent_TransitiveCitationRelation)
                and BackwardCitationPatent + '-' + ForewardCitationPatent in
    (select BackwardCitationPatent + '-' + ForewardCitationPatent
          from CitationaPair_back)
)
```

注：计算思想为基于本程序之前构建的两两专利族间的引文对，如果传递引文关系中的后引专利与前引专利组成的引文对存在于其中，则证明该引文对属于 9-030T 型引文关系。

续表

(2) 9 -030T 型引文关系中前引专利的计数

```
declare @ m int, @ i int
declare @ str1 varchar (50), @ str2 int
set @ m = (select count ( * ) from CorePatent_TransitiveCitationRelation)
set @ i = 1
while @ i < = @ m
begin
set @ str1 = (select CorePatent from CorePatent_TransitiveCitationRelation where ID = @ i)
set @ str2 = (SELECT count (distinct BackwardCitationPatent + ForewardCitationPatent) from Net-
work9030T where CorePatent = @ str1)
update CorePatent_TransitiveCitationRelation set CorePatent_9030TCount = @ str2 where CorePatent = @
str1
set @ i = @ i + 1
end
```

注：本程序也可以用于计算传递关系中不存在共引关系（i 型）的中心专利的前引专利的计数，运行时，更改对应的变量及数据表即可。

表 K　　中心专利与后续专利存在共引关系的提取与计算程序

```
declare @ m int, @ i int, @ n int, @ j int, @ counts int
declare @ str1 varchar (50), @ str2 varchar (50), @ str3 varchar (50)
set @ m = (select count ( * ) from CorePatent_TransitiveCitationRelation)
set @ i = 1
while @ i < = @ m
begin
set @ str1 = (select CorePatent from CorePatent_TransitiveCitationRelation where ID = @ i)
set @ str3 = (select distinct AccessionDate from CorePatent_C1 wherePN = @ str1)
if OBJECT_ID ('tempdb. . #t1') is not null
   begin
     drop table #t1
   end
else
   begin
     create table #t1 (TempID int identity (1, 1), BackwardCitationPatent nvarchar (50))
     insert into #t1 (BackwardCitationPatent)
               select distinct BackwardCitationPatentfrom TransitiveCitationRelation
where CorePatent = @ str1
     set @ j = 1
set @ n = (select count ( * ) from #t1)
set @ counts = 0
     while @ j < = @ n
     begin
```

续表

```
set @ str2 = （select BackwardCitationPatent from #t1 where TempID = @ j）
set @ counts = @ counts + （SELECT count（PN）from CitationaPair_back
                             where BackwardCitationPatent = @ str2
          and PN < > @ str1 and PrimaryPriorityDate > = @ str3）
     set @ j = @ j + 1
end
   end
update CorePatent_TransitiveCitationRelation set CocitationCount = @ str3 where CorePatent = @ str1
    set @ i = @ i + 1
end
```

表 L　3D 打印技术末级领域的产业发展阶段判断结论和数据情况

末级领域	产业发展阶段判断结论	论文数据记录数	专利数据记录数
Curing Technology	D	2604	2370
Sintering Technology	D	14519	12662
Spray Bonding	D	1071	1182
Wire Melt Bonding	D	3542	2556
Silk Melt Bonding	D	2856	2359
Powder or Granular Melt Bonding	D	5550	3430
Energy Deposition	D	7196	3273
Powder Bed Fusion	D	8135	3888
Plate Laminated	D	1121	410
Vat Photopoly Merization	D	2785	2276
3D Bioprinting	C	2931	512
3D Food Printing	C	430	177
合计		52740	35095

注：数据下载时间范围：1980 年 1 月 1 日 ~ 2020 年 12 月 31 日；专利数据记录的计量单位是合并同族专利后形成的“组”，不再是“件”；产业发展阶段判断结论是基于专家组判断基础上形成的总体结论。

表 M　科学技术发展指标的重要性打分

专家	I11	I12	I13	I14	I15	I16	I17	I18	I21	I22	I23	I24	I25	I26	I27	I28
1	5	4	5	4	3	4	3	2	4	5	5	4	3	4	5	2
2	5	4	4	3	5	4	4	4	4	4	4	3	5	5	4	4
3	4	3	5	3	3	4	3	3	5	3	5	5	3	4	3	3

续表

专家	I11	I12	I13	I14	I15	I16	I17	I18	I21	I22	I23	I24	I25	I26	I27	I28
4	3	4	4	5	2	3	4	2	3	4	4	4	2	3	4	2
5	5	5	3	4	3	5	3	3	5	5	4	4	3	5	3	3
6	4	3	5	3	5	4	4	4	3	3	3	5	5	4	4	2
7	3	4	5	3	3	4	5	5	3	4	5	4	3	4	5	5
8	3	3	3	5	4	3	2	2	4	3	3	3	4	3	2	2
9	4	5	5	4	3	4	3	3	4	5	5	4	3	4	3	3
10	5	4	4	3	3	5	2	2	5	4	4	3	3	5	2	2
11	3	3	3	5	5	3	4	4	5	3	3	5	5	4	4	4

表 N　　科学技术发展指标的相关性检验

N = 1000	S1	S2	S3	N = 1000	S4	S5	S6
S1	1			S4	1		
S2	0.022 **	1		S5	0.019 **	1	
S3	0.135 **	0.246	1	S6	0.126 **	0.295	1
N = 1000	T1	T2	T3	N = 1000	T4	T5	T6
T1	1			T4	1		
T2	0.027 **	1		T5	0.021 **	1	
T3	0.153 **	0.263	1	T6	0.0296 **	0.278	1

注：* 表示在 0.05 水平上显著相关，** 表示在 0.01 水平上显著相关。

表 O　　论文五年内被引频次计数程序

```
declare @m int, @i int, @n int, @j int, @PY_DI int, @PY_CR int, @FCN_FIVE int
declare @CR varchar(max), @DI varchar(500)
set @m = (select count(*) from Sintering_Technology_di)
set @i = 1
while @i <= @m
begin
set @DI = (select DI from Sintering_Technology_di where PAPER_ID = @i)
set @PY_DI = (select PY from Sintering_Technology_di where PAPER_ID = @i)
set @FCN_FIVE = (select FCN_FIVE from Sintering_Technology_di where PAPER_ID = @i)
set @j = 1
set @n = (select count(*) from Sintering_Technology_di)
while @j <= @n
begin
```

续表

```
        set @ CR = ( select CR from Sintering_Technology_di where PAPER_ID = @ j)
        set @ PY_CR = ( select PY from Sintering_Technology_di where PAPER_ID = @ j)
        if charindex( @ DI, @ CR) >0 and @ PY_CR > = @ PY_DI and @ PY_CR < = @ PY_DI +5
          begin
      set @ FCN_FIVE = @ FCN_FIVE +1
            set @ j = @ j +1
          end
        else
          begin
  set @ j = @ j +1
          end
    update Sintering_Technology_di set [FCN_FIVE] = @ FCN_FIVE where PAPER_ID = @ i
    end
    set @ i = @ i +1
  end
```

表 P　　　　2000～2020 年科学技术发展评价指标的计算结果

年份	S1	S2	S3	T1	T2	T3	S4	S5	S6	T4	T5	T6
2000	0. 299	0. 194	0. 315	0. 171	0. 241	0. 290	0. 232	0. 291	0. 2450	0. 189	0. 224	0. 178
2001	0. 306	0. 195	0. 329	0. 168	0. 246	0. 289	0. 199	0. 276	0. 2352	0. 231	0. 271	0. 195
2002	0. 236	0. 164	0. 319	0. 135	0. 221	0. 219	0. 165	0. 161	0. 1577	0. 222	0. 226	0. 233
2003	0. 272	0. 227	0. 369	0. 200	0. 288	0. 274	0. 178	0. 139	0. 1429	0. 193	0. 187	0. 239
2004	0. 283	0. 250	0. 337	0. 205	0. 247	0. 207	0. 158	0. 237	0. 2091	0. 374	0. 224	0. 282
2005	0. 245	0. 241	0. 341	0. 162	0. 203	0. 146	0. 125	0. 249	0. 2171	0. 416	0. 277	0. 240
2006	0. 345	0. 279	0. 393	0. 212	0. 269	0. 236	0. 183	0. 225	0. 2011	0. 249	0. 279	0. 227
2007	0. 372	0. 308	0. 356	0. 233	0. 269	0. 281	0. 183	0. 179	0. 1702	0. 229	0. 241	0. 246
2008	0. 358	0. 313	0. 35	0. 230	0. 257	0. 263	0. 223	0. 280	0. 2375	0. 290	0. 342	0. 273
2009	0. 301	0. 278	0. 375	0. 235	0. 318	0. 256	0. 040	0. 102	0. 1186	0. 514	0. 443	0. 281
2010	0. 329	0. 255	0. 389	0. 227	0. 346	0. 293	0. 081	0. 225	0. 2006	0. 486	0. 545	0. 322
2011	0. 297	0. 263	0. 35	0. 282	0. 375	0. 318	0. 180	0. 364	0. 3405	0. 250	0. 318	0. 363
2012	0. 313	0. 298	0. 382	0. 273	0. 35	0. 287	0. 159	0. 391	0. 3457	0. 286	0. 325	0. 367
2013	0. 335	0. 254	0. 359	0. 272	0. 385	0. 360	0. 128	0. 365	0. 3344	0. 324	0. 341	0. 385
2014	0. 228	0. 280	0. 316	0. 282	0. 318	0. 230	0. 153	0. 266	0. 2284	0. 394	0. 346	0. 365
2015	0. 206	0. 283	0. 264	0. 324	0. 302	0. 235	0. 149	0. 218	0. 1762	0. 407	0. 350	0. 344

续表

年份	S1	S2	S3	T1	T2	T3	S4	S5	S6	T4	T5	T6
2016	0. 161	0. 315	0. 233	0. 400	0. 296	0. 205	0. 160	0. 195	0. 1607	0. 316	0. 338	0. 314
2017	0. 124	0. 335	0. 222	0. 533	0. 364	0. 187	0. 208	0. 173	0. 1458	0. 230	0. 272	0. 328
2018	0. 110	0. 354	0. 216	0. 463	0. 291	0. 135	0. 471	0. 180	0. 1504	0. 135	0. 161	0. 289
2019	0. 109	0. 360	0. 252	0. 447	0. 322	0. 110	0. 423	0. 184	0. 1530	0. 092	0. 110	0. 254
2020	0. 081	0. 369	0. 186	0. 311	0. 176	0. 068	0. 000	0. 000	0. 000	0. 000	0. 000	0. 0000

表 Q　　　　高技术产业

行业大类	行业中类	行业小类
医药制造业	化学药品制造	化学药品制造
	中成药生产	中成药生产
	生物药品制品制造	生物药品制品制造
电子及通信设备制造业	电子工业专用设备制造	电子工业专用设备制造
	光纤光缆及锂离子电池制造	锂离子电池制造
	通信设备、雷达及配套设备制造	通信系统设备制造
		通信终端设备制造
		雷达及配套设备制造
	广播电视设备制造	广播电视设备制造
	非专业视听设备制造	非专业视听设备制造
	电子器件制造	电子真空器件制造
		半导体分立器件制造
		集成电路制造
		光电子器件制造
	电子元件及电子专用材料制造	电阻电容电感元件制造
		电子电路制造
		电子专用材料制造
	智能消费设备制造	智能消费设备制造
	其他电子设备制造	其他电子设备制造
计算机及办公设备制造业	计算机整机制造	计算机整机制造
	计算机零部件制造	计算机零部件制造
	计算机外围设备制造	计算机外围设备制造
	办公设备制造	办公设备制造

续表

行业大类	行业中类	行业小类
医疗仪器设备及仪器仪表制造业	医疗仪器设备及器械制造	医疗诊断、监护及治疗设备制造
		医疗、外科及兽医用器械制造
	通用仪器仪表制造	通用仪器仪表制造
	专用仪器仪表制造	专用仪器仪表制造
信息化学品制造业	信息化学品制造业	信息化学品制造业

注：本表内容是《中国高技术产业统计年鉴》（2020）中列出的高技术产业，是国家统计局颁布的《高技术产业（制造业）分类（2017）》中的部分产业；行业大类下面列示部分行业中类，行业中类下面列示部分行业小类；该年鉴的数据口径为规模以上工业企业（年主营业务收入在2000万元以上的工业企业），即仅统计大中型工业企业，小微型企业则不在统计范围内；2019年及之后的统计数据中“电子器件制造”产业新增“光电子器件制造”产业。

表R　　全国高技术产业研发强度（2011～2020年）

年份	主营业务收入（万亿元）	R&D经费内部支出（万亿元）	研发强度
2020	17.461	0.465	37.558
2019	15.885	0.380	41.759
2018	15.700	0.356	44.112
2017	15.938	0.318	50.078
2016	15.380	0.292	52.747
2015	13.997	0.263	53.288
2014	12.737	0.227	56.004
2013	11.605	0.203	57.045
2012	10.228	0.173	58.994
2011	8.753	0.144	60.744
2010	7.448	0.097	76.959
2009	5.957	0.089	66.770
2008	5.573	0.066	85.056
2007	4.971	0.055	91.164
2006	4.159	0.046	91.108
2005	3.392	0.036	93.578
2004	2.785	0.029	95.321
2003	2.041	0.022	91.761
2002	1.461	0.019	78.067
2001	1.202	0.016	76.489
2000	1.003	0.011	89.887

表 S　　2010~2020 年高校及科研机构研发及人才培养数据统计

指标	2010 年	2011 年	2012 年	2013 年	2014 年	2015 年	2016 年	2017 年	2018 年	2019 年	2020 年
基础研究 R&D 人员全时当量（万人年）①	16.20	17.90	19.70	20.80	22.10	23.50	25.10	26.50	27.60	35.90	38.80
基础研究 R&D 经费内部支出（亿元）①	309.80	386.90	473.60	529.20	587.50	686.30	769.90	915.50	1013.70	1232.50	1298.70
普通高等学校生均教育经费支出（万元）	2.05	2.48	2.69	2.61	2.68	2.95	3.05	3.35	3.63	3.55	3.87
每十万人口高等教育学校平均在校生数（人）	2189	2253	2335	2418	2488	2524	2530	2576	2658	2857	3126
高校及科研机构论文数（篇）②	666	727	850	886	1353	689	1197	1317	1456	1549	1782
高校及科研机构专利数（篇）②	332	499	680	680	669	903	868	875	1061	1450	1814

注：①基础研究 R&D 人员全时当量 = 高校基础研究 R&D 人员全时当量 + 研究机构基础研究 R&D 人员全时当量；基础研究 R&D 经费内部支出 = 高校基础研究 R&D 经费内部支出 + 研究机构 R&D 经费内部支出。②本书通过 WOS 数据库和智慧芽数据库的检索及数据处理后，获得 3 个实证产业领域中高校及科研机构论文数和专利数的数据。

资料来源：《中国科技统计年鉴》《中国教育统计年鉴》《中国教育经费统计年鉴》。

表 T　　2010~2020 年半导体分立器制造业研发活动数据统计

指标	2010 年	2011 年	2012 年	2013 年	2014 年	2015 年	2016 年	2017 年	2018 年	2019 年	2020 年
企业 R&D 人员（人）	4496.00	5961.00	7312.00	7388.00	8419.00	7944.00	9323.00	9604.00	9885.00	8906.00	9084.00
R&D 经费内部支出（亿元）	10.21	9.94	11.50	10.43	14.69	15.61	19.71	19.45	26.65	20.93	28.82
R&D 人员折合全时当量（人年）	3198.00	5243.00	5741.00	4998.00	6029.00	5535.00	6080.00	6945.00	7070.00	6094.00	6866.00
新产品开发经费支出（亿元）	10.65	11.82	14.41	13.25	16.21	17.74	23.19	23.23	31.83	34.04	36.77
企业专利申请数（件）	843	1916	3123	1880	3922	4563	4385	4543	3176	3704	3842
企业有效发明专利数（件）	606	844	1934	1601	2648	4314	4515	5214	2716	4966	5139
新产品销售收入（亿元）	109.49	109.18	108.44	99.84	117.18	132.76	186.78	229.48	283.65	242.38	280.21
新产品出口（亿元）	20.80	28.66	18.20	30.22	26.89	22.44	52.09	67.31	121.00	49.95	65.66

资料来源：《中国高技术产业统计年鉴》《中国科技统计年鉴》。

表 U　　2010～2020 年集成电路制造业研发活动数据统计

指标	2010 年	2011 年	2012 年	2013 年	2014 年	2015 年	2016 年	2017 年	2018 年	2019 年	2020 年
企业 R&D 人员（人）	12780	19213	25728	24484	29222	27210	28570	31180	33629	36559	49159
R&D 经费内部支出（亿元）	30. 13	42. 72	64. 95	75. 38	93. 43	104. 31	236. 69	139. 06	164. 42	213. 11	339. 27
R&D 人员折合全时当量（人年）	11149	16894	22081	19917	23179	22170	22528	20593	24838	26400	38247
新产品开发经费支出（亿元）	38. 1	59. 48	80. 79	100. 86	117. 03	117. 32	142. 16	172. 97	212. 13	294. 98	393. 75
企业专利申请数（件）	5950	9088	10638	11492	16328	12959	13041	16267	14383	19096	34250
企业有效发明专利数（件）	4394	4829	7487	8226	14845	20451	20837	31604	34687	33458	56937
新产品销售收入（亿元）	175. 2	378. 16	497. 45	609. 32	842. 89	738. 68	763. 79	833. 61	973. 93	1135. 56	1695. 62
新产品出口（亿元）	61. 11	217. 43	309. 78	332. 35	512. 76	366. 97	333. 1	363. 63	433. 82	524. 95	561. 59

资料来源：《中国高技术产业统计年鉴》《中国科技统计年鉴》。

表 V　　2010～2020 年电子真空器件制造业研发活动数据统计

指标	2010 年	2011 年	2012 年	2013 年	2014 年	2015 年	2016 年	2017 年	2018 年	2019 年	2020 年
企业 R&D 人员（人）	2856	3063	3216	1388	2519	2078	1689	2021	10108	10334	10575
R&D 经费内部支出（亿元）	6. 59	7. 07	6. 01	2. 27	3. 42	3. 72	3. 05	5. 23	18. 72	20. 49	25. 18
R&D 人员折合全时当量（人年）	2414	2656	2730	1074	1839	1641	1069	1487	8208	8531	8156
新产品开发经费支出（亿元）	8. 11	8. 84	6. 71	2. 95	4. 04	4. 37	3. 81	6. 42	23. 14	28. 71	28. 45
企业专利申请数（件）	1087	3294	6743	633	504	436	616	677	3141	8455	9709
企业有效发明专利数（件）	545	767	914	558	376	636	983	901	2687	4786	4306
新产品销售收入（亿元）	102. 01	91. 74	69. 59	62. 88	20. 40	28. 76	32. 19	30. 32	283. 65	286. 57	333. 81
新产品出口（亿元）	44. 72	26. 76	32. 94	35. 36	1. 66	4. 69	4. 04	7. 00	121. 00	105. 63	125. 09

资料来源：《中国高技术产业统计年鉴》《中国科技统计年鉴》。

表 W　　三个阶段投入产出变量的 Pearson 系数分析

第一阶段投入变量	基础研究论文贡献值	基础研究专利贡献值	企业 R&D 人员数
基础研究 R&D 人员全时当量	0.9081	0.9793	0.9403
基础研究 R&D 经费内部支出	0.9095	0.9541	0.9238
普通高等学校生均教育经费支出	0.8755	0.9330	0.9118
普通高等学校毕业生数	0.8919	0.9278	0.9294

第二阶段投入变量	企业专利申请贡献值	企业有效发明专利贡献值
企业 R&D 人员数	0.9472	0.9358
R&D 经费内部支出	0.8651	0.9024
企业 R&D 人员折合全时当量	0.9450	0.8681
基础研究论文贡献值 *	0.8530	0.8822
基础研究专利贡献值 **	0.9152	0.9429

第三阶段投入变量	新产品销售收入	新产品出口额
企业 R&D 人员数	0.9886	0.8982
企业 R&D 经费内部支出	0.9058	0.7033
企业 R&D 人员折合全时当量	0.9616	0.8702
企业专利申请贡献值 **	0.9634	0.8049
企业有效发明专利贡献值 **	0.9466	0.7472
新产品开发经费支出	0.9652	0.7963

注：* 在附表 S 中论文数据的基础上，按式（6.5）计算获得数据；** 在附表 S 及三个产业的专利文献数据的基础上，按式（6.4）计算获得。

表 X　　三阶段 DEA 模型计程序（MATLAB）

```
clear all;
%% 数据导入和处理
M = xlsread('data3.xlsx');%% 各指标的数据存放于 data3.xlsx。
Xij = M(:,1:4);%% 即取 M 矩阵 1~3 列的数据作为初始投入。
Ysj = M(:,5:7);%% 共享变量,4~6 列
Zgj = M(:,8);%% 额外的中间投入
Uc11j = M(:,9);%% 第一阶段产出
Uc12j = M(:,10);
Uc13j = M(:,11);
Uc21j = M(:,12);%% 第一阶段中间产
Uc22j = M(:,13);
Vd1j = M(:,14:15);%% 第二阶段产出
Vd2j = M(:,16:17);%% 第二阶段中间产出
Wej = M(:,18:19);%% 最终产出
```

续表

```
[n,m1] = size(Xij);%%使 m1 为 initial_inputs 变量的数量
[n,ms] = size(Ysj);
[n,m2] = size(Zgj);
[n,s1] = size(Uc11j);
[n,s2] = size(Uc12j);
[n,s3] = size(Uc13j);
[n,s4] = size(Uc21j);
[n,s5] = size(Uc22j);
[n,s6] = size(Vd1j);
[n,s7] = size(Vd2j);
[n,s8] = size(Wej);
%%效率计算
for j = 1:n;
lb = [zeros(1,m1 + ms + m2 + s1 + s2 + s3 + s4 + s5 + s6 + s7 + s8 + ms)]';
    f = [zeros(1,m1 + ms + m2), - Uc11j(j,:), - Uc12j(j,:), - Uc13j(j,:),zeros(1,s4 + s5),
- Vd1j(j,:),zeros(1,s7), - Wej(j,:),zeros(1,ms)];
        r1 = [zeros(1,m1 + ms + m2), - Uc11j(j,:), - Uc12j(j,:), - Uc13j(j,:),zeros(1,s4 +
s5 + s6 + s7 + s8 + ms)];
        r2 = [zeros(1,m1 + ms + m2 + s1 + s2 + s3 + s4 + s5), - Vd1j(j,:),zeros(1,s7 + s8 + ms)];
        r3 = [zeros(1,m1 + ms + m2 + s1 + s2 + s3 + s4 + s5 + s6 + s7), - Wej(j,:),zeros(1,ms)];
    A = [ - Xij,zeros(n,ms + m2),Uc11j,Uc12j,Uc13j,zeros(n,s4 + s5 + s6 + s7 + s8 + ms);%%
阶段一的效率
        zeros(n,m1 + ms + m2 + s1 + s2 + s3), - Uc21j, - Uc22j,Vd1j,zeros(n,s7 + s8),
- Ysj;%%阶段二的效率
        zeros(n,m1), - Ysj, - Zgj,zeros(n,s1 + s2 + s3 + s4 + s5 + s6), - Vd2j,Wej,Ysj;%%阶
段三的效率
        - Xij(j,:),zeros(1,ms + m2 + s1 + s2 + s3 + s4 + s5 + s6 + s7 + s8 + ms);%%阶段一的
投入
    zeros(1,m1 + ms + m2 + s1 + s2 + s3), - Uc21j(j,:), - Uc22j(j,:),zeros(1,s6 + s7 + s8),
- Ysj(j,:);%%阶段二的投入
    zeros(1,m1), - Ysj(j,:), - Zgj(j,:),zeros(1,s1 + s2 + s3 + s4 + s5 + s6), - Vd2j(j,:),
zeros(1,s8),Ysj(j,:);%%阶段三的投入
        zeros(1,m1),0.5,0.5,0.5,0.5,zeros(1,m2 + s1 + s2 + s3 + s4 + s5 + s6 + s7 + s8), -1,
-1, -1, -1;
        zeros(1,m1), -0.5, -0.5, -0.5, -0.5,zeros(1,m2 + s1 + s2 + s3 + s4 + s5 + s6 + s7 +
s8),1,1,1,1;
%%共享投入投向各阶段的比例
    zeros(n,m1 + ms + m2), - Uc11j, - Uc12j, - Uc13j,zeros(n,s4 + s5 + s6 + s7 + s8 +
ms);%%阶段一的产出
        zeros(n,m1 + ms + m2 + s1 + s2 + s3 + s4 + s5), - Vd1j,zeros(n,s7 + s8 + ms);%%阶段
二的产出
        zeros(n,m1 + ms + m2 + s1 + s2 + s3 + s4 + s5 + s6 + s7), - Wej,zeros(n,ms)];%%阶段
三的产出
```

续表

```
b = [zeros(3 * n,1); -1/3; -1/3; -1/3;zeros(3 * n +2,1)];
Aeq = [Xij(j,:),Ysj(j,:),Zgj(j,:),zeros(1,s1 + s2 + s3),Uc21j(j,:),Uc22j(j,:),zeros(1,
s6),Vd2j(j,:),zeros(1,s8 + ms)];
    beq = 1;
    [w(:,j),fval,exitflag] = linprog(f,A,b,Aeq,beq,lb,[]);
    if exitflag > 0
   e1(j,1) = -f * w(:,j);
    else
   e1(j,1) =0; %%综合效率,0 说明无法得出结果
    end
    p1(j,1) = [Xij(j,:),zeros(1,ms + m2 + s1 + s2 + s3 + s4 + s5 + s6 + s7 + s8 + ms)] * w(:,
j);%%第一阶段效率权重
p2(j,1) = [zeros(1,m1 + ms + m2 + s1 + s2 + s3),Uc21j(j,:),Uc22j(j,:),zeros(1,s6 + s7 +
s8),Ysj(j,:)] * w(:,j);
%%第二阶段效率权重
p3(j,1) = [zeros(1,m1),Ysj(j,:),Zgj(j,:),zeros(1,s1 + s2 + s3 + s4 + s5 + s6),Vd2j(j,:),
zeros(1,s8), - Ysj(j,:)] * w(:,j);
%%第三阶段效率权重
    e11(j,1) = -r1 * w(:,j)/p1(j,1); %%第一阶段效率
    e22(j,1) = -r2 * w(:,j)/p2(j,1);%%第二阶段效率
    e33(j,1) = -r3 * w(:,j)/p3(j,1);%%第三阶段效率
End
```

图书在版编目（CIP）数据

基于全创新链的新兴技术创新发展测度 / 王小黎著.
-- 北京：经济科学出版社，2023.7
ISBN 978 -7 -5218 -4972 -1

Ⅰ.①基… Ⅱ.①王… Ⅲ.①高技术发展 - 研究
Ⅳ.①F062.4

中国国家版本馆 CIP 数据核字（2023）第 138932 号

责任编辑：宋艳波
责任校对：蒋子明
责任印制：邱 天

基于全创新链的新兴技术创新发展测度

王小黎 著

经济科学出版社出版、发行 新华书店经销

社址：北京市海淀区阜成路甲 28 号 邮编：100142

总编部电话：010 -88191217 发行部电话：010 -88191522

网址：www.esp.com.cn

电子邮箱：esp@esp.com.cn

天猫网店：经济科学出版社旗舰店

网址：http：//jjkxcbs.tmall.com

固安华明印业有限公司印装

710×1000 16 开 14.5 印张 220000 字

2023 年 7 月第 1 版 2023 年 7 月第 1 次印刷

ISBN 978 -7 -5218 -4972 -1 定价：62.00 元

（图书出现印装问题，本社负责调换。电话：010 -88191545）